高等职业教育财务会计类专业系列教材

Excel 在财务中的应用

第 3 版

主 编 章 莹 张 颖
参 编 宋 奕 王旖婧 杨婷婷

机械工业出版社

本书设计了一家制造企业的财务工作情境，以各个工作任务为主线，详细介绍了如何运用 Excel 软件实现在不同情境工作任务中的应用。学习者可以按照书中知识技能点的归纳，对照范例文件进行实际操作，从而快速、有效地掌握 Excel 在财会工作中的使用技巧，帮助减轻工作强度，提高工作效率。

除绪论外，全书再分为六个项目，包括使用 Excel 制作财务会计表格，Excel 在账务处理、财务报表、职工薪资管理、固定资产管理、存货管理中的应用。

本书既可作为高等职业院校财经商贸类相关专业的教材，也可作为实训辅助教材，还可供企事业单位财务工作者学习参考。本书中的操作以 Office 365 为基础进行讲解，但内容和案例同样适用于 Excel 2019/2016/2013/2010 等版本。

图书在版编目（CIP）数据

Excel 在财务中的应用 / 章莹，张颖主编．-- 3 版．-- 北京：机械工业出版社，2024.9（2025.2 重印）．--（高等职业教育财务会计类专业系列教材）．-- ISBN 978-7-111-76695-7

Ⅰ.F234.4-39

中国国家版本馆 CIP 数据核字第 2024R8K339 号

机械工业出版社（北京市百万庄大街 22 号　邮政编码 100037）
策划编辑：孔文梅　　　　　责任编辑：孔文梅　董宇佳
责任校对：樊钟英　张　薇　　封面设计：鞠　杨
责任印制：单爱军
北京虎彩文化传播有限公司印刷
2025 年 2 月第 3 版第 2 次印刷
184mm×260mm · 13.5 印张 · 348 千字
标准书号：ISBN 978-7-111-76695-7
定价：45.00 元

电话服务	网络服务
客服电话：010-88361066	机 工 官 网：www.cmpbook.com
010-88379833	机 工 官 博：weibo.com/cmp1952
010-68326294	金 书 网：www.golden-book.com
封底无防伪标均为盗版	机工教育服务网：www.cmpedu.com

前言 Preface

在如今的信息时代，数据的收集和信息的处理越发重要。Excel 支持用户直观地浏览数据，快速进行复杂的分析，具有友好的人机界面和强大的计算功能，已成为国内外广大用户财务工作、数据统计、绘制各种专业化表格的得力助手。它极大地降低了各大公司机构人员处理数据资料的难度，使公司对各相关数据资料的收集和归类分析的效率大大提高。

目前，我国很多高等院校的财经专业都开设了 Excel 财务应用类课程，而高职院校的教学更注重对学生实际应用能力的培养，为了帮助高职院校的教师能够比较全面、系统地讲授这门课程，帮助学生在以后的工作中能够熟练使用 Excel 来处理公司相关的财务数据，编者结合多年应用 Excel 处理财务数据的实践经验，编写了本书。本书在实例的基础上，将会计工作细分为若干个工作任务，通过工作任务将 Excel 的各种功能融入其中，边学边练，使学习者可以很好地将知识技能应用到实践中。

本书所有内容的编写均以 Microsoft Office Excel 为基本工具。全书分为六个项目，主要内容如下：

项目一 使用 Excel 制作财务会计表格。通过职工信息表的制作，重点使学习者熟悉 Excel 关于工作表保护，单元格操作，简单的文本函数、日期和时间函数的操作等。

项目二 Excel 在账务处理中的应用。介绍 Excel 在建立会计科目、编制会计凭证和各种账簿中的应用，重点使学习者掌握查找函数、引用函数、数据透视表的应用等。

项目三 Excel 在财务报表中的应用。介绍 Excel 在编制会计报表中的应用，重点使学习者掌握跨表引用技巧、条件求和函数等。

项目四 Excel 在职工薪资管理中的应用。介绍 Excel 在编制薪资管理系统中的应用，重点使学习者掌握数组函数、筛选及数据分析工具等。

项目五 Excel 在固定资产管理中的应用。介绍 Excel 在编制固定资产管理系统中的应用，重点使学习者掌握取数函数、财务函数、画图功能等。

项目六 Excel 在存货管理中的应用。介绍 Excel 在处理存货业务中的应用，重点使学习者掌握分类汇总、条件格式等。

本书具有以下特点：

（1）专业性。本书充分考虑企业实践和职业技能竞赛中所需要的相关专业知识技能，为教材体系设置、数据分析处理与会计知识融合等方面提供了有力的支撑。

（2）实用性。本书案例循序渐进，所建立的模型可以应用到企业实践，具有一定的可扩展性；同时，教材内容能与竞赛实践接轨，体现以赛促教、课赛融合，让更多学生能从竞赛中获益。

（3）易学性。为适应教师教学和学生学习的需要，书中每个任务都配有相应的案例以帮助学生随堂巩固新学知识；每个任务都有小技巧，便于学生对所学基础知识点的了解和掌握；书中还配有小提示，用于帮助解决一些容易被忽视的注意点；书中的实训内容为拓宽学生的知识面提供了良好的帮助。

本书由章莹、张颖任主编，宋奕、王旖婧、杨婷婷参与编写。虽然在编写过程中，编者和所有其他团队成员付出了大量的心血和精力，但由于编者水平有限，书中难免存在疏漏与不当之处，敬请广大读者和专家不吝赐教。

本书在编写过程中，参考了一些相关著作和文献，在此向这些著作和文献的作者表示衷心的感谢。

为方便教学，本书配备了电子课件等教学资源。凡选用本书作为教材的教师均可登录机械工业出版社教育服务网www.cmpedu.com免费下载。如有问题请致电010-88379375联系营销人员，或加入QQ群：726174087。

编　者

二维码索引 QR Code Index

序号	名称	二维码	页码	序号	名称	二维码	页码
1	数据填充		026	10	定义名称		052
2	数据验证		028	11	VLOOKUP 函数		062
3	单元格格式设置		031	12	SUMIF 函数		065
4	LEFT 函数		034	13	数据透视表		068
5	RIGHT 函数		034	14	SUMIFS 函数		087
6	MID+TEXT 函数		035	15	利用 IF 嵌套函数计算个人所得税		116
7	DATE 函数		036	16	利用数组计算个人所得税		119
8	DATEDIF 函数		037	17	利用排序实现工资条的制作		130
9	COUNTIF 函数		051	18	利用定位实现工资条的制作		132

（续）

序号	名称	二维码	页码	序号	名称	二维码	页码
19	SUMPRODUCT 函数		142	22	分类汇总		185
20	SYD 函数		150	23	SUBTOTAL 函数		186
21	数据可视化		166	24	多条件求和		192

目录 Contents

前言

二维码索引

绪论 ... 001

项目一　使用 Excel 制作财务会计表格 ... 017

任务一　创建并保存工作表 / 018

任务二　保护及打印工作表 / 018

任务三　单元格操作 / 026

任务四　提取职工出生年月和计算工龄 / 033

任务五　制定薪金等级 / 038

项目实训 / 041

项目二　Excel 在账务处理中的应用 ... 043

任务一　建立账套 / 049

任务二　设置会计科目 / 050

任务三　设置"当月凭证"工作表 / 056

任务四　设置"科目汇总表"工作表 / 065

任务五　制作动态版"总账汇总表" / 067

项目实训 / 075

项目三　Excel 在财务报表中的应用 ... 079

任务一　编制资产负债表 / 081

任务二　编制利润表和损益类科目累计汇总表 / 091

任务三　搭建财务报表分析框架 / 096

项目实训 / 102

项目四　Excel 在职工薪资管理中的应用 ... 105

任务一　建立工资管理系统表格 / 106

任务二　编制"职工当月工资汇总表" / 112

任务三　薪资的查询与工资条制作 / 122

项目实训 / 133

项目五　Excel 在固定资产管理中的应用　　137

　　任务一　固定资产台账的编制 / 138

　　任务二　固定资产折旧的计提 / 146

　　任务三　固定资产卡片的编制 / 158

　　任务四　固定资产的调整管理 / 161

　　任务五　固定资产分析 / 165

　　项目实训 / 176

项目六　Excel 在存货管理中的应用　　179

　　任务一　采购与成品入库业务处理 / 181

　　任务二　销售与车间领料业务处理 / 190

　　任务三　库存管理 / 193

　　任务四　编制存货明细账 / 199

　　项目实训 / 203

参考文献　　206

绪 论

Excel 是目前最流行的关于电子表格处理的软件之一，具有强大的计算、分析和图表等功能，是企业最常用的办公数据表格软件之一。

一、Excel 界面

启动 Excel，进入其工作界面。Excel 工作界面主要由标题栏、功能区、名称框、编辑栏、工作表区、状态栏等部分组成，如图 0-1 所示。

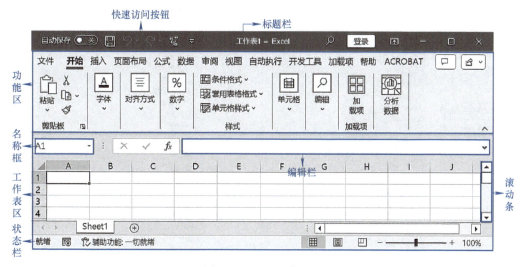

图 0-1　Excel 工作界面

标题栏：位于工作簿的最上面，显示的是一个 Excel 工作簿文件的名称，新建一个文件时，系统自动以工作表 1、工作表 2 等命名，可以在保存时进行文件的重命名。

功能区：默认情况下包括文件、开始、插入、页面布局、公式、数据、审阅和视图 8 个选项卡。

名称框：用来定义当前单元格或单元格区域的名字，如果没有定义名字，则在名称框中显示活动单元格的地址名称。

编辑栏：在名称框的右边，是输入数据和编辑单元格数据的地方。

工作表区：由单元格、行高、列宽、滚动条及工作表标签组成。一个工作表最多有 1048576 行 ×256 列。

状态栏：位于工作表窗口的最下端，用来显示 Excel 当前的工作状态。在对单元格进行编辑时，状态栏的最左端就会显示出"输入"字样，输入完毕后恢复到"就绪"字样。在状态栏空白处，右击可以自定义状态栏显示的内容。在状态栏的右下角，可以对工作簿视图进行调整，Excel 分别提供了普通视图、页面布局和分页预览三种模式供使用者选择。下面对功能区中几个重要的选项卡做简单的介绍。

1. "文件"功能区

在"文件"功能区里，会出现新建、打开、保存、另存为、打印、共享、选项等功能，其中特别要介绍的是"选项"功能。单击"选项"按钮，会弹出"Excel 选项"对话框，在这个对话框中，有很多功能具有实用价值，可以对工作起到事半功倍的效果。

知识技能 0-1　自定义功能区

在"自定义功能区"选项中，可以自主设置"主选项卡"和"工具选项卡"包含的内容，还可以依据使用者的需要将常用的功能添加到"主选项卡"中，比如勾选"自定义功能区"中的"开发工具"复选框，这就意味着在主选项卡中多了一个"开发工具"选项卡，如图 0-2 所示。

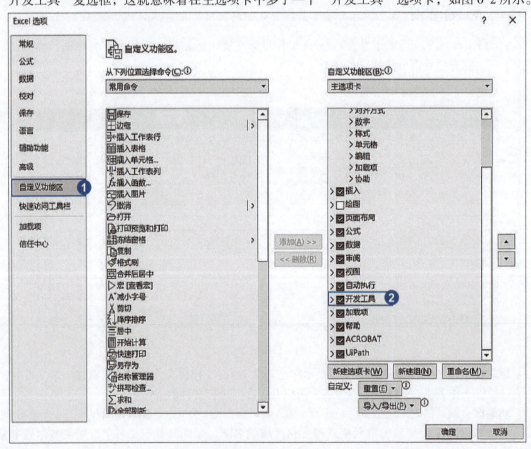

图 0-2　自定义功能区

知识技能 0-2　快速访问工具栏

当前自定义的"快速访问工具栏"选项中包含了保存、撤销和恢复三个按钮，如果需要添加、删除相关功能，可以从"常用命令"中选择，比如添加"插入表格"到"快速访问工具栏"，则从"常用命令"中找到"插入表格",然后单击"添加"按钮,就会在右边的框中出现"插入表格",也就意味着在"快速访问工具栏"中出现了"插入表格"按钮,如图 0-3 所示。

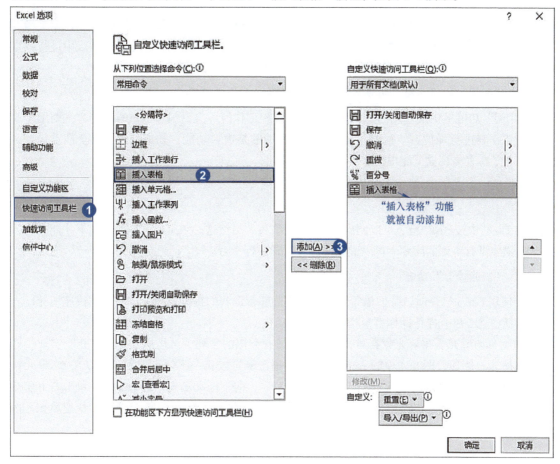

图 0-3 快速访问工具栏

2. "开始"功能区

在默认的情况下,"开始"功能区包含剪贴板、字体、对齐方式、数字、样式、单元格和编辑等功能,单击某一个工具将弹出与该工具相关的菜单列表,每一个菜单项对应一个具体的功能。

3. "插入"功能区

在默认的情况下,"插入"功能区包含表格、插图、图表、演示、迷你图、筛选器、链接、批注、文本和符号等功能。"插入"功能区承载了在 Excel 工作表中嵌入图表、图形的处理能力。其中,数据透视表、数据透视图以及图表是使用很广泛的功能,会在后面的业务中经常出现,因此放到后面详细讲解。

4. "公式"功能区

"公式"功能区是 Excel 的核心功能之一,包含函数库、定义的名称、公式审核和计算等功能。其中最为复杂的是函数库,包括财务函数、逻辑函数、文本函数、日期和时间函数、查找与引用函数、数学和三角函数,以及其他函数。具体函数与公式的使用将在后面项目中详细介绍。

5. "数据"功能区

"数据"功能区也是 Excel 的核心功能之一，包含获取和转换数据、查询和连接、数据类型、排序和筛选、数据工具、预测和分级显示等功能。此功能区主要用于在 Excel 工作表中进行数据处理方面的操作。其中排序和筛选及数据工具使用较多，将在后面进行详细讲解。

6. "审阅"和"视图"功能区

"审阅"功能区中最常用的是保护工作表、保护工作簿、允许编辑区域等功能，主要用于对编辑的工作表进行保护。"视图"功能区中最常用的是窗口功能，如冻结窗格、全部重排等，主要是为了在表格视觉上能根据需要来进行展示。

二、Excel 特色功能

在 Excel 中按 <F1> 键，可以调出 Excel 帮助文件，当然这必须是在联网的情况下才能观看，对于本书中没有讲到的问题，可以尝试用这种方式进行学习。

1. "快速填充"功能

在使用 Excel 软件时，我们最希望的就是它能够帮助我们提高效率，这时候"快速填充"功能就像能摸透心思一样帮助你事半功倍。

（1）自动填充。在填充数据时，如果已经拥有类似的序列，可运用"快速填充"实现一样的数据格式。例如，图 0-4 中的 A2:A12 显示的银行卡号较长，不便于识别，可以在 B2 单元格输入带空格的数据格式"6228 **** **** **** 233"，向下拖动填充柄进行复制。单击右下角按钮，在弹出菜单选择"快速填充"，或者单击"数据"功能区"数据工具"组的"快速填充"按钮，很快就可以完成该序列的自动填充，银行卡号便按我们的预期实现了断位空格。

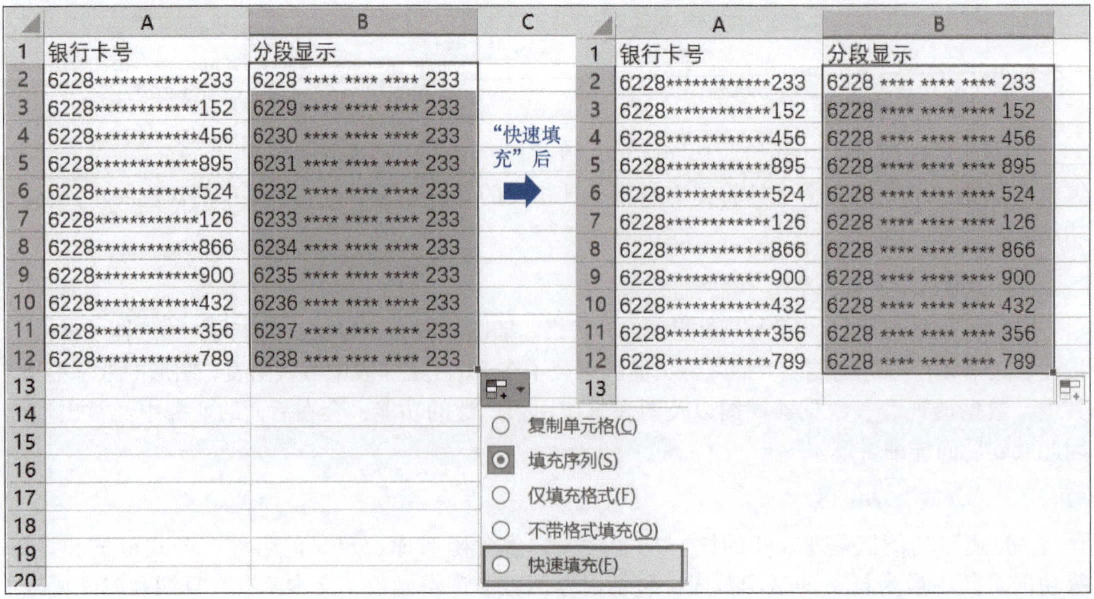

图 0-4 自动填充的步骤图

> **小提示**
>
> "快速填充"功能在使用时,要注意参照物必须具有一定的规律,否则将无法实现快速填充。

(2)自动拆分。很多时候,我们需要将某些数值进行拆分。例如,我们想要提取身份证号码中的出生日期信息,那么可以在第一个单元格输入其对应的 8 位年月日出生信息,向下拖动至指定位置,单击"快速填充"按钮,此时 Excel 就会自动完成智能填充,如图 0-5 所示。

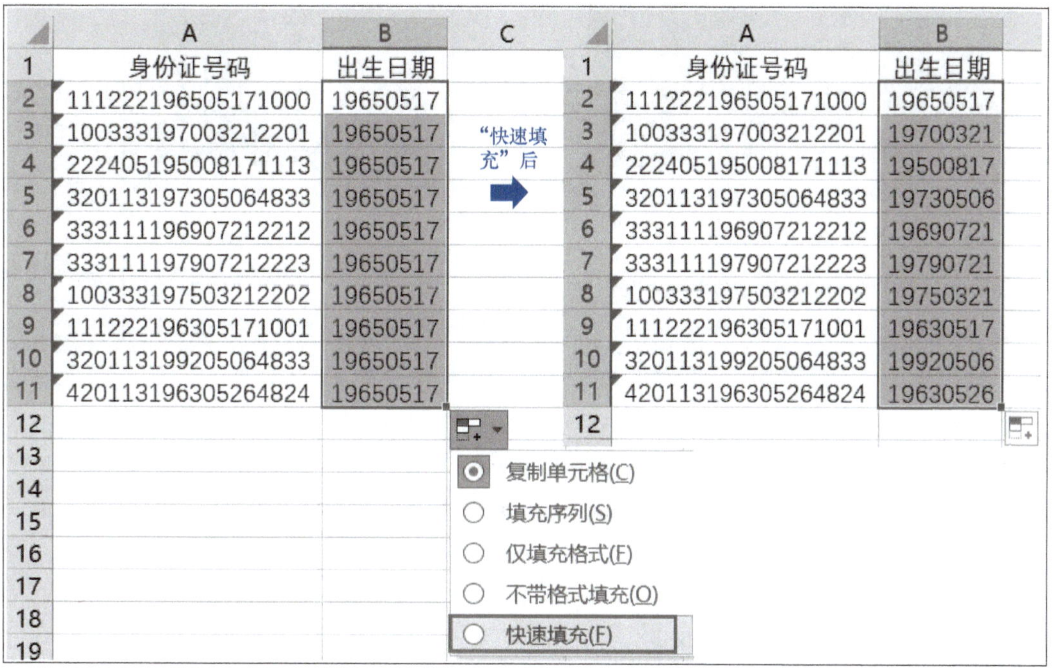

图 0-5 数字自动拆分的结果

按照类似的方法可以对日期、数字进行自动拆分,它会按照规律从已知数据中一次性输出剩余数据。但如果字段不一样长,取数可能会出现错误。如图 0-6 所示,省份信息都是两位没有问题,但是石家庄市在快速填充后,只剩下"石家"两个字。

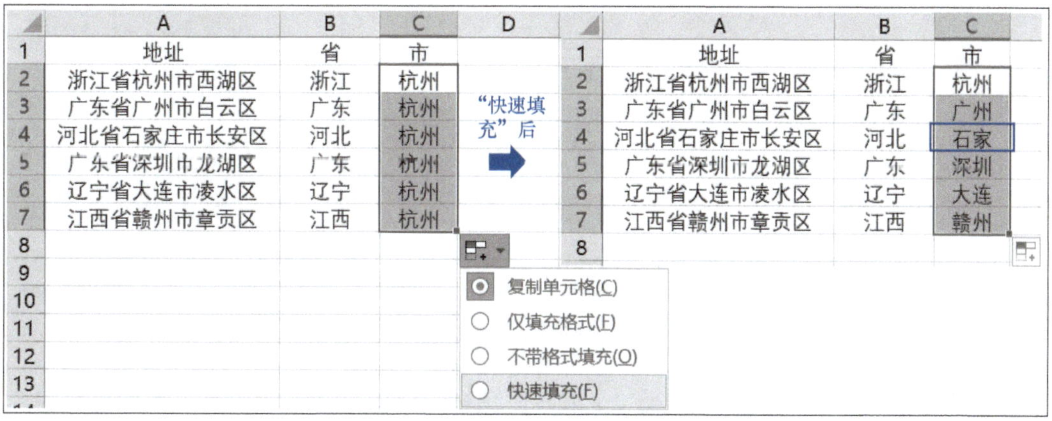

图 0-6 对文字自动拆分的错误结果

（3）自动合并。Excel"快速填充"功能在自动合并方面非常好用和简单。只要第一个单元格输入合并之后的结果，向下拖动填充柄至适当位置，就能得到合并效果。如图0-7所示，我们将员工的姓氏从A列数据中取出，然后将B列的职位信息添加其后，就能得到智能合并。

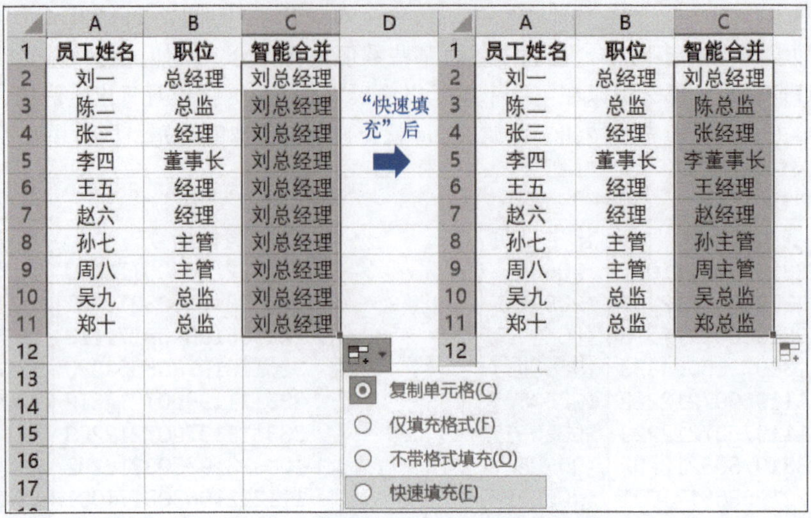

图0-7　对自动合并的操作及结果

在实际应用过程中，虽然"快速填充"功能有时会出现这样或那样的问题，如字符相邻内容相同时的拆分结果不完美、数值日期重复时拆分结果出错、字数不一样时拆分结果不够智能等。不过瑕不掩瑜，"快速填充"功能还是为Excel的日常使用提供了很大的帮助。

2. 图表分析更加方便

知识技能0-3　模板式创建工作簿

启动Excel后，"新建"功能会自动进入选择模板或空白工作表的界面，单击"更多模板"可以看到Excel为用户制作了多种类型的表格，如预算、账单、考勤卡、血压监测、贷款分期付款等，如图0-8所示。

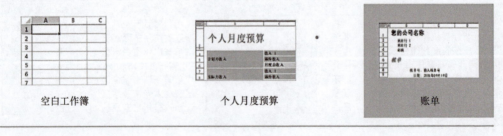

图0-8　多种表格模板

我们选择其中一项模板，如选择"个人月度预算"模板，Excel会自动填入模板内容，如图0-9所示，稍加修改后就可以匹配自己的实际需求了。

个人月度预算

计划月收入	收入 1		¥2,500
	额外收入		¥500
	月度总收入		¥3,000
实际月收入	收入 1		¥2,500
	额外收入		¥500
	月度总收入		¥3,000

计划负债（计划收入减计划支出）	¥940
实际负债（实际收入减实际支出）	¥960
差额（实际减计划）	¥20

供房	计划支出	实际支出	差额
押金或租金	¥1,500	¥1,400	¥100
电话费	¥60	¥100	-¥40
电费	¥50	¥60	-¥10
燃气费	¥200	¥180	¥20
水费			¥0
有线电视费			¥0
垃圾清理费			¥0
维修费			¥0
物品储备			¥0
其他			¥0
总计	¥1,810	¥1,740	¥70

娱乐费	计划支出	实际支出	差额
录像/DVD	¥0	¥50	-¥50
CD			¥0
电影			¥0
音乐会			¥0
运动			¥0
直播剧场			¥0
其他			¥0
其他			¥0
总计	¥0	¥50	-¥50

交通费	计划支出	实际支出	差额
交通工具费用	¥250	¥250	¥0
公交车/出租车票费			¥0
保险			¥0
驾照			¥0
燃料费			¥0
维修			¥0
其他			¥0
总计	¥250	¥250	¥0

贷款	计划支出	实际支出	差额
个人			¥0
学生			¥0
信用卡			¥0
信用卡			¥0
其他			¥0
总计	¥0	¥0	¥0

保险费	计划支出	实际支出	差额
家居保险			¥0
健康保险			¥0
人寿保险			¥0
其他			¥0
总计	¥0	¥0	¥0

税款	计划支出	实际支出	差额
个人所得税			¥0
车船使用税			¥0
其他			¥0
总计	¥0	¥0	¥0

饮食	计划支出	实际支出	差额
日用杂货			¥0
在外就餐			¥0
其他			¥0
总计	¥0	¥0	¥0

储蓄或投资	计划支出	实际支出	差额
退休账户			¥0
投资账户			¥0
其他			¥0
总计	¥0	¥0	¥0

宠物	计划支出	实际支出	差额
饮食			¥0
医疗			¥0
毛发清洁梳理			¥0
玩具			¥0
其他			¥0
总计	¥0	¥0	¥0

礼品和捐赠	计划支出	实际支出	差额
慈善 1			¥0
慈善 2			¥0
慈善 3			¥0
总计	¥0	¥0	¥0

法律	计划支出	实际支出	差额
律师代理费			¥0
赡养费			¥0
留置权支付或判决支付			¥0
其他			¥0
总计	¥0	¥0	¥0

个人护理	计划支出	实际支出	差额
医疗			¥0
头发/指甲护理			¥0
服饰			¥0
干洗			¥0
保健俱乐部			¥0
组织会员费			¥0
其他			¥0
总计	¥0	¥0	¥0

计划支出总额	¥2,060
实际支出总额	¥2,040
总差额	¥20

图 0-9 "个人月度预算"模板

知识技能 0-4　为数据创建合适的图表

我们在用图表表示数据时，往往会纠结于到底选用哪一种更适合数据的图表，Excel 贴心地提供了"推荐的数据透视表""推荐的图表"功能（如图 0-10 所示），可以针对我们给出的数据推荐适合的若干种图表，然后我们可以根据需要选择最想展示的某种类型的图表。

图 0-10　为数据创建合适的图表

知识技能 0-5　迷你图

表格单元格中的数据可以帮助分析者清楚地了解具体数值的大小，图表数据可以帮助分析者直观地了解数据概况。如果既想了解具体数值，又要求查看数据概况，那就要使用迷你图。

迷你图是 Excel 提供的微型图表工具，可以在单元格中绘制图表。它虽然是微型的，但具有图表的大多数功能。通过"迷你图"工具，不仅可以在单元格中制作柱形图、折线图和盈亏图，还可以设置图表中的数据高点、低点和坐标轴等元素。例如在一张"各季度各部门销售情况"表中，如果要对第一季度各部门的销售情况做一个分析，这时就需要选中 H2 单元格，执行"插入"→"迷你图"→"折线"命令，弹出"创建迷你图"对话框，在数据范围中选择画图区域，也就是 B2:G2 区域，如图 0-11 所示。

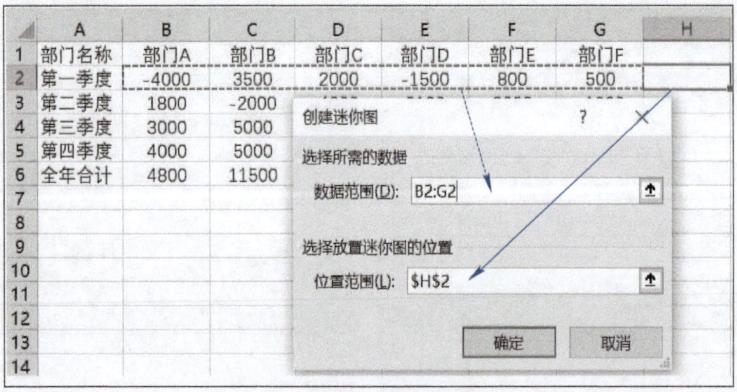

图 0-11　创建迷你图

单击"确定"按钮后，在 H2 单元格会出现一个折线图，然后从 H2 单元格拖动填充柄向下至 H6 单元格，图形可以向下复制，如图 0-12 所示。

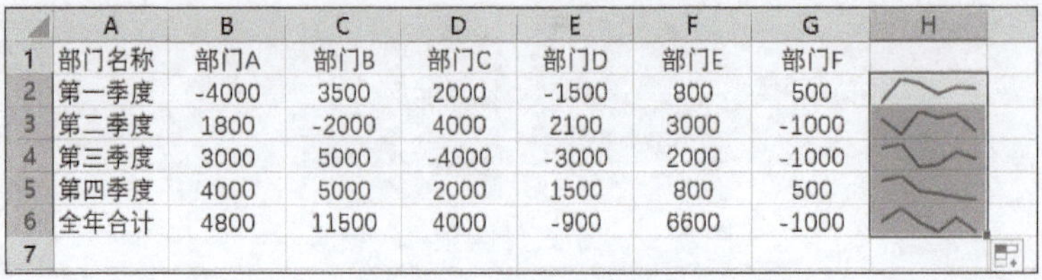

图 0-12　迷你图效果图

迷你图保留了图表的主要功能，可谓是表格数据的优秀"伴侣"，两者相辅相成，让数据分析尽善尽美。

三、Excel 公式和函数基础

1. 公式的基础

公式是对工作表中的值执行计算的等式。

Excel 中的公式始终以等号开头。例如，一般情况下，可以使用常量和运算符创建简单公式。例如，对于公式"=（56+78）/2"，就是常量和运算符结合而成。也可以使用函数创建公式。例如，公式"=SUM（A1:A2）"或者"=SUM（A1,A2）"，都使用 SUM 函数将单元格 A1 和 A2 中的值相加。

公式主要包含了以下几个方面：

（1）函数。函数可以简化和缩短工作表中的公式，尤其在用公式执行很长或复杂的计算时优势明显。函数输入后需用括号括起参数。后面将会对函数基础进行讲解。

（2）单元格引用。利用单元格引用可以在公式中引用工作表单元格中的数据。例如，某单元格引用 A2，返回 A2 单元格的值或在计算中使用该值。

（3）常量。常量不是通过计算得出的值。例如，数字、文本等均为常量，而表达式或由表达式计算得出的值都不是常量。通常，可以直接在公式中输入数字或文本值等常量。

（4）运算符。运算符是指一个标记或者一个符号，用于指定表达式内执行的计算类型。常用的算术运算符有加号"+"、减号"-"、除号"/"及百分号"%"。常用的比较运算符有等号"="、大于号">"、小于号"<"、大于等于号">="、小于等于号"<="及不等号"<>"。文本连接运算符只有与号"&"，该符号用于将两个文本值连接或串起来产生一个连续的文本值。常用的引用运算符有区域运算符":"、联合运算符","及交叉运算符" "（空格）。

2. 公式的基本操作

（1）输入公式。在 Excel 中，可以通过键盘手动输入公式到工作表中。手动输入 Excel 公式时必须以等号"="开始，Excel 会将输入的内容作为等式对待。输入完毕后按 <Enter> 键即可。

如果公式中包含单元格或单元格区域的引用，则也可使用鼠标来辅助输入公式。例如，在"成绩"工作表中计算学生学分积总评的方法为：学生学分的总评等于将每门课的成绩乘以学分再乘以 0.01。操作如下：

选中要输入公式的 F3 单元格，在编辑栏输入等号"="，单击 B3 单元格，此时 B3 单元格被选中，等号后面自动添加"B3"；在编辑栏中输入"*"，单击 B9 单元格，此时 B9 单元格被选中，公式后面自动添加"B9"；在编辑栏中输入"+"，单击 C3 单元格，此时 C3 单元格被选中，公式后面自动添加"C3"；在编辑栏中输入"*"，单击 C9 单元格，此时 C9 单元格被选中，公式后面自动添加"C9"。后面的步骤类似，结果如图 0-13 所示。

（2）公式的引用样式。通过引用，可以在一个公式中使用工作表不同部分中包含的数据，也可以在多个公式中使用同一个单元格的数值。此外，还可以引用同一个工作簿中其他工作表上的单元格或其他工作簿中的数据。引用其他工作簿中的单元格被称为链接或外部引用（外部引用是指对其他 Excel 工作簿中的工作表单元格或区域的引用或对其他工作簿中定义名称的引用）。

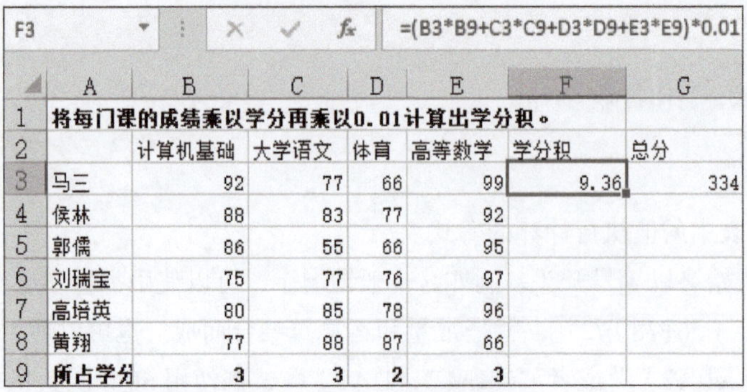

F3 =(B3*B9+C3*C9+D3*D9+E3*E9)*0.01

	A	B	C	D	E	F	G
1	将每门课的成绩乘以学分再乘以0.01计算出学分积。						
2		计算机基础	大学语文	体育	高等数学	学分积	总分
3	马三	92	77	66	99	9.36	334
4	侯林	88	83	77	92		
5	郭儒	86	55	66	95		
6	刘瑞宝	75	77	76	97		
7	高培英	80	85	78	96		
8	黄翔	77	88	87	66		
9	所占学分	3	3	2	3		

图 0-13　公式输入举例

1）默认引用样式。默认情况下，Excel 使用 A1 引用样式，此样式引用字母标志列（从 A 到 XFD）以及数字标志行（从 1 到 1048576）。这些字母和数字被称为列标和行号，若要引用某个单元格，必须输入列标和行号。例如，A10 引用列 A 和行 10 交叉处的单元格，B1:D5 引用 B 列到 D 列和行 1 到行 5 之间的单元格区域，2:2 代表行 2 中的全部单元格等。

2）引用其他工作表中的单元格。引用同一个工作簿中另一个工作表上的单元格区域，如引用“成绩”工作表中的 F4 和 F9 之间的单元格（包括 F4 和 F9），引用方式为：“=SUM(成绩 ! F4:F9)”。

（3）公式引用的类型。为满足不同用途的需要，Excel 提供了三种不同的引用类型，即相对引用、绝对引用和混合引用。

1）相对引用。公式中的相对引用（如 A1）是基于包含公式和单元格引用的单元格的相对位置进行的。如果公式所在单元格的位置改变，引用也随之改变。如果多行或多列地复制或填充公式，引用会自动调整。默认情况下，新公式使用相对引用。

例如，在“成绩”工作表 G3 单元格中输入公式“=B3+C3+D3+E3”，得到运算结果 334。选择 G3 单元格，鼠标移至其右下角的填充柄上，当光标变为“+”字形状时，按住鼠标左键向下拖动至 G4 单元格中释放，G4 单元格中复制了单元格 G3 的公式，结果如图 0-14 所示。此时，G4 单元格中的公式变成了“=B4+C4+D4+E4”，单元格引用已经自动变化。

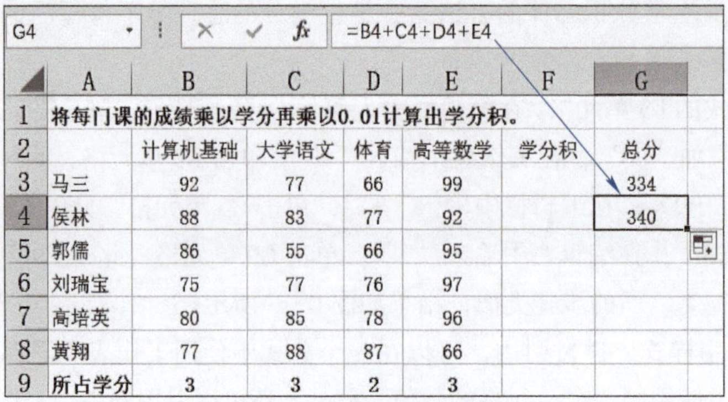

G4 =B4+C4+D4+E4

	A	B	C	D	E	F	G
1	将每门课的成绩乘以学分再乘以0.01计算出学分积。						
2		计算机基础	大学语文	体育	高等数学	学分积	总分
3	马三	92	77	66	99		334
4	侯林	88	83	77	92		340
5	郭儒	86	55	66	95		
6	刘瑞宝	75	77	76	97		
7	高培英	80	85	78	96		
8	黄翔	77	88	87	66		
9	所占学分	3	3	2	3		

图 0-14　相对引用举例

2）绝对引用。公式中的绝对引用（如“$A$1”，即在列标和行号的前面添加“$”符号）总是在特定位置引用单元格。如果公式所在单元格的位置改变，绝对引用将保持不变。如果多行或多列地复制或填充公式，绝对引用将不做调整。例如，将包含在公式中的绝对引用“$A$1”从单元格 B2 复制或填充到单元格 B3，则仍然是“$A$1”。

默认情况下，新公式使用相对引用，用户可以根据需要将它们转换为绝对引用。例如在“成绩”工作表中计算学分积时，虽然 F3 单元格可以采用图 0-13 时的做法逐个单元格单击录入，但如果往下复制公式就会出错，因为 B9:E9 区域的学分是固定的，因此需要在行列前都加上“$”符号。具体做法为：在如图 0-13 所示做法的基础上，将 B9、C9、D9、E9 单元格分别用 <F4> 键达到绝对引用的效果。具体公式如图 0-15 所示。得到 F3 单元格的结果后，往下拖动到 F8 单元格，则可以快速生成其他人的学分积结果。绝对引用的结果如图 0-16 所示。

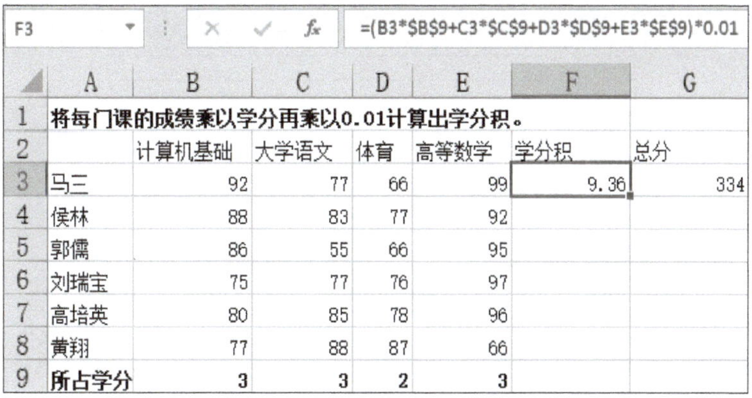

F3　=(B3*$B$9+C3*$C$9+D3*$D$9+E3*$E$9)*0.01

	A	B	C	D	E	F	G
1	将每门课的成绩乘以学分再乘以0.01计算出学分积。						
2		计算机基础	大学语文	体育	高等数学	学分积	总分
3	马三	92	77	66	99	9.36	334
4	侯林	88	83	77	92		
5	郭儒	86	55	66	95		
6	刘瑞宝	75	77	76	97		
7	高培英	80	85	78	96		
8	黄翔	77	88	87	66		
9	所占学分	3	3	2	3		

图 0-15　绝对引用公式举例

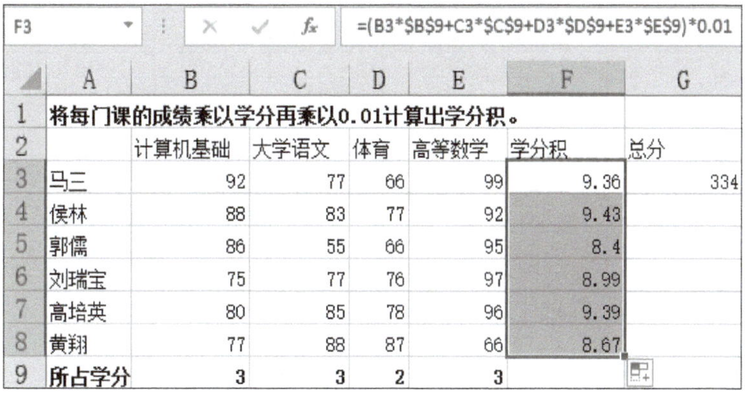

F3　=(B3*$B$9+C3*$C$9+D3*$D$9+E3*$E$9)*0.01

	A	B	C	D	E	F	G
1	将每门课的成绩乘以学分再乘以0.01计算出学分积。						
2		计算机基础	大学语文	体育	高等数学	学分积	总分
3	马三	92	77	66	99	9.36	334
4	侯林	88	83	77	92	9.43	
5	郭儒	86	55	66	95	8.4	
6	刘瑞宝	75	77	76	97	8.99	
7	高培英	80	85	78	96	9.39	
8	黄翔	77	88	87	66	8.67	
9	所占学分	3	3	2	3		

图 0-16　绝对引用的结果

循环按 <F4> 键可以实现相对引用、绝对引用、混合引用之间的转变；笔记本电脑可能还要配合 <Fn> 键使用。

3）混合引用。混合引用有绝对列和相对行以及绝对行和相对列两种形式。绝对列和相对行又称为绝对引用列，采用“$A1”的形式，表示如果公式所在单元格的位置改变，则相对引用的行改变，而绝对引用的列不改变。绝对行和相对列又称为绝对引用行，绝对引用行采用“A$1”的形式，表示如果公式所在单元格的位置改变，则相对引用的列改变，而绝对引用的行不改变。

混合引用的例子中比较有名的是九九乘法表的制作。

首先，在第一行的 B1:J1 单元格中输入 1 ～ 9 的数字，在 A 列的 A2:A10 单元格中也输入 1 ～ 9 的数字。然后，在 B2 单元格中输入乘法口诀的数学公式“=$A2*B$1”，如图 0-17 所示。这个公式中的“$A2”代表无论公式是横向拖动还是纵向拖动，A 列永远保持不变，而行数会相对改变；也就是说，“$A2”代表的是 A 列的数字。“B$1”代表无论公式是横向拖动还是纵向拖动，第一行永远保持不变，列数会相对改变；也就是说，“B$1”代表的是第一行的数字。

B2 | fx =$A2*B$1

	A	B	C	D	E	F	G	H	I	J
1		1	2	3	4	5	6	7	8	9
2	1	1								
3	2									
4	3									
5	4									
6	5									
7	6									
8	7									
9	8									
10	9									

图 0-17　输入数学公式

求出 B2 单元格的数字后，把鼠标放到 B2 单元格的右下角形成填充柄“+”，然后先往右拖动到 J2 单元格；接着，再向下拖动到 J10 单元格，整张九九乘法表就全部完成了。当然也可以将 B2 单元格的公式复制到 B2:J10 的区域范围里。为了帮助大家理解公式的变化，我们把九九乘法表的数字全部显示成公式，如图 0-18 所示。

	A	B	C	D	E	F	G	H	I	J
1		1	2	3	4	5	6	7	8	9
2	1	=$A2*B$1	=$A2*C$1	=$A2*D$1	=$A2*E$1	=$A2*F$1	=$A2*G$1	=$A2*H$1	=$A2*I$1	=$A2*J$1
3	2	=$A3*B$1	=$A3*C$1	=$A3*D$1	=$A3*E$1	=$A3*F$1	=$A3*G$1	=$A3*H$1	=$A3*I$1	=$A3*J$1
4	3	=$A4*B$1	=$A4*C$1	=$A4*D$1	=$A4*E$1	=$A4*F$1	=$A4*G$1	=$A4*H$1	=$A4*I$1	=$A4*J$1
5	4	=$A5*B$1	=$A5*C$1	=$A5*D$1	=$A5*E$1	=$A5*F$1	=$A5*G$1	=$A5*H$1	=$A5*I$1	=$A5*J$1
6	5	=$A6*B$1	=$A6*C$1	=$A6*D$1	=$A6*E$1	=$A6*F$1	=$A6*G$1	=$A6*H$1	=$A6*I$1	=$A6*J$1
7	6	=$A7*B$1	=$A7*C$1	=$A7*D$1	=$A7*E$1	=$A7*F$1	=$A7*G$1	=$A7*H$1	=$A7*I$1	=$A7*J$1
8	7	=$A8*B$1	=$A8*C$1	=$A8*D$1	=$A8*E$1	=$A8*F$1	=$A8*G$1	=$A8*H$1	=$A8*I$1	=$A8*J$1
9	8	=$A9*B$1	=$A9*C$1	=$A9*D$1	=$A9*E$1	=$A9*F$1	=$A9*G$1	=$A9*H$1	=$A9*I$1	=$A9*J$1
10	9	=$A10*B$1	=$A10*C$1	=$A10*D$1	=$A10*E$1	=$A10*F$1	=$A10*G$1	=$A10*H$1	=$A10*I$1	=$A10*J$1

图 0-18　混合引用的九九乘法表公式

3. 公式的错误与审核

如果使用的公式不能正确计算出结果，Excel 将显示一种错误值。每种错误值都有不同原因和解决方法。

（1）“#####”错误。

可能的错误原因：当列不够宽或者使用了负的日期或时间时，会出现此错误。

可能的解决方法：增加列宽；缩小内容以适合列宽；应用另一种数字格式。

（2）“#D1V/0!”错误。

可能的错误原因：当数字除以零（0）时，会出现此错误。例如：输入的公式中包含明显的除以零的计算；使用对空白单元格或包含零作为除数的单元格的引用。

可能的解决方法：将除数更改为非零值；将单元格引用更改为其他单元格；在单元格中输入一个非零值作为除数；在引用的单元格中输入值"#N/A"作为除数，这样便将公式的结果从"#DIV/0！"更改为"#N/A"，以表示除数不可用；使用 IF 工作表函数来防止显示错误值。

（3）"#N/A"错误。

可能的错误原因：当数值对函数或公式不可用时，将出现此错误。例如：缺少数据；为 HLOOKUP、LOOKUP、MATCH 或 VLOOKUP 函数的 lookup_value 参数赋予了不正确的值；数组公式中使用参数的行数或列数与包含数组公式的区域的行数或列数不一致；内置或自定义函数中省略了一个或多个必需参数；使用的自定义函数不可用；运行的宏程序所输入的函数返回"#N/A"。

可能的解决方法：用新数据替换"#N/A"；确保 lookup_value 参数值的类型正确，在未排序的表中使用 VLOOKUP、HLOOKUP 或 MATCH 函数来查找值；确保公式所引用的区域具有相同的行数和列数，也可以将数组公式输入更少的单元格；输入函数中的所有参数；确保包含工作表函数的工作簿已经打开且函数工作正常；确保函数中的参数正确，并且位于正确的位置。

（4）"#NAME?"错误。

可能的错误原因：当 Excel 不识别公式中的文本时，会出现此错误。例如：使用 EUROCONVERT 函数，但没有加载"欧元转换工具"加载项；使用不存在的名称；在公式中输入文本时没有用双引号将文本括起来；区域引用中漏掉了冒号；引用的另一张工作表未使用单引号括起来。

可能的解决方法：安装和加载"欧元转换工具"加载项；确保名称确实存在，在"公式"功能区"定义的名称"组中，单击"名称管理器"查看名称是否列出，如果名称未列出，单击"定义名称"以添加名称；将公式中的文本用双引号括起来；确保公式中的所有区域引用都使用了冒号；如果公式中引用了其他工作表或工作簿中的值或单元格，且这些工作簿或工作表的名称中包含非字母字符或空格，用单引号将这个字符括起来。

（5）"#NULL!"错误。

可能的错误原因：如果指定两个并不相交的区域的交点，将出现此错误。例如：使用了不正确的区域运算符；区域不相交。

可能的解决方法：若要引用连续的单元格区域，使用冒号分隔引用区域中的第一个单元格和最后一个单元格，若要引用不相交的两个区域，使用逗号；更改引用以使其相交。

（6）"#NUM!"错误。

可能的错误原因：如果公式或函数中使用了无效的数值，则会出现此错误。例如：在需要数字型参数的函数中使用了无法接受的参数；使用了进行迭代的函数（如 IRR 或 RATE），且函数无法得到结果；输入的公式所得出的数字太大或太小，无法在 Excel 中表示。

可能的解决方法：确保函数中使用的参数是数字；为工作表函数使用不同的起始值；更改 Excel 迭代公式的次数；更改公式，使其结果介于 $-1*10307$ 到 $1*10307$ 之间。

（7）"#REF!"错误。

可能的错误原因：当单元格引用无效时，会出现此错误。例如：删除其他公式所引用的单元格或将已移动的单元格粘贴到其他公式所引用的单元格上；使用的对象链接和嵌入链接所指向的程序未运行；链接到了不可用的动态数据交换主题；运行的宏程序所输入的函数返回"#REF!"。

可能的解决方法：更改公式或者在删除或粘贴单元格之后立即单击"撤销"以恢复工作表中的单元格；确保使用的是正确的 DDE（动态数据交换）主题；检查函数以确定参数是否引用了无效的单元格或单元格区域。

（8）"#VALUE!"错误。

可能的错误原因：当使用的参数或操作数的类型不正确时，会出现此错误。例如：当公式需要数字或逻辑值时，却输入了文本；输入或编辑数组公式，然后按 <Enter> 键；将单元格引用、公式或函数作为数组常量输入；为需要单个值（而不是区域）的运算符或函数提供区域；在某个矩阵工作表函数中使用了无效的矩阵；运行的宏程序所输入的函数返回"#VALUE!"。

可能的解决方法：确保公式或函数所需的操作数或参数正确无误，并确保公式引用的单元格中包含有效的值；选择包含数组公式的单元格或单元格区域，按 <F2> 键编辑公式，然后按 <Ctrl+Shift+Enter> 组合键；确保数组常量不是单元格引用公式或函数；将区域更改为单个值；确保矩阵的维度对于矩阵参数是正确的；确保函数未使用不正确的参数。

4. 函数的基础

Excel 函数是 Excel 内部预先定义的特殊公式，可以执行计算、分析等处理数据的任务，函数最终返回结果为值。函数由两部分组成：一是函数名称，如 SUM、AVERAGE、MAX 等都是函数名称，决定了函数的功能和用途。二是函数参数，参数规定了函数的运算对象、顺序或结构等，参数可以是一个或多个，多个参数之间以逗号分隔。参数可以是数字、文本、逻辑值、数组、单元格引用等，也可以是公式或其他函数。参数的类型和位置必须满足函数的语法要求，否则将返回错误信息。

（1）函数类型。Excel 函数一共有 12 类，分别是财务函数、逻辑函数、文本函数、日期和时间函数、查找和引用函数、数学和三角函数、统计函数、工程函数、多维数据集函数、信息函数、兼容性函数、Web 函数。

1）财务函数。财务函数可以进行一般的财务计算，如确定贷款的支付额、投资的未来值或净现值，以及债券或息票的价值。财务函数中常见的参数有：

未来值（fv）——在所有付款发生后的投资或贷款的价值。

期间数（nper）——投资的总支付期间数。

付款（pmt）——对于一项投资或贷款的定期支付数额。

现值（pv）——在投资期初的投资或贷款的价值。例如，贷款的现值为所借入的本金数额。

利率（rate）——投资或贷款的利率或贴现率。

类型（type）——付款期间内进行支付的间隔，如在月初或月末。

2）逻辑函数。使用逻辑函数可以进行真假值判断，或者进行复合检验。例如，可以使用 IF 函数确定条件为真还是假，并由此返回不同的数值。

3）文本函数。通过文本函数，可以在公式中处理文字串。例如：可以改变大小写或确定文字串的长度；可以将日期插入文字串或连接在文字串上。

4）日期和时间函数。通过日期和时间函数，可以在公式中分析和处理日期值和时间值。

5）查找和引用函数。当需要在数据清单或表格中查找特定数值，或者需要查找某一单元格的引用时，可以使用查询和引用函数。例如，如果需要在表格中查找与第一列中的值相匹配的数值，可以使用 VLOOKUP 函数。如果需要确定数据清单中数值的位置，可以使用 MATCH 函数。

6）数学和三角函数。通过数学和三角函数，可以处理简单的计算，如对数字取整、计算单元格区域中的数值总和或复杂计算。

7）统计函数。统计函数用于对数据区域进行统计分析。例如，统计函数可以提供由一组给定值绘制出的直线的相关信息，如直线的斜率和 y 轴截距，或构成直线的实际点数值。

8）工程函数。工程函数用于工程分析。这类函数中的大多数可分为三种类型，即对复数进行处理的函数、在不同的数字系统（如十进制系统、十六进制系统、八进制系统和二进制系统）间进行数值转换的函数、在不同的度量系统中进行数值转换的函数。

9）多维数据集函数。也叫 CUBE 类函数，中文翻译成立方体，所以多维数据集也可以叫作数据立方体。数据立方体包含了维度、项目和值，进而可以根据这三个层次从数据立方体中获取相应的数据，允许将来自 OLAP 多维数据集的数据导入 Excel 以执行计算。

10）信息函数。可以使用信息函数确定存储在单元格中的数据的类型。信息函数包含一组称为 IS 的函数，在单元格满足条件时返回 TRUE。例如，如果单元格包含一个偶数值，ISEVEN 函数返回 TRUE。如果需要确定某个单元格区域中是否存在空白单元格，可以使用 COUNTBLANK 函数对单元格区域中的空白单元格进行计数，或者使用 ISBLANK 函数确定区域中的某个单元格是否为空。

11）兼容性函数。这些函数在 Excel 2010 或更高版本中已由新函数取代；新函数可以提供更好的精确度，其名称更好地反映其用法，但仍可以出于与 Excel 早期版本兼容的目的使用这些函数。

12）Web 函数。本部分主要包括 WEBSERVICE 函数、FILTERXML 函数和 ENCODEURL 函数。使用 WEBSERVICE 函数抓取网页；FILTERXML 函数解析网页获取指定数据；ENCODEURL 函数返回 URL 编码的字符串，将某些非字母数字字符替换为百分比符号（%）和十六进制数字。

（2）函数的输入方法。对于函数的输入，Excel 提供了简便的方法。下面使用插入函数向导来输入函数。

1）直接单击单元格编辑栏前面的"插入函数"按钮。

2）在弹出的"插入函数"对话框的"或选择类别"下拉菜单中选择需要的函数类别；并在"选择函数"列表中选择函数。如果对该函数不了解，也可以在"搜索函数"编辑栏中输入简单的描述，单击"转到"按钮，然后在相同显示的一个"推荐"列表中查找。选中需要的函数，单击"确定"按钮。

（3）举例说明。以 AVERAGE 函数为例来加以说明。AVERAGE 函数是 Excel 中计算平均值的函数。

语法格式为：AVERAGE(number1,number2,…)

其中，"number1,number2,…"是要计算平均值的 1～255 个参数。

打开一张新的工作表，在 A1:A5 单元格中分别输入 13、25、17、18、30 这 5 个数字，然后在 A6 单元格中单击"插入函数"按钮，找到 AVERAGE 函数并选中，会弹出一个"函数参数"对话框,对话框中参数 number1 会自动将 A1:A5 单元格选中,得出平均值为 20.6,如图 0-19 所示。

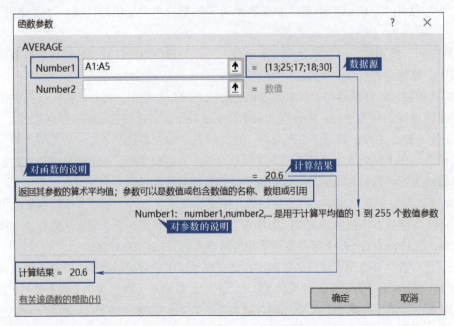

图 0-19　AVERAGE 函数对话框

项目一
使用Excel制作财务会计表格

知识目标
➤ 熟悉 Excel 关于工作表、单元格等相关概念。

能力目标
➤ 掌握 Excel 工作表创建、冻结、保护等操作。
➤ 掌握 Excel 单元格各种操作。
➤ 掌握 Excel 文本函数、日期和时间函数、逻辑函数。

案例导入

当前，我国已成为世界第二大经济体，制造业规模、外汇储备稳居世界第一，并成功进入创新型国家行列。我国拥有巨大的数据源，有长久以来积累形成的强大社会资源集中运转的成功经验，在大数据的形成、理论算法的革新、计算能力的提升及网络设施的演进等方面都有着令人惊叹的发展速度与创新成果。以企业为代表的市场创新不断结出硕果，又为国家制定更宏伟的发展目标提供了充分依据。

Excel 在财务中的运用广泛，同一个问题常常可以用不同的方法解决。学习、生活、工作亦是如此，很多事情不是只有一种解决方案，这就要求我们在守正的同时又要不断创新。守正，就是坚守正道，坚持按规律办事；创新则代表在现有基础上寻求新的突破和创造，不断开拓新的领域。让我们以科学的态度，秉持守正创新的精神，不断努力、追求卓越，为个人和社会的进步贡献力量。

学习情境

高职学生李燕毕业后来到万隆灯具有限公司做助理会计，她的工作主要是协助会计做一些财务方面的工作。会计告诉她，公司的业务虽然不是很多，但很烦琐，因为公司的业务主要是销售各种灯具，而且灯具种类繁多，汇总工作很麻烦，并且公司没有采用财务软件做账，因此各种核算工作也特别多，所以希望李燕能够更好地掌握数据处理能力，减轻会计的工作量。李燕回到家后，觉得自己需要好好回顾下在学校里学习过的 Excel 课程，看看如何将所学到的技能用到工作中去。

为了让自己更有效率地复习 Excel 各项操作，李燕决定结合财务会计工作的各种任务有针对性地进行。第一个任务就是先设置一些会计中需要用到的基本表格，从表格的设置着手，对单元格设置的各项功能及公式函数进行全面回顾。

任务一　创建并保存工作表

职工信息表是公司职工的基本信息汇总表，包括职工编号、姓名、部门、职务、身份证号码、联系电话等。职工信息表作为一张基础表可以被用于很多地方，如工资表制作、查询个人信息等。

李燕需要先新建一张工作表，于是她通过双击桌面快捷菜单 打开了一个新的工作表，当然也可以右击桌面空白处，选择"新建"中的"Microsoft Excel 工作表"命令，或者在桌面上依次选择"开始"→"所有程序"→"Microsoft Office"→"Microsoft Excel"命令，都能够创建一张新的工作簿。接下来她把工作簿另存到 D 盘中新建的"万隆灯具有限公司财务表格"文件夹里，更名为"万隆灯具有限公司职工信息表"，如图 1-1 所示。

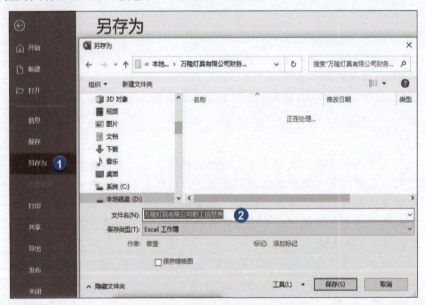

图 1-1　创建及保存工作表

任务二　保护及打印工作表

对于工作表的保护、冻结、打印等相应功能，虽然不复杂，但却很重要。

一、工作表保护

对于比较重要的工作表，李燕总是有个习惯——及时保护工作表。

1. 保护工作表

首先，打开要保护的工作表，如"万隆灯具有限公司职工信息表"，在功能区单击"审阅"选项卡，在"保护"组中单击"保护工作表"按钮，弹出"保护工作表"对话框，在"取消工作表保护时使用的密码"文本框中输入自己要设定的密码，然后单击"确定"按钮，弹出"确认密码"对话框，重复输入一遍前面设定好的密码，最后单击"确定"按钮，如图1-2所示。

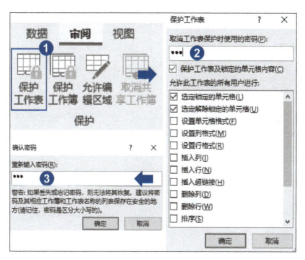

图1-2 保护工作表

完成了工作表的保护后，在Sheet1中的任何一个单元格输入或删除内容，就会弹出一个信息框（如图1-3所示）。同样，我们右击整行，在弹出的快捷菜单中，如果"行高"按钮已经变成灰显，说明此按钮的功能已经失效。如果要取消对工作表的限制，可以通过撤销保护工作表来实现。在撤销保护工作表时，需要输入之前设置的密码。

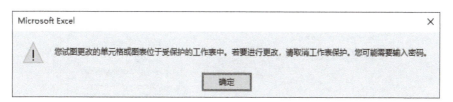

图1-3 弹出提示信息框

> **💡 小提示**
>
> **保护工作簿与保护单元格**
>
> 保护工作表只对你保护的某一张工作表有作用，而对其他的工作表不起作用。保护工作簿的做法与保护工作表是类似的，保护工作簿的结果是不能再改变工作簿的结构，如不能再增加工作表等。
>
> 日常工作中，可能还会有一些表格，虽然是同一份，但是要发给不同的人。因此需要限定每个人允许编辑的区域，不让他们胡乱篡改表格结构和其他人填写的数据，这时候我们就需要用到保护单元格的功能。例如，现在我们需要设置仅允许填写身份证号码，如图1-4中D列所示。

步骤一：取消锁定。选定"身份证号"区域，在"开始"选项卡下单击"格式"按钮，取消"锁定单元格"，如图1-4所示。

步骤二：设置允许编辑区域。在"审阅"选项卡下单击"允许编辑区域"按钮。单击"新建"按钮，打开创建窗口，为此区域命名，如图1-5所示。然后单击"确定"按钮，返回"允许用户编辑区域"对话框。

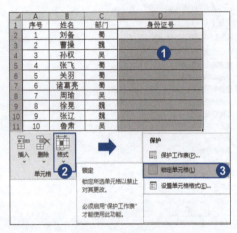

图1-4 取消锁定

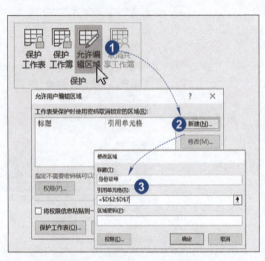

图1-5 设置允许编辑区域

步骤三：设置保护工作表。同前面一样的操作，打开"保护工作表"对话框，为"身份证号"区域以外默认锁定保护区域设置编辑密码，同时取消勾选第一项"选定锁定单元格"，然后单击"确定"按钮，如图1-6所示。至此，"身份证号"区域以外的范围就无法选中，更无法做任何修改。只有知道密码的人才能撤销工作表保护。

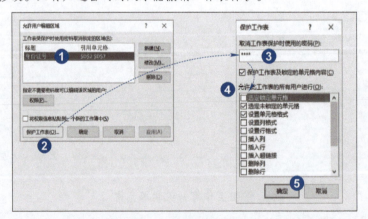

图1-6 设置保护工作表

2. 隐藏工作表

此外，隐藏工作表也是保护工作表的一种方式。对于一些含勾稽的会计辅表，可考虑运用隐藏工作表的方式保护工作表。在工作表标签上单击右键，选择"隐藏"即可；而要再次调用该工作表，同样在工作表标签上单击右键，选择"取消隐藏"即可，如图1-7所示。

图 1-7　运用隐藏的方式保护工作表

二、工作表冻结

如果一张工作表中含有成百上千条数据，那么在移动滚动条时，表头会随着滚动条的下移或右移而看不见，这时就可以利用冻结窗格将首行或首列冻结住。

1. 冻结首行

下面通过几个步骤来完成工作表冻结。

首先，打开一张在默认行高情况下，行数至少在 30 行以上的表格，无法在默认界面下显示全部数据（如图 1-8 所示）。如果我们想要看最后一行的合计数，显然无法同时看到表格的行标题。

编号	品名	出库量	销售收入	实际售价	标准售价	销售折扣	销售成本	毛利	毛利率
1	新时代三鲜水饺				88.8889				
2	新时代韭菜水饺				82.0516				
3	新时代芹菜水饺				82.0516				
4	什锦素饺	177	15241	86.28	111.112	77.65%	12622	2619	17.19%
5	三鲜水饺	258	26852	103.9	136.752	75.97%	22795	4057	15.11%
6	茴香水饺	163	13970	85.73	111.112	77.16%	11643	2327	16.66%
7	韭菜水饺	318	27102	85.17	111.112	76.65%	22734	4368	16.12%
8	芹菜水饺	153	13091	85.73	111.112	77.16%	10885	2206	16.85%
9	黄瓜水饺				102.564				
10	五克猪肉水饺	69	8053	117.16	153.8462	76.15%	6797	1256	15.60%
11	五克鸡肉水饺	47	5559	118.53	153.8462	77.05%	4638	921	16.57%
12	一千克三鲜水饺	290	25261	87.05	111.1111	78.34%	20760	4501	17.82%
13	一千克黄瓜水饺	-4	-296	75.97	89.7436	84.65%	-225	-71	23.94%
14	一千克猪肉圆白菜水饺				89.7436				
15	千克大白菜水饺	354	24850	70.28	89.7436	78.31%	20429	4420	17.79%
16	千克冬瓜水饺				89.7436				
17	千克海带水饺				89.7436				
18	1千克韭菜水饺	76	6575	86.51	102.5641	84.35%	5015	1560	23.73%
19	1千克芹菜水饺	32	2781	87.18	102.5641	85.00%	2104	677	24.34%
20	珍实惠什锦水饺	56	4152	74.82	102.5641	72.95%	2570	1582	38.10%
21	珍实惠大白菜水饺	48	3501	73.39	94.0171	78.06%	2222	1278	36.52%
22	珍实惠鱿鱼水饺	-3	-226	87.08	94.0171	92.62%	-139	-88	38.72%
23	珍实惠荠菜水饺	170	14625	86.08	102.5641	83.93%	8983	5642	38.58%
24	珍实惠香菜水饺	70	6053	85.97	102.5641	83.82%	3737	2316	38.26%
25	猪肉大白菜水饺团				102.5641				
26	冬瓜水饺团				71.7949				
27	三鲜水饺团				115.3846				
28	韭菜水饺团				102.5641				
29	什锦水饺团				102.5641				
30	茴香水饺团				102.5641				
31	芹菜水饺团				102.5641				

图 1-8　无法同时显示首行和合计行

于是，我们切换到"视图"功能区，在"窗口"组中单击"冻结窗格"下拉按钮，在弹出的列表框中选择"冻结首行"命令，设置完成后，移动滚动条，我们发现首行始终出现在工作表的最上方，这就方便用户同时查看最末的合计行（如图 1-9 所示）。

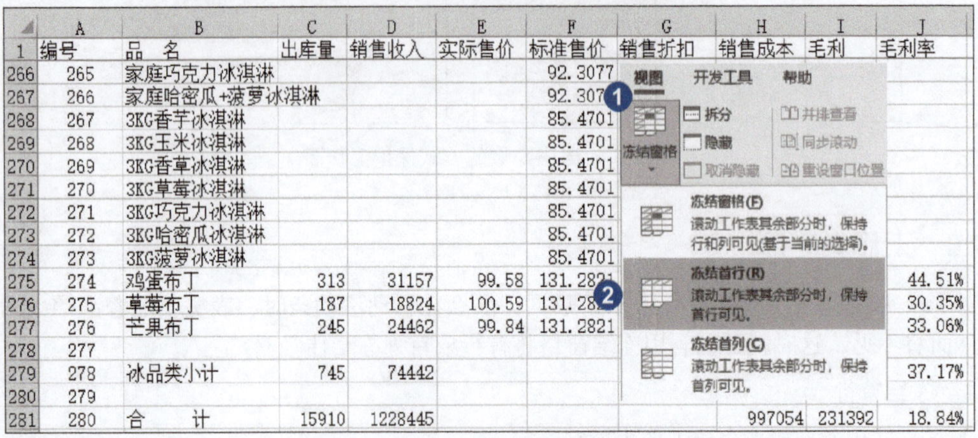

图 1-9　同时显示首行和最末的合计行

2. 冻结首列

还有一些时候，我们想要看到右侧的纵向数据信息，可以用同样的方法，在"视图"功能区"窗口"组中单击"冻结窗格"下拉按钮，在弹出的列表框中选择"冻结首列"命令（如图 1-10 所示）。此时，横向移动滚动条，首列始终出现在工作表的最左方，这就方便查看列数比较多的数据信息。

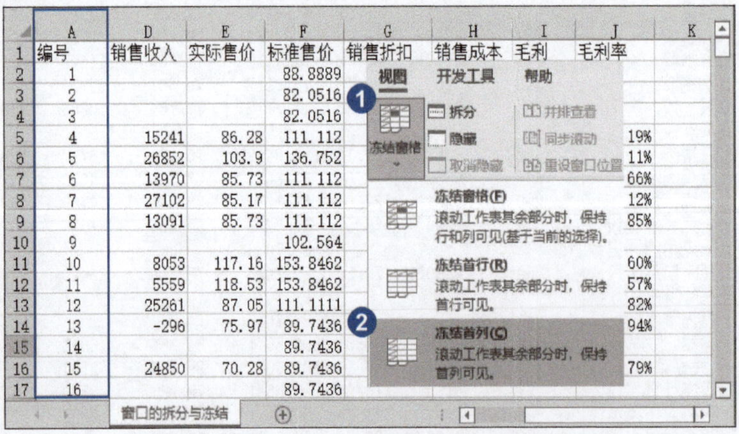

图 1-10　冻结首列以显示右侧数据

3. 冻结窗格

冻结首行和冻结首列都很好理解，就是分别锁定第一行和 A 列，让其始终保持显示状态。可有时要自定义冻结的行数或列数，就要用到"冻结窗格"。

第一步，选中想要冻结的行列交叉点右下的单元格，作为定位冻结点；第二步，选择"冻结窗格"，如图 1-11 所示。现在不管怎么移动滚动条，第一行和 A、B 两列都被冻结住了。当然，如果要换一种冻结方式，需要先取消之前的冻结，再重新定位冻结的位置执行"冻结窗格"操作。

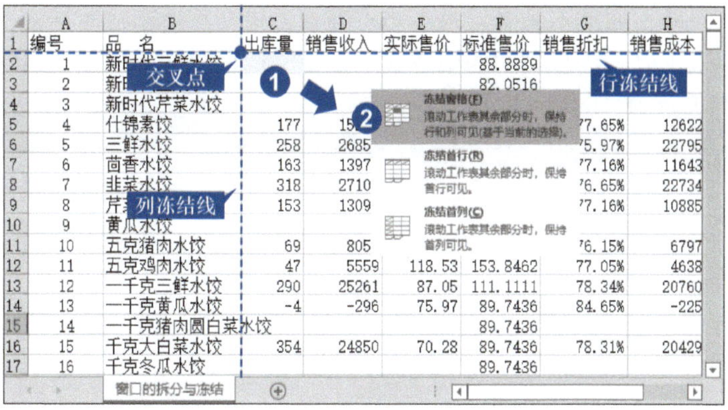

图 1-11 冻结窗格

三、工作表打印

工作表的打印看似很简单,但经常会出现如何只打印该打印的部分,小表如何打印满一张纸,大表如何缩小打印到一张纸,表格标题太靠上、页码太靠下、末页有几行字不能显示完整等问题。因此我们需要好好掌握工作表打印知识和技能。

1. 选择需要打印的区域

不管一张工作表中有多少内容,如果只想打印其中的一部分,那么就只要设置好打印区域即可。例如上面冻结窗格中用到的数据表,如果我们只想打印第 1 行到第 30 行的数据,这时需要先手动选中需要打印的区域,如图 1-12 所示,再单击"页面布局"选项卡"页面设置"组的"打印区域"——"设置打印区域"。

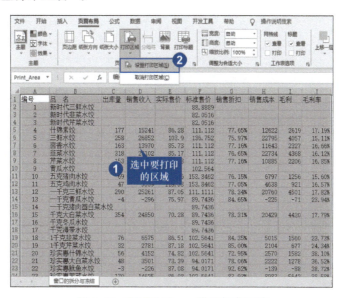

图 1-12 页面设置——设置打印区域

然后单击"文件"选项卡里的"打印"按钮,就能在右侧看到打印效果了。当然为了美观,我们还可调整"纸张方向"为"横向",最终显示效果如图 1-13 所示。

如果觉得打印效果右边比较空,还可进一步调整页边距。如图 1-14 所示,默认是"上一次的自定义页边距"尺寸,如果不满意可进一步点开"自定义页边距"对话框,依次设置上下左右的页边距数值,也可以直接打勾"居中方式"以使文档位置居中。预览后达到预期效果,即可单击"打印"按钮进行打印。

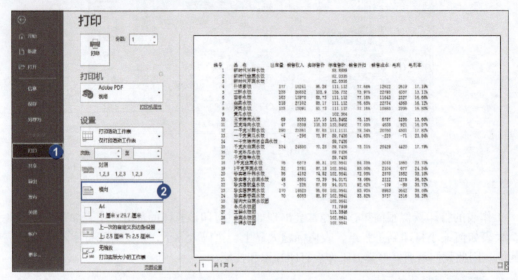

图 1-13　打印预览效果

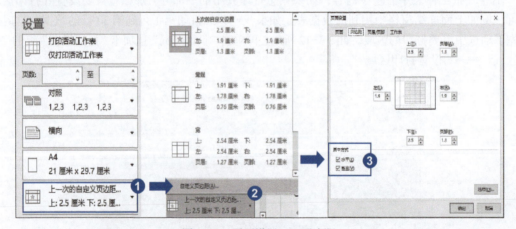

图 1-14　页面设置——页边距

2. 小表大打或大表小打

在"文件"功能区单击"打印"功能,单击"设置"最下面"无缩放"的下拉按钮,在弹出的列表框中选择"将工作表调整为一页"即可实现"小表大打"或者"大表小打"的功能,如图 1-15 所示。此外,通过这步操作,我们还能实现"将所有列调整为一页"或者"将所有行调整为一页"的功能。

当然,如果对于缩放比例有进一步的要求,我们可以选中对话框最下面的"自定义缩放选项"。在弹出的"页面设置"对话框中,选择"缩放比例"单选按钮,如果设置成大于 100% 的比例,就可以实现小表大打,如果设置小于 100% 的比例,就可以实现大表小打。如果想要调整具体的页宽和页高,则在"调整为"后设置具体的数字,如图 1-16 所示。

项目一 使用 Excel 制作财务会计表格 ■ 025

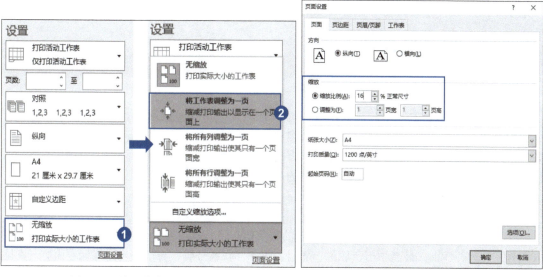

图 1-15 将工作表调整为一页　　　　图 1-16 精确缩放

3. 每页重复打印标题行

当打印大表格时，若无法打印在一页，往往需要重复打印标题行作为表头，以方便每页查看数据时都有标题。因此，我们只需要单击"页面布局"选项卡"页面设置"组的"打印标题"；接着，在弹出的对话框中选择"顶端标题行"对应的具体位置。可以看到，在打印预览中，每一页表头都实现了标题行的添加，如图 1-17 所示。

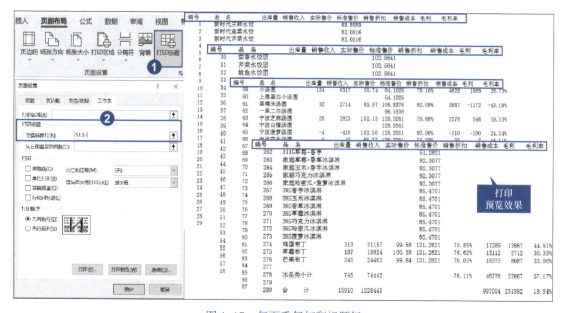

图 1-17 每页重复打印标题行

4. 其他打印设置

打印设置中，还有很多其他功能，如可以选择单面打印或双面打印，可以选择用何种类型的纸张来打印，还可以设置页眉、页脚等，这里就不一一介绍了，大家可以自行尝试、学习。

任务三　单元格操作

单元格是工作表中最小的构成单位，每一个单元格都有一个由列标和行号组成的专属名称，如 C3 单元格（如图 1-18 所示）。对工作表的操作必须要先从单元格开始，单元格可使用的数据类型有数值、文本、公式。数值可以为数字，也可以为日期或时间。

图 1-18　单元格的构成

李燕建好工作簿后，就要开始输入职工的相关信息了。具体操作为：选择 A1:I1 单元格，输入序号、姓名、性别、最高学历、职称、部门、职务、联系号码、身份证号码等标题内容。在输入里面的具体内容时需要用到以下知识技能。

知识技能 1-1　数据填充

Excel 中的数值是指可用于计算的数据，常见的有整数、小数、分数和逻辑值等。对于一般的数据只能一个一个地输入，但对于有序、相似或者相同的数据的输入，则可以采用填充功能。

数据填充

1. 等差或等比序列

数据填充可以快速地完成一组数据的输入，李燕在输入职工信息表的序号时，可以先在 A2 单元格中输入 1，然后将鼠标移到 A2 单元格的右下角，此时会出现一个黑色的"+"标志（又称填充柄），然后按住鼠标左键并向下拖动至 A16 单元格，则会在 A2:A16 的单元格区域中都出现数字 1，这就是快速填充功能。在图 1-19 中，我们会发现填充后在 A16 单元格的右下角多了一个图标——"自动填充选项"浮动按钮。单击这个"自动填充选项"浮动按钮，会弹出一个下拉列表，上面有几个选项可供选择，如果选择了"填充序列"，则从 A2 到 A16 单元格内容会自动成等差数列排列，公差为 1。

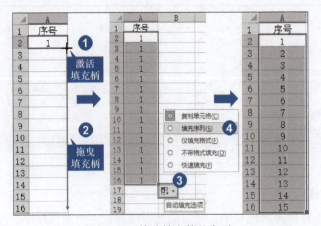

图 1-19　快速填充等差序列

> **小提示**
>
> **数据填充的具体路径操作**
>
> 　　数据填充并不仅仅只有这一种格式，还可以单击"开始"功能区"编辑"组中"填充"下拉按钮，选择"序列"命令。利用"序列"命令可以执行更多的填充功能。
>
> 　　如果要完成一组等比数列，假定首项为 2、步长值为 2、终止值为 32。首先，需要在任意单元格（如 A5）中先输入 2，然后，单击"开始"选项卡"编辑"组中的"填充"下拉按钮，选择"序列"命令。在弹出的"序列"对话框中，我们看到序列的类型一共可以进行四种类型的数据填充，分别是等差序列、等比序列、日期和自动填充。如果我们希望最终数列是竖排的，那么就在"序列产生在"中选择"列"单选按钮；然后，在"类型"中选择"等比序列"；"步长值"框中输入数字 2，"终止值"框中输入数字 32，单击"确定"按钮，则会从 A5 开始往下排出一组从 2 到 32、比值为 2 的等比数列，如图 1-20 所示。
>
>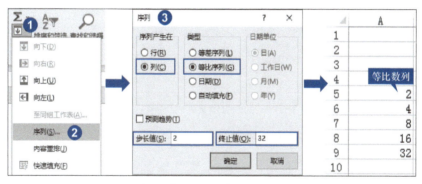
>
> 图 1-20　利用"序列"对话框实现等比数列的填充

2. 自定义序列

　　Excel 中还有一个很方便的功能，就是可以通过拖动单元格右下角填充柄自动生成相应序列，如在两个相邻的单元格内有"甲""乙"两个汉字，选中这两个单元格拖动右下角填充柄，可以向下或向后生成丙、丁、戊……这就是自动生成序列，但这些序列必须是 Excel 中已经定义的。我们可以根据需要添加设置自定义序列，下面以百家姓为例说明如何自定义序列。

　　首先，新建一个 Excel 文档，在 B2:B9 八个连续单元格输入"赵、钱、孙、李、周、吴、郑、王"；在"文件"功能区单击"选项"→"高级"，将滚动条拉到最后，再选择"编辑自定义列表"，如图 1-21 所示。

　　然后在弹出的"自定义序列"对话框中单击"导入"按钮左边的选择框，选中 B2:B9 中的序列，单击"导入"按钮即可将前八个姓添加到"自定义序列"框中，单击"确定"按钮实现自定义序列的制作，如图 1-22 所示。

　　现在我们在任意单元格中输入"赵"，拖动单元格右下角填充柄便能自动生成"赵、钱、孙、李、周、吴、郑、王"的循环序列。自定义序列不仅可以通过自动填充生成完整的序列数据，还可以用于自定义排序，详见后面的"排序"知识技能。

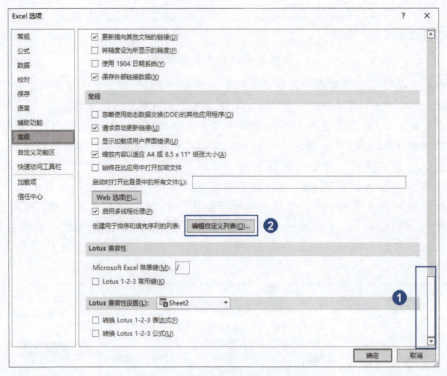

图 1-21 "编辑自定义列表"路径选择

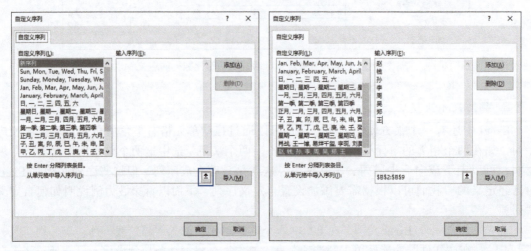

图 1-22 完成"自定义序列"

知识技能 1-2　数据验证（2013 版本之前和 WPS 称其为数据有效性）

数据验证是对单元格或单元格区域输入的数据从内容到数量上的限制。李燕在输入性别时采用了数据验证功能。先将鼠标选中 C2 单元格，在"数据"功能区"数据工具"组中单击"数据验证"下拉按钮，如图 1-23 所示。

数据验证

选择"数据验证",弹出对话框,在"设置"选项卡的"允许"中选择"序列",在"来源"中输入"男,女",如图1-24所示。此时,"性别"列的内容就被限制了只能输入"男"或者"女"。需要强调的是,"男""女"之间的逗号是英文状态下的。

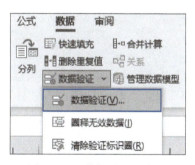

图1-23 "数据验证"路径

图1-24 "数据验证"设置选项卡

为有效提示单元格可以接受的数据内容,可以在输入前切换到"输入信息"选项卡进行操作录入,如图1-25所示。然后单击"确定"按钮,回到数据单元格,会看到单元格出现一个提示说明。

图1-25 设置"输入信息"选项卡

如果用户在输入时,未按要求进行单元格操作,Excel则会弹出"出错警告",如图1-26所示。显然,"出错警告"也是可以自定义的,我们切换到"数据验证"对话框的"出错警告"选项卡,输入"只能选择男或女",确定样式为"停止"后,再次单击"确定"按钮,数据验证的功能就全部设置完毕了。

现在我们将C2单元格的格式拖动复制到C16单元格。同时,还可以设置最高学历的数据验证序列来源为"专科,本科,研究生",职称的数据验证序列来源为"无,初级,中级,高级",部门的数据验证序列来源为"行政部,生产车间,销售部,采购部,财务部,研发部"。

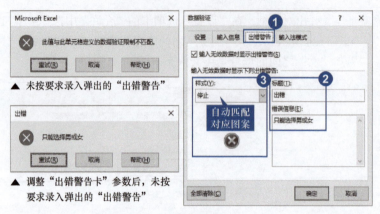

图 1-26 设置"出错警告"选项卡

数据验证除了能限制输入来源，还能限制输入的文本长度。在这里，我们还可以分别设置"联系号码"列的"文本长度"等于"11"，"身份证号码"列的"文本长度"等于"18"。最终，输入该单位员工的基本信息如图 1-27 所示。

序号	姓名	性别	最高学历	职称	部门	职务	联系号码	身份证号码
1	邓华超	男	本科	中级	行政部	总经理	13927855632	411316198203123715
2	叶荣飞	男	研究生	高级	研发部	部门经理	13885563244	332514197810121515
3	王振光	男	本科	高级	销售部	部门经理	13327855632	342134198007015518
4	沈朝飞	男	本科	高级	财务部	部门经理	13156234283	330483198705241814
5	孔人泉	男	本科	初级	生产车间	基本生产人员	15922413578	339005199002042354
6	梁坡	男	专科	无	销售部	销售人员	13942685737	411328198204285092
7	凌晨晨	男	本科	中级	生产车间	基本生产人员	13912357684	330481198910160138
8	陈琳	女	专科	中级	财务部	财务人员	13832465743	330523199107184129
9	刘滨晓	男	本科	中级	生产车间	部门经理	13524264748	330324198706023299
1	黄郑	男	专科	无	生产车间	基本生产人员	13025254783	330327198504284297
1	项薇雪	女	研究生	高级	行政部	管理人员	13131425476	331022198207151861
12	许子臻	男	本科	中级	研发部	研发人员	13924168483	330124199006151816
13	吴海涛	男	本科	初级	采购部	采购人员	13527793837	341024199011218031
14	李燕	女	专科	初级	财务部	财务人员	13654830562	310018199004151220
15	章明晖	男	研究生	中级	研发部	研发人员	13738591630	341024199011218031

图 1-27 该单位员工的基本信息

> 💡 **小提示**
>
> **数据验证只对设置验证条件后输入的内容有效**
>
> 数据验证的限定功能，只能对配置完成后手工录入的数据起作用；而对已经输入的数据，以及复制粘贴而来的数据则毫无办法。如果需要检验已经输入的数据是否符合验证条件，可以使用"圈释无效数据"功能，如图 1-28 所示，实行事后验证。当数据内容调整为符合单元格要求的数据验证内容，红色的圈释框就会自动消失。
>
>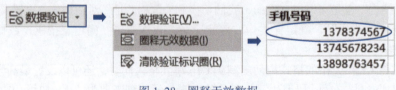
>
> 图 1-28 圈释无效数据

知识技能 1-3　单元格格式设置

单元格输入的默认格式都是常规型，但可以通过右击单元格，选择"设置单元格格式"命令，改变单元格的类型。

单元格格式设置

Excel 常规格式认为输入的数字都是数值类型，当输入数字长度超过 11 位就无法正常显示，会自动以科学计数法形式来显示。如果数字长度超过 15 位，不仅不能正常显示，而且超过 15 位后的尾数会自动都变成 0。这是因为 Excel 的有效数字长度是 15 位，超过 15 位尾数就截取为 0 了。所以，当李燕在输入公司职工的身份证号码"411316198203123715"时，默认情况下会如图 1-29 所示。

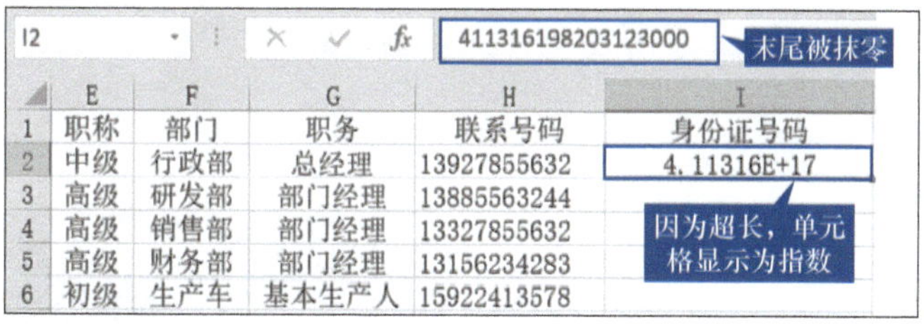

图 1-29　输入超过 15 位数字的结果

要使得身份证号码能够正常显示，必须要修改单元格的类型，也就是将单元格类型从默认的常规型变成文本型。先将鼠标放在 I2 空白单元格，右击选择"设置单元格格式"命令，在"数字"选项卡"分类"中选择"文本"，然后单击"确定"按钮，再输入身份证号码，才能显示完整的信息，如图 1-30 所示。

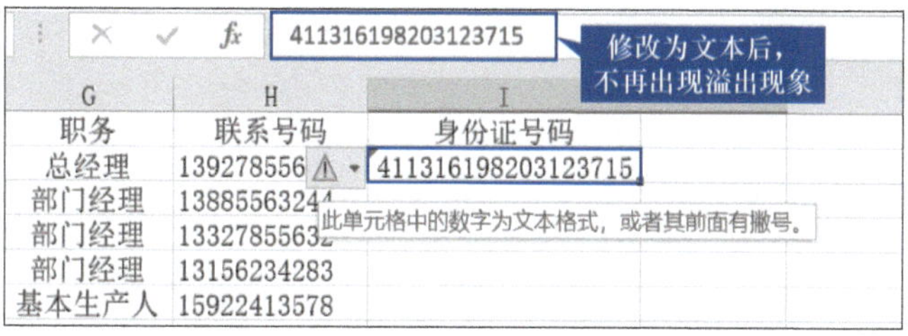

图 1-30　文本状态下的身份证号码

此外，如果在输入身份证号码之前，先输入英文输入法下的单引号，然后再输入 18 位数字，得到的效果与设置文本类型后的效果一样，默认沿单元格左边对齐。

> 💡 **小提示**
>
> **利用"分列"快速将数值转换成文本**
>
> 在上面的举例中，如果直接将 I2 单元格的数据类型改成文本型，会发现身份证号码仍然是科学计数法形式，而不会变成文本正常显示，这是因为身份证号码是在修改之前就已经输入的，除非把原先输入的身份证号码修改输入，按 <Enter> 键才能实现真正的数值转文本功能，否则是不会改变的。所以，对于已经输入的数值，想要快速变换成文本格式，还可考虑运用"分列"功能。

我们以"联系号码"列为例，选中要转换的数据 H 整列，单击"数据"→"分列"，在弹出的对话框中，选择合适的文件类型为"分列符号"，单击"下一步"按钮，如图 1-31 所示。"文本分列向导-第 2 步，共 3 步"中仍保持分隔符号为默认值（"Tab 键"），继续单击"下一步"按钮。在"文本分列向导-第 3 步，共 3 步"对话框中，修改"列数据格式"为"文本"，单击"完成"按钮。

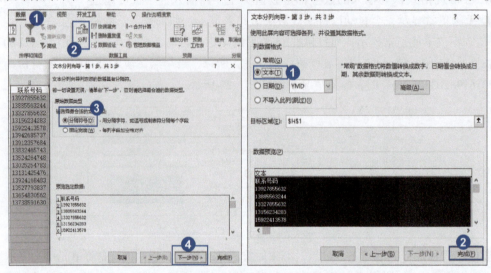

图 1-31　运用分列快速实现数值格式转换文本格式

现在，所有的联系号码内容单元格左上角都多了一个绿色的三角形，用鼠标单击三角形左边的叹号，会弹出提示对话"以文本形式存储的数字"，如图 1-32 所示。如果想要隐藏左上角的绿色三角形，可以在"选项"对话框中的"公式"栏中，取消勾选"文本格式的数字或者前面有撇号的数字"，如图 1-33 所示。

需要说明的是，身份证号码因为超过了 Excel 的有效数字长度 15 位，所以即便快速转换成了文本模式，还是别忘了修改最后三位，以免数据错误。

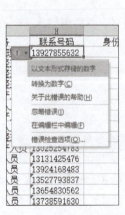

图 1-32　以文本形式存储的数字　　　图 1-33　取消文本类型左上角的绿色三角形

知识技能 1-4　减少鼠标和键盘间的来回切换

财务会计工作者，可能需要在连续单元格中输入大量的数据，在键盘和鼠标间来回切换，会严重影响效率。更好的做法是，使用 <Tab> 键和 <Enter> 键移动位置，如图 1-34 所示。按一次 <Enter> 键向下移动一格，按一次 <Tab> 键则向右移动一格，要向相反方向移动时，先按住 <Shift> 键，再按 <Enter> 键或 <Tab> 键即可。

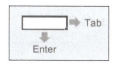

图 1-34　使用 <Tab> 键和 <Enter> 键移动位置

任务四　提取职工出生年月和计算工龄

李燕在输入公司职员的信息后，还需要提取职员的出生年月，这时需要用到函数，具体要用到文本函数及日期和时间函数。

知识技能 1-5　文本函数

1. MID 函数

MID 函数的功能是从一个字符串中截取指定数量的字符。

语法格式为：MID(text,start_num,num_chars)

其中，text 表示准备提取字符串的文本字符串，start_num 是准备提取的第一个字符的位置，num_chars 是指定所要提取的字符串长度。

首先将鼠标选中 J2 单元格，单击地址栏左侧的"插入函数"按钮，在弹出对话框的"或选择类别"下拉框中选择"文本"，然后在"选择函数"框中选择 MID 函数，如图 1-35 所示。此外，也可以直接在"公式"选项卡中的"文本"函数中选择 MID 函数，如图 1-36 所示。

图 1-35　通过"插入函数"选择 MID 函数

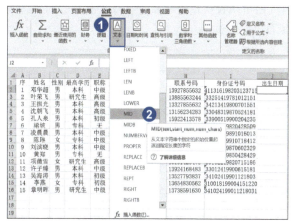

图 1-36　通过"公式"选项卡选择 MID 函数

单击"确定"按钮后，会出现 MID 函数参数的对话框，在三个参数框中分别输入 I2、7、8，代表的意思是从 I2 单元格的第 7 位开始截取 8 位字符，会在对话框看到出现"19820312"的结果。单击"确定"按钮后，拖动 J2 单元格右下角填充柄到 J16，得到所有职工的出生日期，如图 1-37 所示。

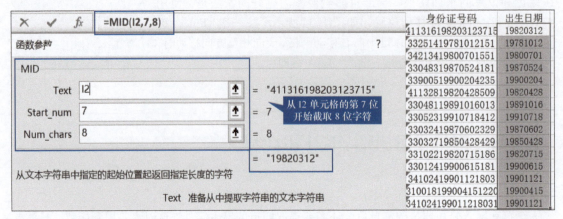

图 1-37　MID 函数的使用

2. LEFT 函数和 RIGHT 函数

说到 MID 函数，当然不能不提 LEFT 和 RIGHT 函数。这两个函数就像孪生兄弟，LEFT 函数指的是从一个文本字符串的第一个字符开始返回指定个数的字符。RIGHT 函数指的是从字符串最右边取出指定数量的字符。它们都只有两个参数：text，表示准备提取字符串的文本字符串；num_chars，表示提取的字符串长度。所以，我们可以结合这两个函数来提取出生日期。

选中 J2 单元格，输入"=LEFT(I2,14)"，表示在 I2 单元格中从左边第一个字符串开始取 14 位字符，结果如图 1-38 所示。这个结果显然不符合要求，还需要 RIGHT 函数帮忙。这时只需要将 J2 原有的函数补充为"=RIGHT(LEFT(I2,14),8)"即可，表示从"41131619820312"右边取 8 位字符，如图 1-39 所示。同样也可以先用 RIGHT 函数从右边取 12 位字符，然后再用 LEFT 函数从左边取 8 位字符，也能得到最终的结果。这个做法就留给大家自己去尝试了。

LEFT 函数

RIGHT 函数

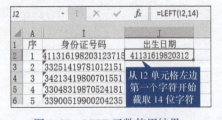

图 1-38　LEFT 函数使用结果

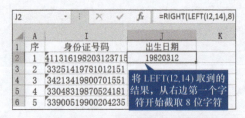

图 1-39　RIGHT 函数使用结果

由此可见，如果要从一个文本字符串的中间取数的话，最方便的就是用 MID 函数，LEFT 函数和 RIGHT 函数适合从最左边或最右边进行取数。

3. TEXT 函数

虽然李燕用 MID 函数或 LEFT 函数和 RIGHT 函数提取了出生日期，但这个结果并不符合真正的日期格式。正确的日期格式只有两种表示方式，一种是用斜杠"/"区分年月日，还有一种是用横线"-"区分年月日。因此，可以采用文本函数中非常重要的一个函数——TEXT 函数，来实现指定格式的转换。

语法格式为：TEXT(value,format_text)

其中，value 为数值或计算结果为数值的公式，或对包含数字值的单元格的引用；format_text 为"设置单元格格式"对话框中"数字"选项卡上"分类"框中的文本形式的数字格式。

具体做法是：选中 J2 单元格，在原先已有的 MID(I2,7,8) 函数或 RIGHT(LEFT(I2,14),8) 函数前面输入 TEXT，会在下方出现一个蓝色的函数，如图 1-40 所示。双击蓝色的"TEXT"，然后单击"插入函数"按钮 fx，就会弹出 TEXT 函数参数对话框，第一个 value 参数就是 MID(I2,7,8)，意思就是通过函数取出的 19820312 这串数字，第二个 format_text 参数需要输入日期格式。虽然正确的日期格式有两种表示方式，但是在格式设置中的类型只能用横线表示，也就是说用 format_text 的语言只有"0000-00-00"这样的格式可以输入。故输入嵌套函数"=TEXT(RIGHT(LEFT(I2,14),8),"0000-00-00")"后，可以看到对话框中出现"1982-03-12"这样的显示结果，为了精简，我们以 MID 函数为例，最终结果如图 1-41 所示。需要特别注意的是，输入格式类型时一定要加上英文状态下的双引号。然后将鼠标往下拖动到 J16 单元格，就能将原先的数字格式全部转换为日期格式了。

图 1-40　出现蓝色的函数

图 1-41　TEXT 函数参数

💡 小提示

利用"分列"快速提取出生日期

"分列"除了能快速将数据类型改成文本型，还能按指定长度提取内容。

我们以"身份证号码"列为例，复制 I 列信息到 J 列，选中 J 列，单击"数据"→"分列"，在弹出的对话框中，选择合适的文件类型为"固定宽度"，单击"下一步"按钮，如图 1-42 所示。"文本分列向导 - 第 2 步，共 3 步"中按照指引添加两条分列线，继续单击"下一步"按钮。在"文本分列向导 - 第 3 步，共 3 步"的对话框中，鼠标选中提取的生日信息所在列，修改"列数据格式"为"日期"，选择"YMD"形式（即年月日），单击"完成"按钮后，删除多余的 J 列和 L 列即可。

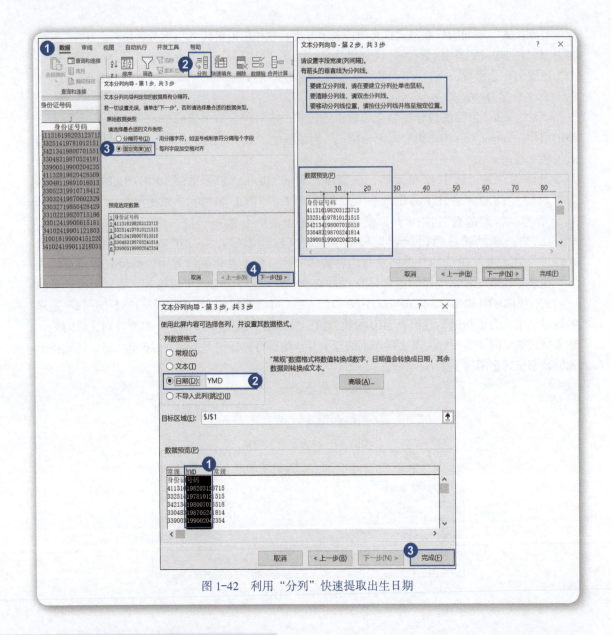

图 1-42 利用"分列"快速提取出生日期

知识技能 1-6　日期和时间函数

李燕在完成了上述工作之后，准备开始计算员工的工龄，以便在计算工资薪酬时可以以此作为计算标准之一。她先在 K 列加了一列"入职时间"，注意一定要用日期格式表示。然后在 L 列开始计算工龄。这时就要用到日期和时间函数了。

1. TODAY 函数和 DATE 函数

TODAY 函数是用于返回当前时间的序列号。

语法格式为：TODAY()

TODAY 函数无参数。

DATE 函数的用途是返回代表特定日期的序列号。使用这个函数之后，

DATE 函数

即使单元格格式为"常规",则结果也将设为日期格式。

语法格式为：DATE(year,month,day)

举例说明,还是以身份证为"411316198203123715"的员工为例,用函数提取出该员工的出生年月日。利用 DATE 和 MID 函数我们可以写出"=DATE(MID(I2,7,4),MID(I2,11,2),MID(I2,13,2))",最后得到的效果如图 1-43 所示。

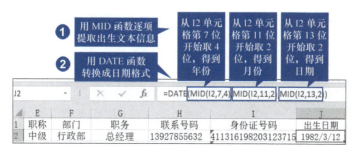

图 1-43　利用 DATE 函数转换成日期格式

2. DATEDIF 函数

DATEDIF 函数是 Excel 隐藏函数,在帮助和插入公式里面没有。它是用于返回两个日期之间的年、月、日间隔数。常使用 DATEDIF 函数计算两日期之差。

DATEDIF 函数

语法格式为：DATEDIF(start_date,end_date,unit)

其中,start_date 代表时间段内的第一个日期或年数;end_date 代表时间段内的最后一个日期或结束日期;unit 为所需信息的返回类型,通常有 6 种类型,见表 1-1。在函数使用中需要注意的是,其中 end_date 必须大于 start_date。

表 1-1　unit 的返回类型及结果

类　　型	返　回　结　果
"Y"	一段时间内的整年数
"M"	一段时间内的整月数
"D"	一段时间内的天数
"MD"	start_date 与 end_date 之间天数之差（忽略日期中的月和年）
"YM"	start_date 与 end_date 之间月份之差（忽略日期中的天和年）
"YD"	start_date 与 end_date 日期部分之差（忽略日期中的年）

李燕使用 DATEDIF 函数来计算职工的工龄。因为这个函数无法使用函数对话框,所以只能直接在 L2 单元格输入"=DATEDIF(K2,TODAY(),"Y")",得到的结果如图 1-44 所示。其中,本例中因为计算工龄,故选择了"Y"类型,意味着取整年数。

图 1-44　DATEDIF 函数

任务五　制定薪金等级

职工信息表的最后一块内容是制定薪金等级。公司规定的薪酬标准：总经理 12000 元/月，研究生学历及以上且职称为高级或者是部门经理都是 9000 元/月，其他职工 6000 元/月。这时就需要用逻辑函数来解决了。

知识技能 1-7　逻辑函数

1. AND 函数

AND 函数指的是所有参数的逻辑值为真时，返回 TRUE；只要有一个参数的逻辑值为假，即返回 FALSE。

语法格式为：AND(logical1,logical2,…)

其中，"logical1,logical2,…"表示待检测的 1～255 个条件值。

制定薪金等级中，"同时满足研究生学历及以上、职称高级及以上"用 AND 函数表示，如果以第二行邓华超为例，则函数表达式为"AND(D2="研究生"，E2="高级")"。

2. OR 函数

OR 函数指的是在其参数组中，任何一个参数逻辑值为 TRUE，即返回 TRUE；所有参数的逻辑值为 FALSE，才返回 FALSE。

语法格式为：OR(logical1,logical2,…)

其中，"logical1,logical2,…"表示待检测的 1～255 个条件值。

制定薪金等级中，"研究生学历及以上且职称为高级或者是部门经理"就要用 OR 函数表示。仍以第二行邓华超为例，则函数表达式为"OR(AND(D2="研究生",E2="高级"),G2="部门经理")"。

3. IF 函数

上述 AND 函数和 OR 函数虽然都有自己的函数语言，但并不是李燕最终想要的结果，因为这两个函数返回的结果只能表示为 TURE 或者 FALSE，而李燕想要的结果是最后的薪酬数额，因此必须要用到 IF 函数。

IF 函数是根据指定的条件来判断其"真"（TRUE）、"假"（FALSE），根据逻辑计算的真假值，从而返回相应的内容。

语法格式为：IF(logical_test,value_if_true,value_if_false)

其中：logical_test 为计算结果为 TRUE 或 FALSE 的任意值或表达式；value_if_true 为 logical_test 为 TRUE 时返回的值；value_if_false 为 logical_test 为 FALSE 时返回的值。

先用一道简单的例题说明 IF 函数的用法。现有一些学生的成绩，如果高于 60 分（含），就是及格，否则就是不及格。在 B6 单元格插入 IF 函数，弹出"函数参数"对话框，在第一个参数"logical_test"中输入"A6>=60"，在第二个参数"value_if_true"中输入"及格"，在第三个参数"value_if_false"中输入"不及格",如图1-45所示。单击"确定"按钮后,在B6单元格就会出现"及格",拖动右下角填充柄,就会出现一系列结果,如图1-46所示。

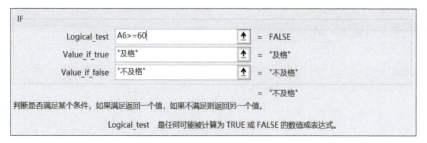

图1-45 输入函数参数　　　　　　　　　　　　图1-46 IF函数的结果显示

4. IFS 函数

IFS 函数是多条件判断函数,用于检查是否满足一个或多个条件并返回与第一个 TRUE 条件对应的值,可以替代多个 IF 语句的嵌套。相较于 IF 函数,IFS 函数逻辑清晰,更便于阅读。

语法格式为：IFS(logical_test1, value_if_truc1,…)

其中,logical_test1 是任何可求值为 TRUE 或 FALSE 的值或表达式,value_if_true1 是只有当 logical_test 为 TRUE 时返回的值。IFS 函数至少包含一组条件,至多包含 127 组不同的条件。

我们进一步细化成绩的评分标准,百分制的情况下,如果分数低于60分,评定为"不及格"；60（含）至70分,评定为"及格"；70（含）至80分,评定为"中等"；80（含）至90分,评定为"良好"；90（含）至100分（含）,评定为"优秀"。如果用 IF 函数,我们需要嵌套多层,例如单击 B2 单元格,输入"=IF(A2>=60,IF(A2>=70,IF(A2>=80,IF(A2>=90,"优秀","良好")),"中等")),"及格"),"不及格")"；但如果我们运用 IFS 函数,只需点击 C2 单元格,输入"=IFS(A2<60,"不及格",A2<70,"及格",A2<80,"中等",A2<90,"良好",A2<=100,"优秀")"即可,如图1-47所示。

图1-47 IF函数与IFS函数对比

5. SWITCH 函数

根据值列表计算一个值（称为表达式）,并返回与第一个匹配值对应的结果。如果不匹配,则返回可选默认值。

语法格式为：SWITCH(expression, value1, result1, [default_or_value2, result2],…)

其中,expression 就是要计算的表达式。

假定有一组卡片代号及相应等级信息如图1-48所示,现在我们需要查询代号"1"所指代的卡片等级信息。单击 E2 单元格,输入"=SWITCH(D2,A2,B2,A3,B3,A4,B4,B5)"；单击 F2 单元格,输入"=IFS(D2=A2,B2,D2=A3,B3,D2=A4,B4,TRUE,B5)"。可见,SWTICH 函数表达式只需输入一次"D2",后续就可实现对应条件的值匹配,进而使得整个函数更为精简。遗憾的是,SWTICH

函数不支持区间范围匹配，不能使用“>”“=”“<”等条件判断，只能按固定值进行查找；而 IFS 函数可实现区间匹配查找。

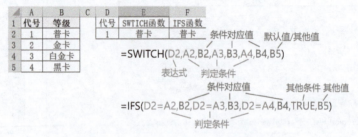

图 1-48 SWITCH 函数与 IFS 函数对比

李燕要得到公司职工的薪酬标准，则可以将 AND、OR 和 IF 三个函数结合起来使用。具体操作为：将鼠标选中 M2 单元格，单击“插入函数”按钮，选择逻辑函数中的 IF 函数，就会跳出 IF 函数参数对话框，在第一个参数框里输入“G2=" 总经理 "”，第二个参数框输入“12000”，意思是如果 G2 单元格为总经理，那么薪酬就是 12000，如果不是，则需要考虑其他情况，也就是我们前面用 OR 和 AND 函数表示的内容：OR(AND(D2=" 研究生 ",E2=" 高级 "),G2=" 部门经理 ")。这时需要将鼠标选到第三个参数的位置，然后单击名称框中的 IF，就会跳出一个新的 IF 函数参数对话框，然后将“OR(AND(D2=" 研究生 ",E2=" 高级 "),G2=" 部门经理 ")”放到第一个参数框里，第二个参数框输入“9000”，第三个参数框输入“6000”。其代表的意思是如果满足“研究生学历及以上且职称为高级或者是部门经理”条件，则薪酬为 9000，如果不满足，则为 6000。输入后，单击“确定”按钮即可得到想要的结果，如图 1-49 所示。

M2 =IF(G2="总经理",12000,IF(OR(AND(D2="研究生",E2="高级"),G2="部门经理"),9000,6000))

	H	I	J	K	L	M
1	联系号码	身份证号码	出生日期	入职时间	工龄	薪酬
2	13927855632	411316198203123715	1982/3/12	2014/5/1	9	12000
3	13885563244	33251419781012151	1978-10-12	2014/5/1	9	

图 1-49 IF 函数的复合使用

完成了 M2 单元格的函数设置后，往下拖动到 M16 单元格，即可得到所有职工的薪酬，如图 1-50 所示。

	A	B	C	D	E	F	G	H	I	J	K	L	M
1	序	姓名	性别	最高学历	职称	部门	职务	联系号码	身份证号码	出生日期	入职时间	工龄	薪酬
2	1	邓华超	男	本科	中级	行政部	总经理	13927855632	411316198203123715	1982/3/12	2014/5/1	9	12000
3	2	叶荣飞	男	研究生	高级	研发部	部门经理	13885563244	33251419781012151	1978-10-12	2014/5/1	9	9000
4	3	王振光	男	本科	高级	销售部	部门经理	13327855632	34213419800701551	1980-07-01	2014/5/1	9	9000
5	4	沈朝飞	男	本科	高级	财务部	部门经理	13156234283	33048319870524181	1987-05-24	2015/5/20	8	9000
6	5	孔人泉	男	本科	初级	生产车	基本生产人	15922413578	33900519900204235	1990-02-04	2016/5/25	7	6000
7	6	梁坡	男	专科	无	销售部	销售人员	13942685737	41132819820428509	1982-04-28	2015/6/15	8	6000
8	7	凌晨晨	男	本科	中级	生产车	基本生产人	13912357684	33048119891016013	1989-10-16	2015/6/27	8	6000
9	8	陈琳	女	专科	中级	财务部	财务人员	13832465743	33052319910718412	1991-07-18	2017/7/11	6	6000
10	9	刘滨晓	男	本科	中级	生产车	部门经理	13524264748	33032419870602329	1987-06-02	2015/7/11	8	9000
11	10	黄郑	男	专科	无	生产车	基本生产人	13025254783	33032719850428429	1985-04-28	2014/10/10	9	6000
12	11	项薇雪	女	研究生	高级	行政部	管理人员	13131425476	33102219820715186	1982-07-15	2015/1/5	8	9000
13	12	许子臻	男	本科	中级	研发部	研发人员	13924168483	33012419900615181	1990-06-15	2016/6/6	7	6000
14	13	吴海涛	男	本科	初级	采购部	采购人员	13527793837	34102419901121803	1990-11-21	2016/6/6	7	6000
15	14	李燕	女	专科	初级	财务部	财务人员	13654830562	310018199004151220	1990-04-15	2019/11/6	4	6000
16	15	章明晖	男	研究生	中级	研发部	研发人员	13738591630	341024199011218031	1990-11-21	2019/11/6	4	6000

图 1-50 得到所有职工的薪酬

项目实训

一、实训目的

1. 掌握 Excel 启动、退出、保存等基本操作。
2. 掌握 Excel 各选项卡的基本功能。
3. 了解 Excel 中的新增功能。
4. 掌握工作表保护、隐藏、冻结等功能。
5. 掌握打印过程中页面设置、设置打印区域及打印预览的方法。
6. 掌握单元格的数据填充、格式设置等基本操作。
7. 掌握函数输入的三种基本方式,能熟练使用函数进行数据的统计与分析。
8. 掌握公式输入的方法,能够运用公式进行常规的 Excel 数据计算。

二、实训资料

QH 公司属于金融行业,2023 年通过校园及社会招聘新员工 10 人,为更好地适应相关岗位对他们进行了业务技能测试,其相关信息参见表 1-2。

表 1-2　校园招聘新员工信息表

序 号	姓 名	身份证号码	英 语	数理逻辑
1	刘备	330103199004160410	90	90
2	曹操	321083199505022129	85	88
3	孙权	431381199610156536	89	93
4	张飞	452223199708050037	75	80
5	关羽	330106199810056677	92	96
6	诸葛亮	211103199807316523	93	89
7	周瑜	350428199310159920	89	95
8	徐晃	420821199909095032	88	89
9	张辽	13012320000228552X	99	99
10	鲁肃	440901199702220213	87	79

三、实训要求

1. 熟练掌握 Excel 的基本操作。

启动 Excel,新建工作表,将其命名为"新员工信息表",将表 1-2 的信息录入该工作表中,做到及时保存;将首行字体加粗并冻结,并将所有内容居中设置。

2. 熟练掌握文本函数的使用,并能进行数据的统计及分析操作。

增设"出生日期"列,根据身份证号码提取出生年月日信息。

3. 熟练掌握日期和时间函数的使用，并能进行数据的统计及分析操作。

增设"年龄"列，根据已提取的出生年月信息计算员工年龄。

4. 熟练掌握"数据验证"功能。

增设"性别"列，并对该列数据设置"数据验证"。对于身份证倒数第二位为奇数的，在"数据验证"下拉选项中设为"男"，反之则为"女"。

5. 熟练掌握逻辑函数的使用，并能进行数据的统计及分析操作。

增设"部门"列，对于英语和数理逻辑都大于等于90分且截至2023年年底年龄小于等于28周岁的员工，分配进入"投资部"；有任何一门低于80分的员工，分配进入"业务部"；其他员工分配进入"环球部"。

项目二

Excel在账务处理中的应用

知识目标

- 理解Excel环境下账务处理的流程。
- 掌握总账、明细账的编制原理。

能力目标

- 掌握构架Excel总账系统的能力。
- 掌握Excel查找函数的运用能力。
- 掌握Excel数据透视表的运用能力。

案例导入

康美药业曾是千亿市值的白马股、中药行业龙头。2019年，康美药业发布更正公告，称其2017年年报数据存在重大差错，现金多计299亿元，存货少计195亿元，资产负债表、利润表、现金流量表几乎所有数据都需要更正。证监会对康美药业的审计机构正中珠江会计师事务所涉嫌未勤勉尽责立案调查。

诚信是会计从业人员最基本的职业素养。如果会计资料失真，将无法真实准确反映企业经营情况，决策者因此无法做出正确决策，最终将导致经营风险，严重干扰正常的社会经济秩序，损害国家和社会公众利益。时任国务院总理朱镕基为上海国家会计学院所题写的校训就是"不做假账"四个字。这看似普通的大白话，实则寓意深刻。坚持诚信，守法奉公，就要求我们会计人能够以诚立身、以信立业，自觉抵制会计造假行为，维护国家财经纪律，共建美好家园。

学习情境

李燕完成了对Excel基本内容的回顾以及职工信息表的制作之后，对Excel的操作熟悉了不少，于是她决定利用Excel软件对万隆灯具有限公司的财务进行全面改革，让财务工作更加准确和便捷。第一步就是要从账务处理着手。首先她需要建立一个账套，然后根据账务处理的流程分别设置会计科目、输入会计凭证、进行试算平衡，最终形成科目汇总表。有了思路之后，她满怀信心地开始工作了。

万隆灯具有限公司2023年12月份各科目期初余额见表2-1。

表 2-1　万隆灯具有限公司 2023 年 12 月份各科目期初余额

（单位：元）

科目编码	科目名称	期初余额 借方	期初余额 贷方
1001	库存现金	4520	
1002	银行存款	275381.25	
100201	工行	275381.25	
1012	其他货币资金	130000	
101201	外埠存款	20000	
101202	银行汇票	110000	
1101	交易性金融资产	45000	
1121	应收票据	200000	
1122	应收账款	378000	
112201	龙华公司	200000	
112202	华东科技信息公司	350000	
112203	华成工程建筑公司		172000
1123	预付账款	15250.8	
112301	佳成材料销售公司	25250.8	
112302	骏腾图文有限公司		10000
1221	其他应收款	4800	
122101	李强	3500	
122102	张明	1300	
1231	坏账准备		3261
1402	在途物资	368239.4	
140201	甲材料	178239.4	
140202	乙材料	190000	
140203	丙材料		
1403	原材料	137810.87	
140301	甲材料	64898.72	
140302	乙材料	25748.38	
140303	丙材料	47163.77	
1405	库存商品	4036504.48	
140501	A 产品	2562738.05	
140502	B 产品	1473766.43	
1411	周转材料	52900	
141101	包装物	10000	
141102	低值易耗品	42900	
1511	长期股权投资	300000	
151101	滨江家居城	300000	
1601	固定资产	8634400	
1602	累计折旧		2908991.23

(续)

科目编码	科目名称	期初余额	
		借方	贷方
1604	在建工程		
1606	固定资产清理		
1701	无形资产		
170101	专利		
1702	累计摊销		
1801	长期待摊费用		
2001	短期借款		860000
2201	应付票据		800000
2202	应付账款		916850
220201	海心公司		525000
220202	宏达公司		391850
2203	预收账款		
2211	应付职工薪酬		
221101	工资		
221102	福利费		
221103	社保		
221104	公积金		
2221	应交税费		
222101	应交增值税（销项税额）		
222102	应交增值税（进项税额）		
222103	应交增值税（已交税金）		
222104	未交增值税		
222105	应交所得税		
222106	应交城市维护建设税		
222107	应交教育费附加		
222108	应交地方教育费附加		
2231	应付利息		
2232	应付股利		
2241	其他应付款		481000
224101	社保（个人）		381000
224102	公积金		100000
2501	长期借款		
250101	本金		
250102	应付利息		
4001	实收资本		6000000
400101	张纪真		2000000
400102	周荣斌		2000000
400103	北城电缆公司		
400104	华芳家私公司		2000000

（续）

科目编码	科目名称	期初余额	
		借方	贷方
4002	资本公积		
400201	资本溢价		
4101	盈余公积		
410101	法定盈余公积		
4103	本年利润		167657
4104	利润分配		2445047.57
410401	未分配利润		2445047.57
5001	生产成本		
500101	A产品		
500102	B产品		
5101	制造费用		
6001	主营业务收入		
600101	A产品		
600102	B产品		
6051	其他业务收入		
6061	营业外收入		
6111	投资收益		
6401	主营业务成本		
640101	A产品		
640102	B产品		
6402	其他业务成本		
6403	税金及附加		
640301	城市维护建设税		
640302	教育费附加		
640303	地方教育费附加		
6601	销售费用		
660101	广告费		
660102	工资		
660103	社保		
660104	公积金		
6602	管理费用		
660201	办公费		
660202	工资		
660203	折旧费		
660204	差旅费		
660205	交通费		
660206	社保		
660207	公积金		
6603	财务费用		
6711	营业外支出		
6801	所得税费用		

假设该公司 2023 年 12 月份的具体业务如下：

（1）公司收到北城电缆公司 2000000 元的货币资金投资，款已存入银行。

（2）公司收到华芳家私公司投入的专利。双方协商定价为 50000 元。

（3）公司从工商银行取得为期 3 个月的银行借款 30000 元，存入银行存款户。

（4）公司因生产经营需要向银行申请为期 3 年的长期借款 800000 元，款项已划转入公司的银行存款户。

（5）向易达公司购入甲材料 1000 千克，每千克买价 100 元，支付增值税 13000 元；购入乙材料 2000 千克，每千克买价 50 元，支付增值税 13000 元；购入甲、乙两种材料的运杂费为 3000 元。上述材料成本费用均以银行存款支付，材料尚未到达。假设运杂费按采购材料的重量进行分配。（增值税税率 13%，下同）

（6）上述甲、乙两材料已如数验收入库。

（7）从海心公司购入甲材料 5000 千克，每千克 100 元，取得海心公司开具增值税专用发票上注明价款 500000 元、增值税 65000 元，材料还在采购途中尚未入库，款项尚未支付。

（8）上述甲材料到达，验收无误，已办妥入库手续。

（9）以银行存款 600000 元支付前欠海心公司货款。

（10）公司财务部门根据仓库转来的领料凭证，编制本月材料耗用汇总表见表 2-2。

表 2-2 材料耗用汇总表

2023 年 12 月

用　　途	甲 材 料		乙 材 料		丙 材 料		金额合计（元）
	数量（件）	金额（元）	数量（件）	金额（元）	数量（件）	金额（元）	
A 产品耗用	1000	101000	200	10200			111200
B 产品耗用	2000	202000	400	20400			222400
制造车间 一般耗用			400	20400	200	4000	24400
合　计	3000	303000	1000	51000	200	4000	358000

（11）公司本月发放工资明细情况如下：

制造 A 产品工人工资 29000 元，制造 B 产品工人工资 10000 元，制造车间管理人员工资 9000 元，销售部门员工工资 15000 元，其他管理人员工资 48000 元。

（12）代扣个人社保 11655 元，代扣个人公积金 11100 元，委托银行代发本月职工工资 88245 元。

（13）公司购买办公用品花费现金 500 元。

（14）职工李强报销差旅费 3500 元。

（15）公司用现金支付员工市内交通费 200 元。

（16）公司销售 A 产品 1000 件，每件售价 1000 元，开出增值税专用发票，其中价款 1000000 元、增值税 130000 元。货款已收到并存入银行。

（17）公司销售给华成工程建筑公司 B 产品 500 件，每件售价 1000 元，开出增值税专用发票，其中价款 500000 元、增值税 65000 元。货已发出，货款尚未收到。

（18）公司以银行存款支付销售产品的广告宣传费 10000 元。

（19）支付本期借款利息 1200 元。

（20）经核定公司应付宏达公司的账款20000元，因宏达公司撤销长期无法支付，经批准转作营业外收入处理。

（21）经董事会研究决定，拨付25000元捐赠给希望工程，用于发展边远地区教育事业。

（22）月末计提固定资产的折旧费，其中生产车间用固定资产折旧费29143.22元，管理部门用固定资产折旧费24463.11元。

（23）按照工资总额的26.45%、10%分别计提企业社保和住房公积金。

（24）本月生产车间共发生制造费用65823.72元，按生产工人工资比例分配。A产品分配制造费用48945.84元，B产品分配制造费用16877.88元。

（25）公司本月生产的A产品全部未完工，累计发生生产成本总额199716.34元；B产品完工410件，实际生产成本252922.88元。根据生产成本明细账编制产品成本计算单，见表2-3、表2-4。

表2-3　产品成本计算单

产品名称：A产品　　　　　2023年12月　　　　　完工产品量：0件　　　　（单位：元）

摘　要	成本项目			合　计
	直接材料	直接人工	制造费用	
本月生产成本	111200	39570.5	48945.84	199716.34
完工产品成本	0	0	0	0
产品单位成本	0	0	0	0
期末在产品成本	111200	39570.5	48945.84	199716.34

表2-4　产品成本计算单

产品名称：B产品　　2023年12月　　完工产品量：410件　　期末在产品量：0件　　（单位：元）

摘　要	成本项目			合　计
	直接材料	直接人工	制造费用	
本月生产成本	222400	13645	16877.88	252922.88
完工产品成本	222400	13645	16877.88	252922.88
产品单位成本	542.44	33.28	41.17	616.89
期末在产品成本	0	0	0	0

（26）结转本月售出产品的生产成本共计708000元。其中A产品1000件，每件生产成本400元，计400000元；B产品500件，每件生产成本616元，计308000元。

（27）公司出售多余丙材料10000元，收取增值税款1300元，材料已发出，货款存入银行。

（28）上例所售丙材料的成本为5000元，结转材料销售成本。

（29）按照7%、3%和2%的比例分别计提应交的城建税、教育费附加和地方教育费附加。

（30）公司本期各收支账户净发生额如下，期末分别将其转入"本年利润"科目：

主营业务收入	1500000	主营业务成本	708000
其他业务收入	10000	营业外收入	20000
销售费用	30467.5	管理费用	94159.11
财务费用	1200	其他业务成本	5000
营业外支出	25000		

若要完成万隆灯具有限公司账务处理流程，需分成以下几项工作任务：建账——设置科目——输入期初余额——输入记账凭证——生成总账。

①建账：用 Excel 建立一个工作簿，并建立若干张工作表，用以分别存放会计科目、记账凭证，以及根据记账凭证自动生成的科目汇总表和总账汇总表。

②设置科目：建立"会计科目"工作表，录入该公司常用的科目代码和科目名称。

③输入记账凭证：建立"当月凭证"工作表，在此表中输入所有业务凭证。

④生成科目汇总表：建立"科目汇总表"工作表，录入科目代码、科目名称、期初数据，根据记账凭证的业务计算出本期借贷方发生额，在试算平衡的基础上，计算出期末借贷方余额。

⑤生成总账：利用数据透视表功能建立动态"总账汇总表"。

任务一　建立账套

在该任务中需要明确工作簿与工作表的关系，用到的操作技能是新建工作簿与工作表、对工作表进行重命名。具体操作步骤如下：

一、创建工作簿

新建一个工作簿，将其重命名为"万隆灯具有限公司账务处理"，保存在 D 盘"万隆灯具有限公司财务表格"文件夹里。打开该工作簿，双击工作表 Sheet1 标签，更名为"封面"；将 Sheet2 命名为"会计科目"；将 Sheet3 命名为"当月凭证"。增加工作表 Sheet4，将其命名为"科目汇总表"。

知识技能 2-1　区别工作表与工作簿

"工作表"与"工作簿"常常被人混淆。"工作簿"是指一个 Excel 文件，其中可以包含多个"工作表"，在数据输入时，可以根据实际需要，将数据输入到不同的工作表中。双击工作表标签，可以将其重命名（如图 2-1 所示）；单击工作表标签能切换至不同的工作表；鼠标右键单击工作表还能实现移动或复制、添加颜色等功能。

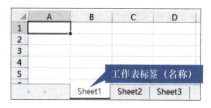

图 2-1　工作表重命名

二、设计封面

在"封面"工作表中输入如图 2-2 所示信息。适当调整封面的样式，以字迹能够清晰可见、颜色搭配适当为准则。

选择 D6 单元格，利用"数据验证"设置年份序列为 2023、2024、2025（当然随着时间的推移，该序列应结合工作实际设置年份序列），如图 2-3 所示；用同样的方法设置 F6 单元格的序列为 1～12。

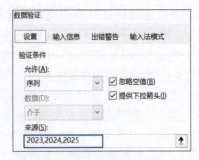

图 2-2　封面　　　　　　　　　　　图 2-3　年份数据验证

任务二　设置会计科目

会计科目是会计记账的核心，一般分为一级科目、二级科目等。本任务中的一级科目根据《小企业会计准则》中的会计科目编号和名称进行设置，并在其下设置必要的明细科目。为了提高工作效率，通常以"科目编码"取代"科目名称"作为输入会计科目的依据。故此，单击"会计科目"工作表，执行以下步骤：

一、限制会计科目重复编码

1. 预设单元格格式

在 A1 单元格中输入"科目编码"，B1 单元格中输入"科目名称"。选择 A 列，右击选择"设置单元格格式"命令，在弹出的对话框中，将数字类型调整为文本。

2. 利用数据验证对单元格进行限制

选中 A2 单元格，单击"数据验证"后，在对话框中输入公式，如图 2-4 所示，以此来限制单元格的编码是唯一的、不重复的。设置好后，在"出错警告"选项卡中输入错误信息提示，如图 2-5 所示。

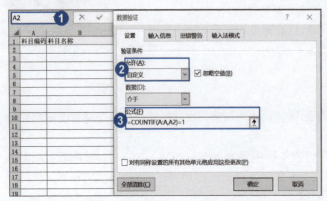

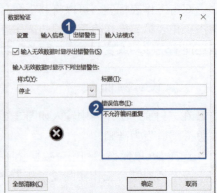

图 2-4　"数据验证"对话框　　　　　　图 2-5　出错警告

设置好 A2 单元格后,将鼠标移到 A2 单元格的右下角,向下拖动填充柄到 A200 单元格。(提示:这个拖动不受限制,当科目增加时可以随时往下拖动,以达到复制限制条件的作用。)

知识技能 2-2　COUNTIF(S) 函数

COUNTIF 函数

(1) COUNTIF 函数。该函数用于对指定区域中符合特定条件的单元格进行计数。

语法格式为:COUNTIF(range,criteria)

其中,参数 range 表示要进行计数的指定区域,可以包括数字、数组、命名区域或包含数字的引用;参数 criteria 用于决定要统计数字、表达式、单元格引用或文本字符串。

"=COUNTIF(A:A,A2)=1" 表示的意思是 A 列中等于 A2 单元格的个数是否为 1,即检测 A 列中 A2 是否为唯一值。若不是,则返回出错警告"不允许编码重复"。

(2) COUNTIFS 函数。COUNTIFS 函数是 COUNTIF 函数的扩展。用法与 COUNTIF 类似,但 COUNTIF 针对单一条件,而 COUNTIFS 可以实现对多个条件同时求结果,用来统计多个区域中满足给定条件的单元格的个数。

语法格式为:COUNTIFS(criteria_range1,criteria1,criteria_range2,criteria2,...)

其中,criteria_range1 为第一个需要计算其中满足某个条件的单元格数目的单元格区域(简称条件区域),criteria1 为第一个区域中将被计算在内的条件(简称条件),其形式可以为数字、表达式或文本;同理,criteria_range2 为第二个条件区域,criteria2 为第二个条件,依此类推。

举例来说明一下。李燕想统计一下项目一职工信息表中学历为研究生、职称为高级的有多少人,这时就需要用到 COUNTIFS 函数。首先打开"万隆灯具有限公司职工信息表",选择 D18 单元格,利用插入函数找到统计函数中的 COUNTIFS 函数,会弹出一个对话框,在"criteria_range1"参数框中选择 D 列,"criteria1"中输入""研究生"",意思是在 D 列找到满足"研究生"条件的个数;在"criteria_range2"参数框中选择 E 列,"criteria2"中输入""高级"",意思是在 E 列找到满足"高级"条件的个数,然后可以得出同时满足这两个条件的人数是 2 个,如图 2-6 所示。

图 2-6　COUNTIFS 函数的例子

💡小提示

在 A 列输入科目编码时,先将 A 列都设为文本格式,然后再输入数字;或者在常规格式下,先输入单引号,然后再输入数字。但是切记不要先输入数字再改成文本格式,那样会引起后面的查找函数出现错误。当科目增加时,可以将 A 列单元格往下拖动,以达到复制限制条件的作用。

3. 美化工作表

选择 A1 和 B1 单元格,单击"开始"功能区"字体"组中"填充颜色"下拉按钮,选择合适的颜色。然后对照表 2-1 中的相关信息,在 A2 单元格中按需输入科目编码及相应的子科目编码,在 B2 单元格输入对应的科目名称及子科目名称。选择 A1:B200 单元格区域,单击"开始"功能区"字体"组中"边框"下拉按钮,选择"所有框线"。

单击"视图"功能区"窗口"组中"冻结窗格"下拉按钮,选择"冻结首行"命令,将 A1 和 B1 单元格及其内容固定在现有位置,使其不随行列的翻动而隐藏。

二、会计科目名称定义

会计科目表的内容将在后面的工作表中引用,为方便引用可以将工作表部分内容定义为"会计科目"和"科目代码"两个名称。

知识技能 2-3 定义名称

定义名称

在创建比较复杂的工作簿时,可以为常量、单元格区域、公式等内容创建名称,然后使用名称代替这些内容,这样不但可以减少输入量,还能让公式更易理解,并减少错误的发生。但在定义名称时需要注意以下命名规则,以免引起错误和冲突。

首先,名称可以是任意字符和数字的组合,而且英文字母不区分大小写,但是一个名称最多包含 255 个字符;其次,名称不能以数字开头,第一个字符必须是汉字、英文字母、下画线或反斜杠"\";再次,名称不能与单元格引用相同,不能将字母"C""c""R"或"r"用作已定义名称,因为 R、C 在 R1C1 引用方式中表示工作表的行和列;最后,名称中不允许使用空格。

定义名称的具体做法有三种:一是使用编辑栏左端的名称框;二是使用"定义名称"对话框;三是用行或列标志创建名称。李燕在会计科目名称定义中采用的是第二种方法,也就是使用"定义名称"对话框。

(1)定义"会计科目"名称。首先在"公式"功能区"定义的名称"组中单击"定义名称"按钮,如图 2-7 所示,弹出对话框,将"名称"定义为"会计科目","范围"为"工作簿",引用范围选择 A2:B200 区域,如图 2-8 所示。

(2)定义"科目代码"名称。同样在"公式"功能区"定义的名称"组中单击"定义名称"按钮,弹出对话框,将"名称"定义为"科目代码","范围"为"工作簿","引用位置"为"=OFFSET(会计科目!$A$2,,,COUNTA(会计科目!$A$1:$B$200),1)",如图 2-9 所示。

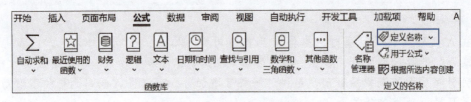

图 2-7 "定义名称"按钮

图 2-8　定义"会计科目"名称

图 2-9　定义"科目代码"名称

知识技能 2-4　COUNT 系列函数

（1）COUNTA 函数。COUNTA 函数的功能是返回参数列表中非空值的单元格个数。利用 COUNTA 函数可以计算单元格区域或数组中包含数据的单元格个数。

语法格式为：COUNTA(value1,value2,...)

其中，value1,value2,... 为所要计算的值，参数个数为 1 ~ 255 个。在这种情况下，参数值可以是任何类型，它们可以包括错误值和空字符（""），但不包括空白单元格。如果参数是数组或单元格引用，则数组或引用中的空白单元格将被忽略。本任务中"COUNTA(会计科目!$A$1:$B$200)"表示对"会计科目"工作表中 A1:B200 中非空单元格进行计数。

（2）COUNT 函数。COUNT 函数是计算参数列表中的数字项的个数，也就是说只有数字类型的数据才被计数，错误值、空值、逻辑值、文字则被忽略。

语法格式为：COUNT(value1,value2,...)

其中，value1,value2,... 是包含或引用各种类型数据的参数（1 ~ 255 个）。

（3）COUNTBLANK 函数。COUNTBLANK 函数是计算指定单元格区域中空白单元格的个数。

语法格式为：COUNTBLANK(range)

该函数只有一个参数 range，代表的是区域。

知识技能 2-5　OFFSET 函数的应用

OFFSET 函数是引用函数中的高级函数，功能是以指定的引用为参照系，通过给定偏移量得到新的引用，返回的引用可以为一个单元格或单元格区域。

语法格式为：OFFSET(reference,rows,cols,height,width)

reference 为偏移量参照系的引用区域。reference 必须为对单元格或相连单元格区域的引用；否则，OFFSET 函数返回错误值"#VALUE!"。

rows 为相对于偏移量参照系的左上角单元格上（下）偏移的行数。行数可为正数（代表在起始引用的下方）或负数（代表在起始引用的上方）。

cols 为相对于偏移量参照系的左上角单元格左（右）偏移的列数。列数可为正数（代表在起始引用的右边）或负数（代表在起始引用的左边）。

height 为高度，即所要返回的引用区域的行数。height 必须为正数。

width 为宽度，即所要返回的引用区域的列数。width 必须为正数。

其中，rows、cols、height、width 如果空缺，代表不偏移。

先来简单介绍下 OFFSET 函数的基础用法。李燕准备做一个 2023 年所需月份的营业收入情况的动态分析，首先打开"公司营业情况数据"工作表，可以看到 A2:C14 区域是公司年度营业收入和营业利润情况，现欲抓取分析月份所对应的营业收入和营业利润信息，利用 OFFSET 函数前三个参数即可实现。假如我们以"6 月"数据为例，选择 F3 单元格，利用插入函数找到 OFFSET 函数，弹出对话框，在第一个参数选择"A2"，意思是以 A2 单元格（月份）作为参照（坐标系原点），进行上下左右的偏移；第二个参数是行数偏移量，默认正数是向下偏移，输入"6"意味着从 A2 单元格开始往下移动 6 行，也就是定位到了 A8 单元格；第三个参数是列数偏移量，默认正数是向右偏移，输入"1"，意味着往右边移动一列，也就是引用 B 列（营业收入）的内容，此时定位到了 B8 单元格，返回对应的数值。因为返回的是一个单元格的值，所以 height 参数和 width 参数不用录入数值，如图 2-10 所示，而地址栏里返回的函数公式为"=OFFSET(A2,6,1)"。用同样的原理，试着抓取营业利润的值填制 F4 单元格。

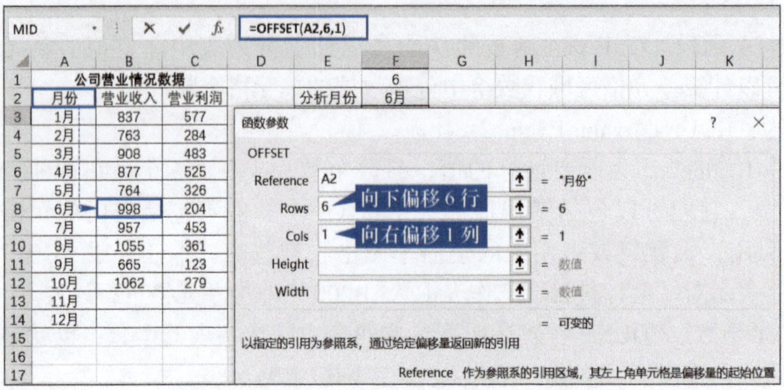

图 2-10　利用 OFFSET 函数返回单元格的值

实际工作中，我们分析的月份显然不会是一个固定的值，因此我们将 F2 单元格做成数据验证，限制序列条件为 1 ~ 12 月（或者直接选择 A3 至 A14 单元区域也可以），如图 2-11 所示。显然，当我们变换 F2 单元格的值时，刚才获取的营业收入或者营业利润并不会跟着月份的改变而发生改变，因此我们考虑引入 MATCH 函数配合 OFFSET 函数实现动态效果。

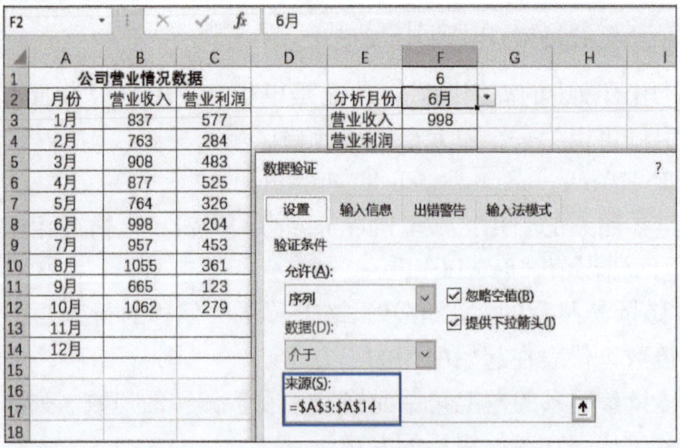

图 2-11　设置 F2 单元格数据验证

MATCH 函数语法格式为：MATCH(lookup_value,lookup_array,match_type)

其中：lookup_value 表示要查找匹配的值，可以是数值、文本或逻辑值；lookup_array 表示含有要查找的值，这个值可以是连续单元格区域、一个数组或者是对某数组的引用；match_type 为

数字 -1、0 或 1，其中 0 表示精确匹配，1 表示小于等于 lookup_value 的最大值，-1 表示大于等于 lookup_value 的最小值。MATCH 函数返回的匹配值是查找的值在查找范围中的位置，而非其值本身。例如，在"公司营业情况数据"表中的 F1 单元格中输入函数"=MATCH(F2,A3:A14,0)"，如图 2-12 所示，得到结果 6，意思是 F2 单元格内容"6 月"在 A3:A14 区域内精确匹配到的内容所处的位置是第 6 个。

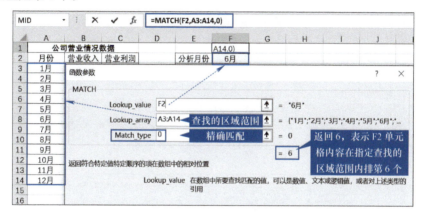

图 2-12 MATCH 函数的例子

回到提取营业收入情况的任务，OFFSET 函数向下偏移的量，其实就是 MATCH 函数返回的值，所以可以进一步修改 F3 单元格的公式为"=OFFSET(A2,MATCH(F2,A3:A14, 0),1)"。此时，修改 F2 单元格的内容，营业收入也会变成对应月份的动态值。

接下来，我们来看下 OFFSET 函数的后两个参数。height 和 width 可以调整返回区域的高度和宽度，使得返回的结果不再是一个单元格，而是一个区域范围。在了解营业收入时，我们不仅需要返回当月值，有时还需要统计累计数，于是我们在 G2 单元格中输入"="1-"&F2&" 累计数 ""。其中，& 是连接符，用来连接字符串或单元格内容，"1-"和"累计数"作为字符串，需要分别用 "" 括起来，否则无法识别。由于 G4 单元格的内容可变，因此计算累计数不能简单用 SUM 函数完成，而是要让累加的区域也是可变的，这时就需要用到 OFFSET 函数的后两个参数。

具体做法为：单击 G3 单元格，输入 OFFSET 函数，在弹出的对话框中输入如图 2-13 所示内容，第一个参数选择"B3"，第二和第三个参数省略，意味着单元格没有发生行列偏移，仍以 B3 单元格作为参照；第四个参数是引用的高度，因为月份是会变化的，因此这个参数要用到 MATCH 函数来定位高度，也就是我们前面利用 MATCH(F2, A3:A14,0) 返回的值；第五个参数空缺或者输入"1"都可以，意味着宽度不变，只有一列的意思。用 OFFSET 函数将需要相加的区域引用之后，再用 SUM 函数相加就可以得到累计数。OFFSET 函数的对话框以及最终结果如图 2-14 所示。营业利润的累计数也可利用相同的方法完成。

OFFSET 函数还可以用来定义名称和区域引用，本任务就是这个用法的典型例子。李燕要达到的效果就是将科目代码区域都能够引用起来，而且所引用的区域不受科目代码增加或减少的影响，为了让这个被引用的区域能够更方便被使用，可以将它定义成名称。

具体做法如下：以"会计科目"工作表的 A2 单元格为参照物作为第一个参数；因为不需要下移和右移行数，所以第二个、第三个参数空缺，不用填数；第四个参数也就是代表高度的参数，这是一个变量，会随着 A 列所列的科目数量的变化而变化，因此需要用"COUNTA(会计科目 !$A$1:$B$200)"来确定第四个参数；第五个参数代表的是宽度，因为只需要把会计科目那列定义为名称即可，所以宽度为 1 就够了。最终得到的名称定义为：OFFSET(会计科目

!$A$2,,,COUNTA(会计科目 !$A$1:$B$200),1)，即图 2-9 显示的效果。

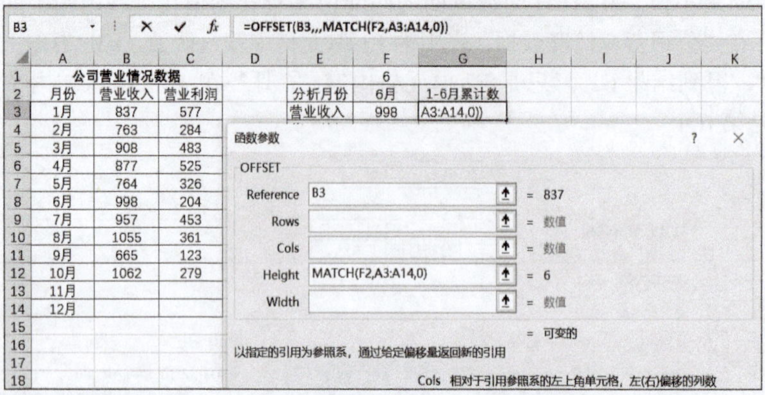

图 2-13　OFFSET 函数参数内容

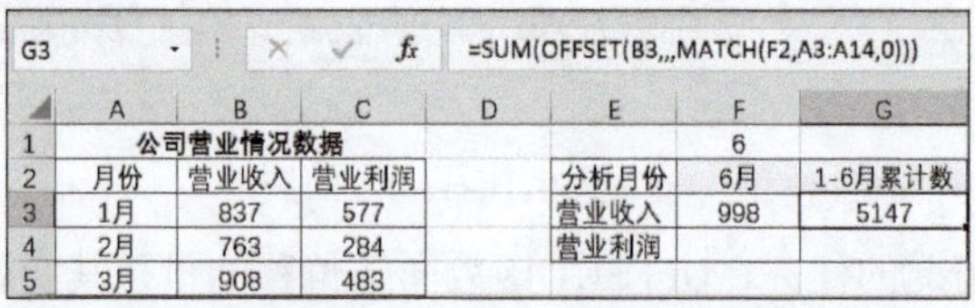

图 2-14　利用 OFFSET 函数实现动态求和示例

> **小提示**
>
> 将高度设到 200，是为了防止明细科目不断增加而引起行数增加的情况。后面遇到行数很大的情况也是同样的原因，不再赘述。

任务三　设置"当月凭证"工作表

一、设置标题

在"当月凭证"工作表中，选中 B1:H1 单元格，合并单元格，输入标题，如图 2-15 所示。在 B3:H3 中依次输入凭证号、摘要、科目代码、总账科目、明细科目、借方金额、贷方金额；在 J3:L3 单元格分别输入借方金额合计、贷方金额合计、试算平衡。

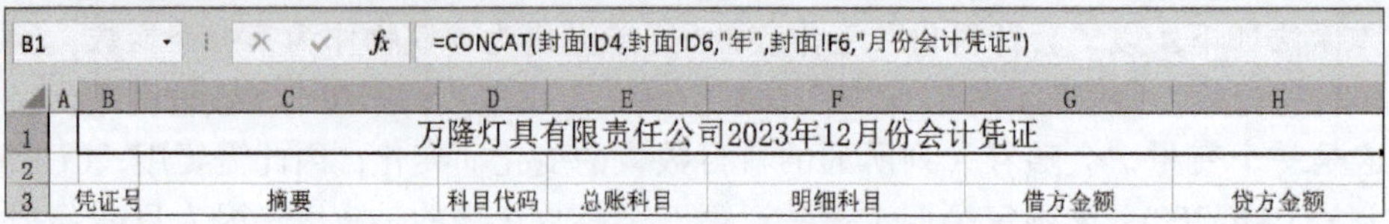

图 2-15　设置标题

知识技能 2-6　连接文本函数

除了用"&"可以快速连接文本，Excel 还提供了一些函数来实现文本数据的连接。

（1）CONCATENATE 函数。CONCATENATE 函数是文本函数中的一个，可以将文本、数字、单元格引用或这些项的组合合并为一个文本字符串。

语法格式为：CONCATENATE(text1,[text2],…)

其中，text1 是必须项，也就是要连接的第一个文本项，"text2,…"为可选项，最多为 255 项。项与项间必须用逗号隔开，如果参数直接输入单元格区域，无法返回所需结果。例如，"=CONCATENATE({1,2,3})"的结果是 1，而非 123。

（2）CONCAT 函数。从 Excel 2016 起，新增了 CONCAT 函数，其是在 CONCATENATE 函数原有基础上，实现多个范围或字符串文本的连接。

语法格式为：CONCAT(text1,[text2],…)

区别于 CONCATENATE 函数的参数，CONCAT 函数的 text 参数除了可以是字符串，还可以是字符串数组（如单元格区域）。需要说明的是，如果返回的结果超过 32767 个字符，由于单元格限制的原因，CONCAT 会返回 #VALUE! 错误。

（3）PHONETIC 函数。PHONETIC 函数可用于提取引用对象的拼音，当没有拼音时则引用汉字本身；不支持任何公式生成的值，不支持数字、日期、时间、逻辑值、错误值等。

语法格式为：PHONETIC (reference)

该函数只有一个参数，且必须为单元格引用，如果 reference 为不相邻单元格区域，将返回错误值 #N/A。

（4）TEXTJOIN 函数。从 Excel 2019 起，新增 TEXTJOIN 函数，可以使用指定的分隔符连接单元格区域，以及选择是否忽略空单元格。

语法格式为：TEXTJOIN (delimiter, ignore_empty,text1,[text2],…)

其中，delimiter 是在每个文本项间插入的指定分隔符，用英文双引号引用，内容可以为空。ignore_empty 用来控制是否忽略空单元格，默认为 True，表示忽略空单元格；也可设置为 False，用以包含空单元格，区别如图 2-16 所示。text 参数设置同 CONCAT 函数。

	A	B	C	D	E
1	省	市	区	TEXTJOIN("/",TRUE,A2:C2)	TEXTJOIN("/",FALSE,A2:C2)
2	浙江省	杭州市	西湖区	浙江省/杭州市/西湖区	浙江省/杭州市/西湖区
3	广东省	广州市	白云区	广东省/广州市/白云区	广东省/广州市/白云区
4		上海市	浦东区	上海市/浦东区	/上海市/浦东区
5	河北省	石家庄市	长安区	河北省/石家庄市/长安区	河北省/石家庄市/长安区
6	广东省	深圳市	龙湖区	广东省/深圳市/龙湖区	广东省/深圳市/龙湖区
7	辽宁省	大连市	凌水区	辽宁省/大连市/凌水区	辽宁省/大连市/凌水区
8	江西省	赣州市	章贡区	江西省/赣州市/章贡区	江西省/赣州市/章贡区

图 2-16　ignore_empty 参数区别

二、设置科目代码

科目代码所在的列需要设置数据验证。选择 D4 单元格，单击"数据验证"按钮，弹出"数据验证"对话框，"允许"栏选择"序列"，"来源"栏输入"=科目代码"，科目代码就是已经设置好的名称，这意味着"来源"栏除了可以直接输入文字外，还可以输入公式或者名称。单击"确定"按钮后，D4 单元格可以在下拉列表中选择合适的一个科目代码。数据验证的输入方法及结果如图 2-17 所示。然后将鼠标移到 D4 单元格的右下角，将填充柄向下拖动，就可以使下面的单元格也具有同样的数据验证效果。

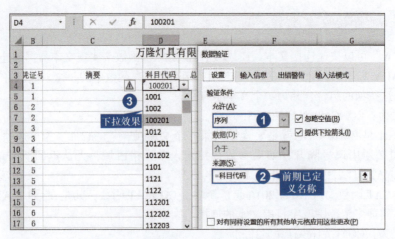

图 2-17 数据验证的输入方法及结果

三、设置总账科目和明细科目

一级科目、二级科目需要设置达到的效果是：一旦科目代码选好，就要自动跳出相应的科目名称。这时要用到 VLOOKUP 函数。

1. 设置总账科目

选择 E4 单元格，利用"插入函数"按钮找到 VLOOKUP 函数，弹出对话框，在第一个参数中输入"LEFT(D4,4)"，意思是从 D4 单元格（即"科目代码"）左边开始取 4 位数，这 4 位数科目代码就是查找值；第二个参数是查找区域，由于前面李燕已经将会计科目设置成名称，所以在查找区域输入"会计科目"这个名称即可；第三个参数是输入科目代码所对应的会计科目所在的列，根据会计科目名称的设置可以看出会计科目是在第 2 列，因此输入"2"；第四个参数输入"0"，代表精确匹配，如图 2-18 所示。单击"确定"按钮，然后往下复制公式。

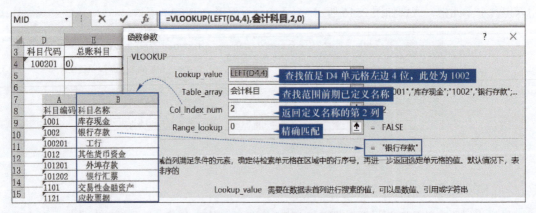

图 2-18 设置总账科目函数

2. 设置明细科目

选择 F4 单元格，利用"插入函数"按钮找到 VLOOKUP 函数，在弹出的对话框中输入如图 2-19 所示的参数，就可以直接得到 6 位科目代码所对应的明细科目。

但是，如果仅仅这样输入函数会出现一些问题，例如当出现科目代码为 4 位数时，就会在明细科目栏又出现一次总账科目，如图 2-20 所示。

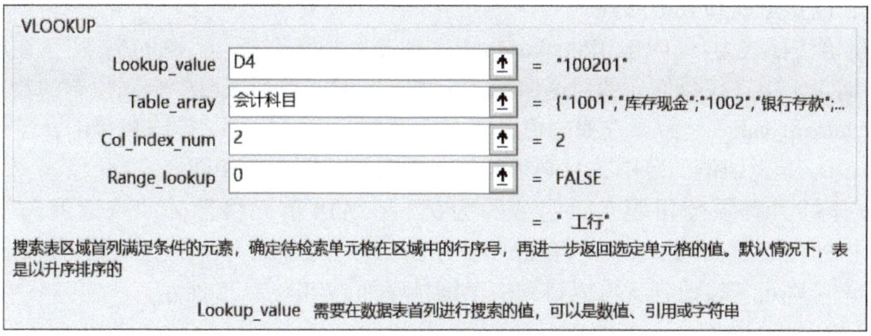

图 2-19　输入 VLOOKUP 函数参数

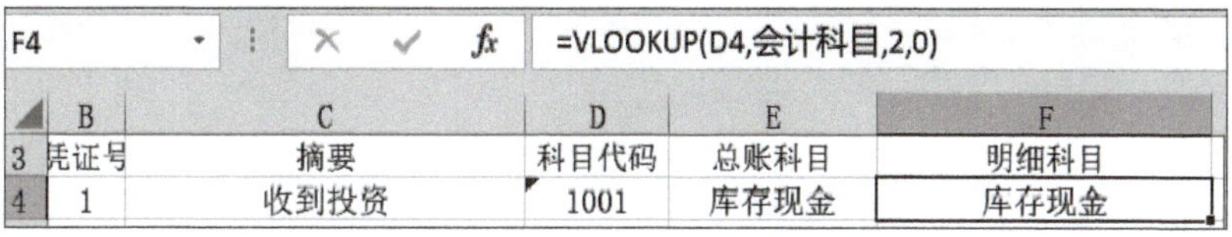

图 2-20　重复显示科目

因此，需要在 VLOOKUP 函数前面加一个 IF 函数用于判定科目代码的长度。新增 IF 函数后，在弹出的对话框中分别输入如图 2-21 所示的三个参数，其中，第一个参数用于进行逻辑判定，判定条件是 D4 单元格的位数是不是 4 位；如果不是 4 位，那就说明是明细科目，第二个参数就返回图 2-20 中 VLOOKUP 函数的取值，否则的话第三个参数就显示空白值。单击"确定"按钮，然后往下复制公式。

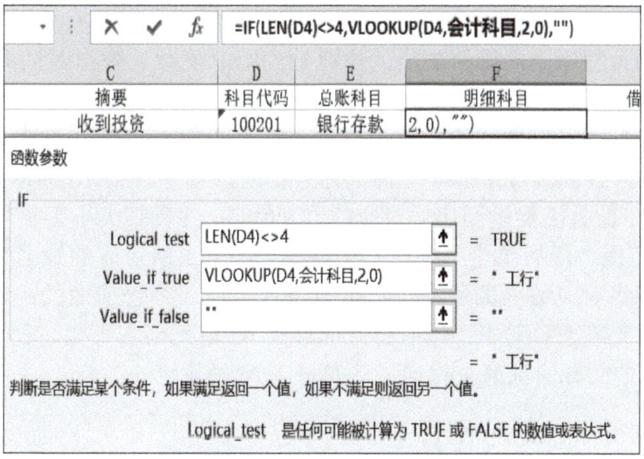

图 2-21　设置明细科目函数

知识技能 2-7　查找函数的应用

VLOOKUP 函数是查找函数中最基础的一个函数。它和 LOOKUP 函数以及 HLOOKUP 函数属于一类函数，Excel 2019 后的版本还推出了 XLOOKUP 函数。下面用一个简单的例子来说明这些函数间的区别。

（1）LOOKUP 函数。LOOKUP 函数用于从单行单列或从数组中查找一个值，所以对应有两种语法形式：向量形式和数组形式。

1）向量语法格式为：LOOKUP(lookup_value, lookup_vector, result_vector)，用于在单行区域或单列区域（向量）中查找数值，然后返回第二个单行区域或单列区域中相同位置的数值。其中，第一个参数 lookup_value 是需要查找的值；第二个参数 lookup_vector 是查找范围，需要以升序排序；result_vector 是返回值的范围，且必须与第二个参数范围大小相同。

以"万隆灯具有限公司职工信息表"为例。在 A18 单元格输入"查询编码"，然后将 B1:M1 单元格的内容复制到 B18:M18 单元格。单击 A19 单元格，先用数据验证功能做成一个序号序列，单击"确定"按钮，就可以得到一个编号序列，如图 2-22 所示。

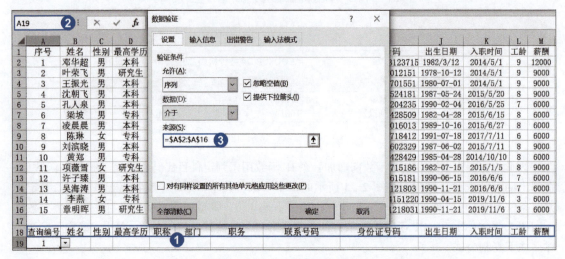

图 2-22　得到编号序列

单击 B19 单元格，利用插入函数功能，找到 LOOKUP 函数，弹出对话框如图 2-23 所示，选择第一种向量形式，单击"确定"按钮后，会弹出 LOOKUP 函数参数对话框，一共有三个参数。此处案例中，第一个参数显然是 A19 单元格对应的内容；第二个参数是查找值所在的只包含一行或一列的区域，因为查询编码来源于上面的序号，所以选择 A2:A16 的单列区域范围；第三个参数返回查找的结果，此处需要返回序号对应的员工姓名，并且其大小必须与 lookup_vector 相同，所以选择 B2:B16 的范围，最后单击"确定"按钮得到序号 1 所对应的姓名是邓华超，如图 2-24 所示。当然，为了能将对应编号的所有信息进行快速提取，结合前面的绝对引用和相对引用，我们将第一和第二个参数绝对引用，然后将鼠标移到 B2 单元格右下角，往右边拖动填充柄，就可以将序号 1 的员工的所有信息都查找到了，如图 2-25 所示。

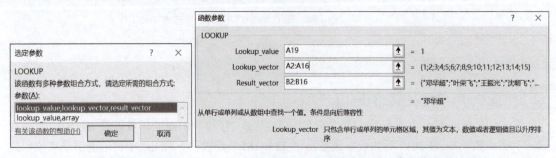

图 2-23　"选定参数"对话框　　　图 2-24　LOOKUP 向量形式参数内容及结果

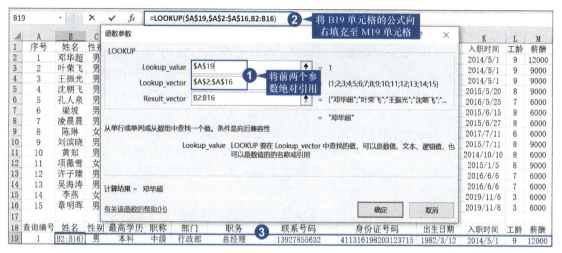

图 2-25　查找所有信息

2）数组语法格式为：LOOKUP(lookup_value, array)，用于从数组中查找一个值。其中，第一个参数同向量形式中的用法，是需要查找的值；第二个 array 则是查找的数组区间范围。继续回到前面查找员工信息的案例，如果选第二种数组形式，LOOKUP 函数的对话框中就只有两个参数，如图 2-26 所示。第一个参数 lookup_value 仍选择 A19 单元格，与第一种做法的意思一样；第二个参数 array 指的是查找范围，因为查找的是所选范围最后一行或列相同位置的数值，所以如果想返回姓名，就输入"A2:B16"的区间范围，意味着查找序号 1 对应的 B 列相应位置的结果。当然，最终如果是需要返回整行数据信息，那么第一个参数 lookup_value 查找值应该绝对引用；而第二个参数 array 要修改成 $A$2:B$16 的范围，B 列没有锁定的原因是确保向右拖动时列也能随之变化，最终效果如图 2-27 所示。

图 2-26　LOOKUP 数组形式的参数输入

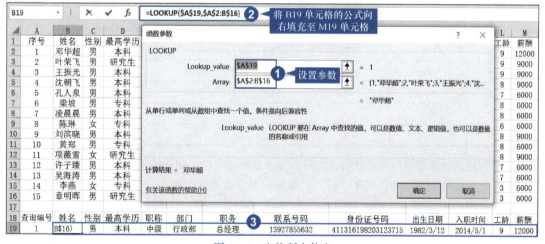

图 2-27　查找所有信息

（2）VLOOKUP 函数。VLOOKUP 函数的用法与 HLOOKUP 函数更为接近，只是 HLOOKUP 按行查找，VLOOKUP 按列查找。由于表格编制习惯的缘故，VLOOKUP 函数比 HLOOKUP 函数要常用得多，因此先看 VLOOKUP 函数的用法。

VLOOKUP 函数

语法格式为：VLOOKUP(lookup_value,table_array,col_index_num, range_lookup)

其中，lookup_value 表示要查找的值，可以是数值、引用或字符串。

table_array 表示要查找的区域，可以是对区域或区域名称的引用。

col_index_num 表示满足条件的单元格在数组区域 table_array 中的序列号，用数字表示。

range_lookup 有两个选项，如果选 FALSE 或者输入 0，代表精确匹配；如果选择 TRUE 或不填，代表模糊匹配。

仍以前面的"万隆灯具有限公司职工信息表"为例，在 B20 单元格中，用插入函数功能插入 VLOOKUP 函数，弹出对话框，在第一个参数中输入 A19，意思是要查找的是序号 1 的相关内容；在第二个参数中输入"A1:M16"，意味着在 A1:M16 这个区域中查找；在第三个参数中输入"2"，意味着从 A1:M16 这个区域中的第 2 列中查找；第四个参数输入 0，代表精确匹配，如果不输入或者输入 1，则代表模糊匹配，如图 2-28 所示。同样，我们也需要向右拖动，尝试修改公式练习。

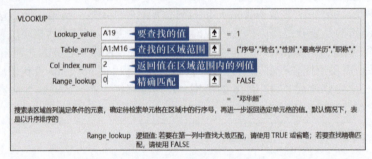

图 2-28 VLOOKUP 函数举例

（3）HLOOKUP 函数。HLOOKUP 函数的用法和 VLOOKUP 函数基本一致，下面用一个例子来说明它的具体用法。表 2-5 是某企业不同部门各季度的销售收入情况表。

表 2-5 销售收入情况表　　　　　　　　　　　　　　（单位：元）

部门名称	部门 A	部门 B	部门 C	部门 D	部门 E	部门 F
第一季度	-4000	3500	2000	-1500	800	500
第二季度	1800	-2000	4000	2100	3000	-1000
第三季度	3000	5000	-4000	-3000	2000	-1000
第四季度	4000	5000	2000	1500	800	500
全年合计	4800	11500	4000	-900	6600	-1000

如果要找到各个部门全年合计数，则可以选择 B10 单元格，利用插入函数功能找到 HLOOKUP 函数，四个参数和 VLOOKUP 完全一样，只是第三个参数返回的是查找值在区域范围内对应的行位置。在弹出的对话框中，第一个参数是查找值，输入"B9"（部门 A）；第二个参数选择整个区域，当然必须是部门 A 所在的行为第一行；第三个参数是找全年合计所在的行数，输入"6"；第四个参数输入"0"，代表精确匹配。这样就能得到部门 A 的全年合计数是 4800，如图 2-29 所示。

如果将 B9 做成所有部门的数据验证，那么变换不同的部门，HLOOKUP 函数可以实现不同部门全年合计数的动态查找。

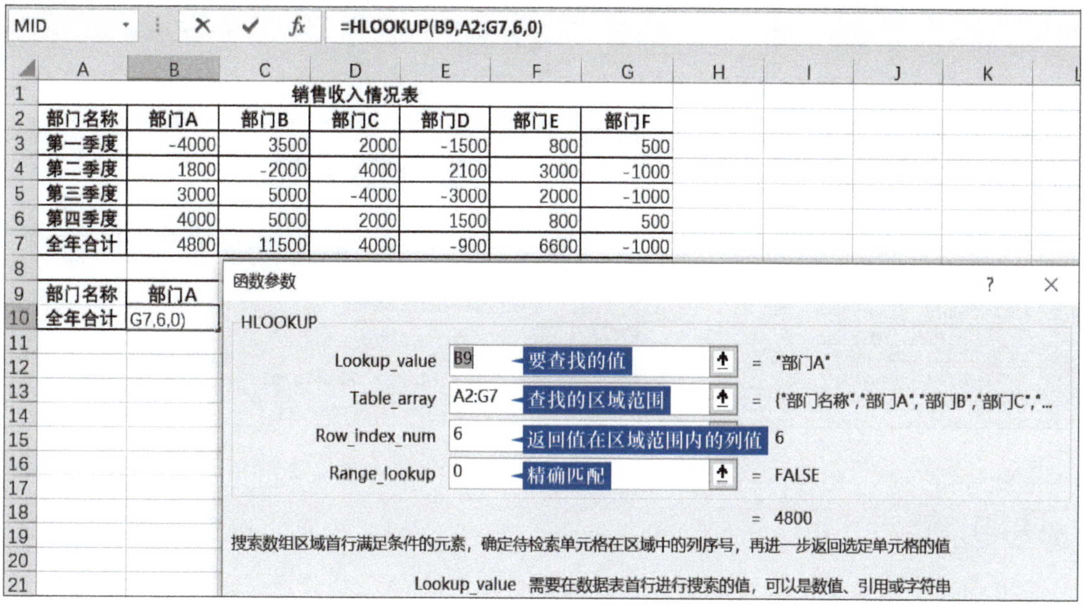

图 2-29　HLOOKUP 函数举例

（4）XLOOKUP 函数。XLOOKUP 函数能通过搜索区域或数组，然后返回对应于它找到的第一个匹配项的项。如果不存在匹配项，则 XLOOKUP 函数可以返回最接近（匹配）值，所以在 LOOKUP 函数的基础上，XLOOKUP 函数多增加了三个参数，以实现更为强大的功能。

语法格式为：XLOOKUP(lookup_value,lookup_array,return_array,[if_not_found],[match_mode],[search_mode])

其中，lookup_value、lookup_array、return_array 和前面的查找类函数一样，分别表示需要查找的值、要搜索的数组或区域，以及要返回的数组或区域。

if_not_found 如果找不到有效匹配项，则返回此处设置的文本。

match_mode 用于指定匹配类型：默认 0 表示精确匹配，如果未找到，则返回 #N/A；-1 表示在精确匹配没有找到查询值时，返回下一个较小的项；1 表示在精确匹配没有找到查询值时，返回下一个较大的项；2 表示通配符匹配，其中通配符? 代表任意一个字符，* 代表任意多个字符，~ 用于转义通配符本身。

search_mode 是搜索模式：1 表示从第一个项目开始执行搜索；-1 表示从最后一个项目开始执行反向搜索；2 表示在查找区域为升序的前提下搜索；-2 表示在查找区域为降序的前提下搜索。

我们来看一个多项匹配反向查找的例子，如图 2-30 所示，现在我们需要同时匹配产品和颜色信息，来检索返回商品的货架位置。单击 D2 单元格，利用插入函数功能找到 XLOOKUP 函数，在弹出的对话框中，第一个参数是查找值，这里需要连接 B 列和 C 列两项数据信息；第二个参数是查找的区域范围，所以和第一个参数对应，需要连接 F 列和 G 列数据信息；第三个参数是返回的数组信息，也就是 H 列。为了能实现拖动，查找和返回的区域我们运用了绝对引用。

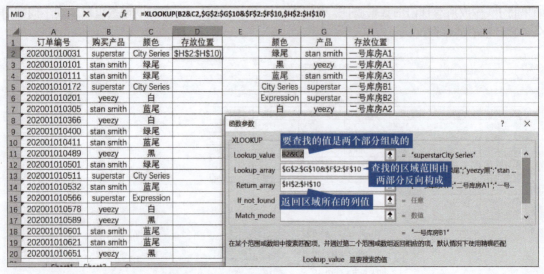

图 2-30 XLOOKUP 函数举例

> **小提示**
>
> 有些同学在设置好公式后会发现单元格出现"#N/A"的符号，这是因为有可能 D 列的科目代码这栏还没有选择相应的代码，因此科目名称也就无法显示出来了。

四、设置金额格式

选择 G:H 列，单击"开始"功能区"数字"组右下角按钮，弹出"设置单元格格式"对话框，选择"数值"分类，保留 2 位小数，勾选"使用千位分配符"复选框。

五、输入会计分录

根据公司发生的经济业务输入每笔分录，部分会计分录如图 2-31 所示。

凭证号	摘要	科目代码	总账科目	明细科目	借方金额	贷方金额
1	收到投资	100201	银行存款	工行	2,000,000.00	
1	收到投资	400103	实收资本	北城电缆公司		2,000,000.00
2	收到专利投资	170101	无形资产	专利	50,000.00	
2	收到专利投资	400104	实收资本	华芳家私公司		50,000.00
3	向银行借入短期借款	100201	银行存款	工行	30,000.00	
3	向银行借入短期借款	2001	短期借款			30,000.00
4	向银行借入长期借款	100201	银行存款	工行	800,000.00	
4	向银行借入长期借款	250101	长期借款	本金		800,000.00
5	购入材料，尚未入库	140201	在途物资	甲材料	101,000.00	
5	购入材料，尚未入库	140201	在途物资	乙材料	102,000.00	
5	购入材料，尚未入库	222102	应交税费	应交增值税（进项税额）	26,000.00	
5	购入材料，尚未入库	100201	银行存款	工行		229,000.00
6	材料验收入库	140301	原材料	甲材料	101,000.00	
6	材料验收入库	140302	原材料	乙材料	102,000.00	
6	材料验收入库	140201	在途物资	甲材料		101,000.00
6	材料验收入库	140202	在途物资	乙材料		102,000.00
7	购入材料，尚未入库	140201	在途物资	甲材料	500,000.00	
7	购入材料，尚未入库	222102	应交税费	应交增值税（进项税额）	65,000.00	
7	购入材料，尚未入库	220201	应付账款	海心公司		565,000.00
8	材料验收入库	140301	原材料	甲材料	500,000.00	
8	材料验收入库	140201	在途物资	甲材料		500,000.00

图 2-31 部分会计分录显示

六、分录试算平衡

在输入每笔分录后通过查看 J4 和 K4 单元格来验证借贷金额是否相等。30 笔业务的金额之和如图 2-32 所示。

图 2-32　30 笔业务的金额之和

任务四　设置"科目汇总表"工作表

科目汇总这一任务主要指根据分录凭证记入本期各会计科目的借贷方发生额，再结合借贷方期初余额，计算出本期期末借贷方余额。借贷相等则说明金额没问题，也相当于起到了试算平衡的作用。总账和明细账均可以从这里生成。

一、简单格式的设置及数据输入

（1）设置表头信息。切换到"科目汇总表"工作表，在 A1:H1 单元格中依次输入科目代码、科目名称、期初借方金额、期初贷方金额、本期借方发生额、本期贷方发生额、期末借方金额、期末贷方金额。

（2）输入会计编码格式。选中 A2 单元格，输入"= 会计科目 !A2"，意味着将"会计科目"工作表中的 A2 单元格的科目代码取过来，然后用鼠标向下拖动 A2 单元格填充柄，就可以实现将"会计科目"工作表中 A 列出现的所有科目代码都选取到"科目汇总表"工作表的 A 列。

（3）输入科目名称格式。选中 B2 单元格，输入"=VLOOKUP(A2, 会计科目 ,2,0)"，根据科目代码找到所对应的会计科目。

（4）输入期初余额。根据学习情境中表 2-1，将期初余额录入到 C、D 两列的相应位置。

二、本期借方和贷方发生额的函数设置

在输入本期借方和贷方发生额时，因为要将"当月凭证"工作表中出现的相同会计科目的借方或贷方发生额进行相加，因此需要用到比较复杂的函数运算。

知识技能 2-8　SUMIF 函数的应用

SUMIF 函数的用法是根据指定条件对若干单元格、区域或引用求和。
语法格式为：SUMIF(range, criteria, sum_range)
其中，range 为条件区域，用于条件判断的单元格区域；criteria 是求和条件，是由数字、逻辑表达式等组成的判定条件；sum_range 为实际求和区域，即需要求和的单元格、区域或引用，当省略第三个参数时，则条件区域就是实际求和区域。

选中 E2 单元格，然后理一理计算借方发生额的思路。如果要对总账科目进行求和，那么求和条件就是 B2 单元格，然后到"当月凭证"工作表的 E 列（总账科目）这个条件区域去找；如果要对明细科目进行求和，那么求和条件就是 A2 单元格，应该到"当月凭证"工作表的 D 列

（科目代码）这个条件区域去找。这样一来就需要用 IF 函数来判断是总账科目还是明细科目，用 SUMIF 函数实现求和。

我们尝试采用先完成一个函数，然后再嵌套另一个函数的做法。首先选择 E2 单元格，利用"插入函数"按钮，找到 SUMIF 函数，弹出对话框，在三个参数中分别输入如图 2-33 所示内容，意思是从"当月凭证"工作表的 E 列找到满足 B2 单元格所示的名称，然后再到"当月凭证"工作表中将 G 列相加得到所有 B2 单元格对应的总账科目的借方发生额合计数。具体函数表达式为"SUMIF(当月凭证!E:E,B2,当月凭证!G:G)"，单击"确定"按钮即可得到结果。同样的道理，我们还需要对明细科目进行求和，此时需要从"当月凭证"工作表的 D 列找到满足 A2 单元格所示的名称，然后再到"当月凭证"工作表中将 G 列相加得到所有 A2 单元格对应的明细科目的借方发生额合计数，具体函数表达式为"SUMIF(当月凭证!D:D,A2,当月凭证!G:G)"，如图 2-34 所示。

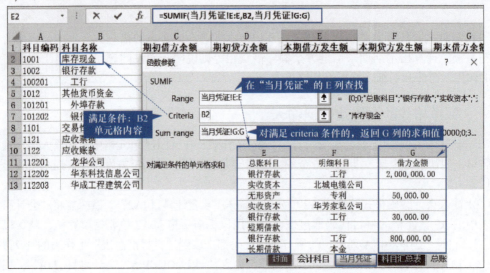

图 2-33　利用 SUMIF 函数对总账科目求和

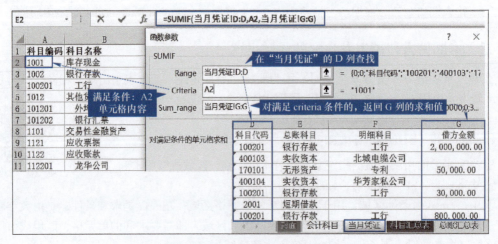

图 2-34　利用 SUMIF 函数对明细科目求和

根据分析思路，不管是求总账科目的合计数还是明细科目的合计数都是不够的，还需要在 SUMIF 函数前面加上 IF 函数，以判定科目编码的长度对应的究竟是总账科目还是明细科目。

具体做法是：在 SUMIF 函数前面输入 IF，然后根据函数参数对话框，在第一个参数框中输入"LEN(A2)=4"，意思是如果 A2 单元格是 4 位数，则返回第二个参数，即用 SUMIF 函数对总账科目求和，否则就返回第三个参数，即用 SUMIF 函数对明细科目进行求和，如图 2-35 所示，得到本期借方发生额的最终结果。

图 2-35　借方发生额的函数运用

同理，本期贷方发生额的函数设置与本期借方发生额的函数设置原理一样，不同点在于求和范围不是"当月凭证"工作表的 G 列，而是 H 列。F2 单元格的公式为"=IF(LEN(A2)=4,SUMIF(' 当月凭证 '!E:E,B2,' 当月凭证 '!H:H),SUMIF(' 当月凭证 '!D:D,A2,' 当月凭证 '!H:H))"。

三、计算期末余额

根据期末借方余额的公式"期末借方余额 = 期初借方余额 + 本期借方发生额 − 本期贷方发生额"，可以将 G2 单元格的公式定义为"=IF(C2-D2+E2-F2>=0,C2-D2+E2-F2,0)"。

根据期末贷方余额的公式"期末贷方余额 = 期初贷方余额 + 本期贷方发生额 − 本期借方发生额"，可以将 H2 单元格的公式定义为"=IF(D2-C2+F2-E2>=0,D2-C2+F2-E2,0)"。

任务五　制作动态版"总账汇总表"

运用复制粘贴虽可以将科目汇总表的总账部分全部筛选出来，但这样做的缺点是数据是静态的，若审计出当月凭证中业务有差错，总账汇总表中的数据并不能随着业务的修正而更新。因此，本任务将介绍如何运用数据透视表的功能制作总账汇总表。

一、利用数据透视表制作"总账汇总表"

数据透视表是一种交互式的表，可以动态地改变版面布置，以便按照不同的方式灵活地展示数据特征。通过选择不同页、行和列中的不同元素，可以快速查看源数据的不同统计结果；还可以随时更改原始数据、重新安排行列标，获取最新的计算数据。因其有机结合了数据排序、筛选和分类汇总等数据方法的优点，可以动态地将众多行列中的数据转换成一个有意义的数据报告。

1. 创建数据透视表

单击"科目汇总表"工作表数据区域内的任意一个单元格，在"插入"功能区"表格"组中单击"数据透视表"按钮,弹出"来自表格或区域的数据透视表"对话框,如图2-36所示。

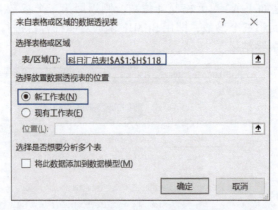

数据透视表

图2-36 "来自表格或区域的数据透视表"对话框

默认情况下,Excel会自动选择整个数据区域,并会自动把数据透视表保存在新工作表中。单击"确定"按钮,Excel会自动创建一个新工作表(当然也可以根据需要创建在现有工作表中)。

2. 生成数据透视表内容

在"数据透视表字段"任务窗格中,通过勾选或拖动的方式,将"科目编码"和"科目名称"填充到"行"区域列表框,将"期初借方余额""期初贷方余额""本期借方发生额""本期贷方发生额""期末借方余额""期末贷方余额"依次填充到"值"区域列表框,如图2-37所示。

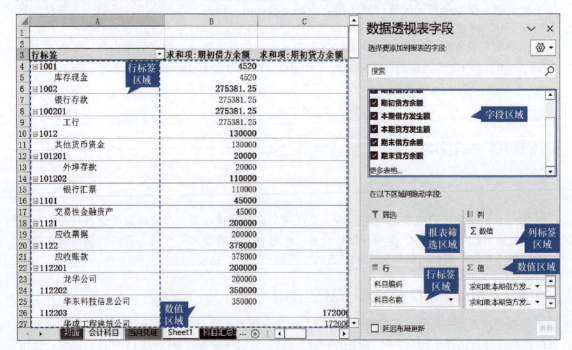

图2-37 生成数据透视表内容

知识技能2-9 数据透视表

创建空白数据透视表后,Excel的功能区中会出现"数据透视表工具",其下有"数据透视表分析"和"设计"两个选项卡,它们都是用于操作数据透视表的工具。

默认情况下,当单击数据透视表中的任意一个单元格时,将自动显示"数据透视表字段"窗格。如果未显示该窗格,可以在功能区的"数据透视表分析"选项卡中单击"字段列表"按钮,如图 2-38 所示,手动打开"数据透视表字段"窗格。工作表的右侧就会出现一个"数据透视表字段"任务窗格,窗格默认显示为上、下两个部分,上半部分包含一个或多个带有复选框的字段,将该部分称为"字段节";下半部分包含四个列表框,将该部分称为"区域节"。

图 2-38　显示"数据透视表字段"

(1)字段区域,显示数据透视表中的所有字段名称,每个字段的左边是一个复选框。通过勾选,可将对应的字段添加到数据透视表内;亦或者取消勾选,将某个字段从数据透视表中清除。

(2)报表筛选区域,用于添加报表筛选字段。当某个或某些字段拖放到此列表框后,数据透视表报表筛选区域将出现多个下拉列表。

(3)列标签区域,可简称为列区域,当某个或某些字段拖放到此列表框后,对应内容会作为数据透视表的列标签显示在相应区域中。通常可以将一些可以随时间变化的内容设置为列标签,如"年份""季度""月份"等,这样可以分析出数据随时间变化的趋势。

(4)行标签区域,可简称为行区域,当某个或某些字段拖放到此列表框后,对应内容会作为数据透视表的行标签显示在相应区域中。通常可以将一些用于进行分组或分类的内容设置为行标签。

(5)数值区域,简称值区域,是对数据透视表中行字段数据和列字段数据的计算和汇总。默认情况下,Excel 对数值区域中数值型数据进行求和计算,对文本型数据进行计数。如果要手工修改值字段的计算方式,可以在"数值区域"列表框中单击对应的字段右侧的下拉箭头,选择"值字段设置"(如图 2-39 所示),即可在弹出的对话框中修改值字段的汇总方式为平均值、最大值、最小值、乘积等(如图 2-40 所示),还可以修改值字段名称。

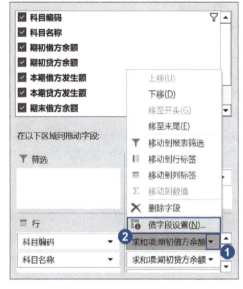

图 2-39　值字段设置

图 2-40　修改汇总方式

选中的字段可以在报表筛选区域、列标签区域、行标签区域和数值区域这四个列表框之间随意拖动,从而改变数据透视表的结构。通过为数据透视表设置不同的字段布局,可以构建出具有不同观察角度和含义的报表,这就是所谓的"透视"。

3. 数据透视表布局调整

数据透视表的布局决定了字段在数据透视表中的显示和排列方式。为了增加数据透视表的可读性,让数据透视表中的数据易于查看和理解,通常在创建数据透视表之后,除了对字段进行设置之外,还需要调整数据透视表的布局。

(1)调整报表布局。"压缩"布局是创建数据透视表时默认使用的布局,该布局将所有行字段堆叠显示在一列中,并根据字段的级别呈缩进排列。使用"压缩"布局可以节省数据透视表的横向空间,但是由于所有行字段堆叠在一列(如图2-37行标签区域的A列),会使得数据透视表无法显示每个行字段的标题(实则是"科目编码"和"科目名称"),导致数据含义不够清晰直观。

为了使透视表每个字段显示在不同的列中,我们单击数据透视表的"设计"选项卡,找到"报表布局",选择其中的"以表格形式显示",如图2-41所示。

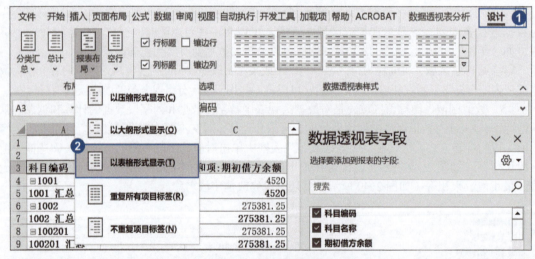

图 2-41 调整报表布局

(2)调整分类汇总显示方式。当数据透视表中包含多个行字段时,外部行字段中的每一项及其下属的内部行字段项都将被自动划分为一组,外部行字段的数量则决定了分组的数量。显然,4位总账科目是对应6位明细科目的汇总,此处不需要对每一项明细科目单独汇总,因此要将自动生成的汇总项去掉。同样,单击数据透视表的"设计"选项卡,找到"分类汇总",选择"不显示分类汇总",如图2-42所示。当然也可以右击A列数据区域中任意单元格,将"分类汇总'科目编码'"前面的"√"去掉,如图2-43所示,也能删除每类的汇总项。

然而,此时不管是期初数据、本期数据,还是期末数据,借贷方都是不平的,因为总账科目和明细科目都进行了求和,所以我们需要单独筛选出总账科目。单击A3单元格"科目编码"右侧的下拉按钮,在"搜索"的空格中输入筛选条件"????",如图2-44所示,单击"确定"按钮即可筛选出总账科目。

图 2-42　调整分类汇总显示方式（一）

图 2-43　调整分类汇总显示方式（二）

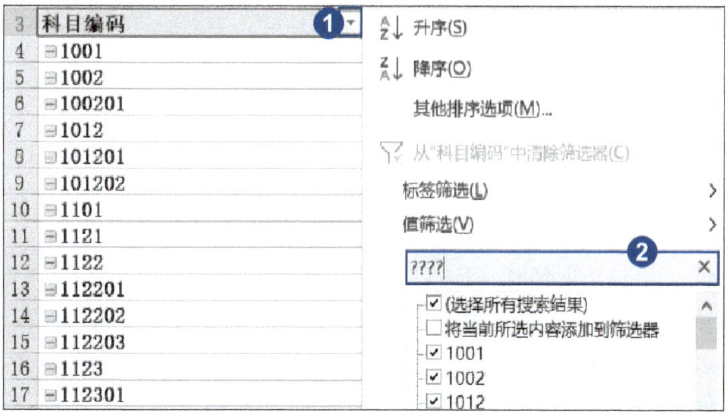

图 2-44　筛选出总账科目

知识技能 2-10　通配符

通配符是一种特殊语句，主要有星号（*）和问号（?），用来模糊搜索文件。当查找文件夹时，可以使用它来代替一个或多个真正字符；当不知道真正字符或者想简略输入时，常常使用通配符代替一个或多个真正的字符。星号（*）可以代替 0 个或多个字符；问号（?）可以代替一个字符。通配符的用处非常广，很多函数中都要用到，下面举一个例子来说明。

例如，在职工信息表中想要统计除了"车间"之外有多少人，打开"万隆灯具有限公司职工信息表"，在 B23 单元格输入"办公室人数"，在 C23 单元格，输入"=COUNTIF(F2:F16,"*部")"，意思就是在 F2:F16 区域中，找到含有"部"这个字的个数。其中就用到了"*"这个通配符，如图 2-45 所示。

图 2-45　通配符举例

（3）设置"展开"/"折叠"按钮。新生成的数据透视表中，每个类别的第一行左上角会有一个减号（-），这个其实是方便我们在查看数据时候折叠当前类别用的。此处如果误点了减号，会隐藏掉对应 B 列的科目名称。所以，如果不想显示"-"，可以将其隐藏，只要单击"数据透视表分析"选项卡"显示"中的"+/- 按钮"，背景色变成白色意味着不显示"+/- 按钮"，此时科目编码中的"-"号就会去掉，如图 2-46 所示。

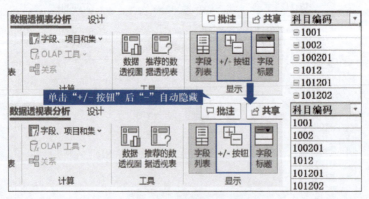

图 2-46　"+/- 按钮"效果图

（4）改变数据透视表的外观格式。Excel 内置了多种数据透视表样式，单击"设计"选项卡，在"数据透视表样式"组中单击下拉按钮，内置样式被分为"浅色""中等色"和"深色"，用户可以使用这些内置样式快速改变整个数据透视表的外观（包括边框和填充效果）。此外，在左侧"数据透视表样式选项"组中，还可以进一步改变数据透视表行和列的边框和填充效果，如图 2-47 所示。

图 2-47　改变数据透视表样式

除了内置样式之外，用户也可以按照个人喜好创建新的样式，参考效果如图 2-48 所示。如果都不喜欢，也可以选择"清除"样式，即把样式去掉，得到一张素表。

科目名称	求和项:期初借方余额	求和项:期初贷方余额	求和项:本期借方发生额	求和项:本期贷方发生额	求和项:期末借方余额	求和项:期末贷方余额
库存现金	4,520.00		0.00	700.00	3,820.00	0.00
银行存款	275,381.25		3,971,300.00	953,445.00	3,293,236.25	0.00
其他货币资金	130,000.00		0.00	0.00	130,000.00	0.00
交易性金融资产	45,000.00		0.00	0.00	45,000.00	0.00
应收票据	200,000.00		0.00	0.00	200,000.00	0.00
应收账款	378,000.00		565,000.00	0.00	943,000.00	0.00
预付账款	15,250.80		0.00	0.00	15,250.80	0.00
其他应收款	4,800.00		0.00	3,500.00	1,300.00	0.00
坏账准备		3,261.00	0.00	0.00	0.00	3,261.00
在途物资	368,239.40		703,000.00	703,000.00	368,239.40	0.00
原材料	137,810.87		703,000.00	363,000.00	477,810.87	0.00
库存商品	4,036,504.48		252,922.88	708,000.00	3,581,427.36	0.00
周转材料	52,900.00		0.00	0.00	52,900.00	0.00
长期股权投资	300,000.00		0.00	0.00	300,000.00	0.00
固定资产	8,634,400.00		0.00	0.00	8,634,400.00	0.00
累计折旧		2,908,991.23	0.00	53,606.33	0.00	2,962,597.56
在建工程			0.00	0.00	0.00	0.00
固定资产清理			0.00	0.00	0.00	0.00
无形资产			50,000.00	0.00	50,000.00	0.00
累计摊销			0.00	0.00	0.00	0.00
长期待摊费用			0.00	0.00	0.00	0.00
短期借款		860,000.00	0.00	30,000.00	0.00	890,000.00
应付票据		800,000.00	0.00	0.00	0.00	800,000.00
应付账款		916,850.00	620,000.00	565,000.00	0.00	861,850.00
应付职工薪酬			111,000.00	151,459.50	0.00	40,459.50
应交税费			91,000.00	208,936.00	0.00	117,936.00
应付利息			0.00	0.00	0.00	0.00
其他应付款		481,000.00	0.00	22,755.00	0.00	503,755.00
长期借款			0.00	800,000.00	0.00	800,000.00
实收资本		6,000,000.00	0.00	2,050,000.00	0.00	8,050,000.00
资本公积			0.00	0.00	0.00	0.00
盈余公积			0.00	0.00	0.00	0.00
本年利润		167,657.00	876,462.61	1,530,000.00	0.00	821,194.39
利润分配		2,445,047.57	0.00	0.00	0.00	2,445,047.57
生产成本			452,639.22	252,922.88	199,716.34	0.00
制造费用			65,823.72	65,823.72	0.00	0.00
主营业务收入			1,500,000.00	1,500,000.00	0.00	0.00
其他业务收入			10,000.00	10,000.00	0.00	0.00
营业外收入			20,000.00	20,000.00	0.00	0.00
投资收益			0.00	0.00	0.00	0.00
主营业务成本			708,000.00	708,000.00	0.00	0.00
其他业务成本			5,000.00	5,000.00	0.00	0.00
税金及附加			12,636.00	12,636.00	0.00	0.00
销售费用			30,467.50	30,467.50	0.00	0.00
管理费用			94,159.11	94,159.11	0.00	0.00
财务费用			1,200.00	1,200.00	0.00	0.00
营业外支出			25,000.00	25,000.00	0.00	0.00
所得税费用			0.00	0.00	0.00	0.00
	14,582,806.80	14,582,806.80	10,868,611.04	10,868,611.04	18,296,101.02	18,296,101.02

图 2-48　数据透视表样式参考效果

二、利用数据透视表查看任意科目

利用数据透视表功能制作的总账汇总表还能够根据需要查看不同科目的金额情况。

1. 钻取

用鼠标双击数据区域内的任一单元格，Excel 会自动生成一个新的工作表，其显示的内容就是从当前数据透视表的数据源中提取的与所双击单元格相关的汇总值。这个功能的专业名称叫作数据的"钻取",如图 2-49 所示。

图 2-49 数据钻取

2. 切片器

切片器是一种图形化的筛选方式,是对透视表的一个非常有益的补充。通过在弹出的切片器窗口中筛选字段,可以单独为数据透视表中的每一个字段创建一个切片,浮动在数据透视表上,便于用户更直观地分析数据。

单击"数据透视表分析"选项卡中的"插入切片器"命令,如图 2-50 所示,在弹出的对话框中,根据需要对字段进行单选或复选,单击"确认"按钮完成切片器的插入。我们同样以"库存现金"为例,插入"科目名称"切片器,如图 2-51 所示。

图 2-50 插入切片器路径

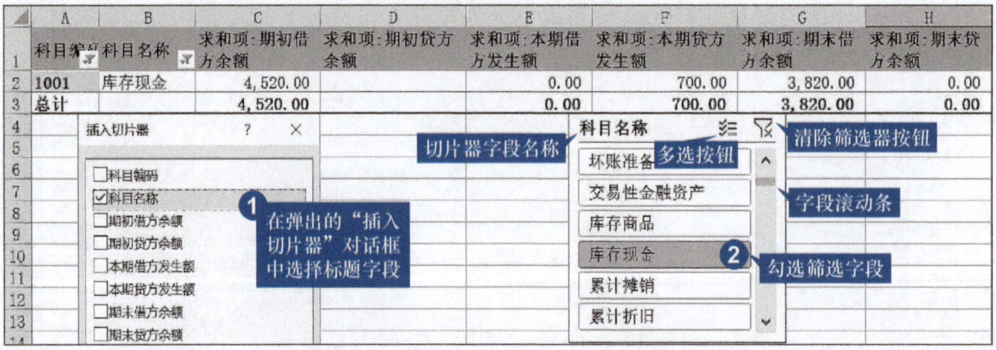

图 2-51 插入"科目名称"切片器

此外,切片器还能实现多项内容的复选,例如我们想了解"货币资金"相关的总账科目明细,可以复选"库存现金""银行存款""其他货币资金",如图 2-52 所示。如果需要清除筛选结果,可以按右上的 ▽,也可以按"Alt+C"组合键退出。当然,还能同时插入多个切片器实现多字段项筛选,在多个数据透视表中共享切片器等功能。同样,Excel 也为切片器提供了强大的用户个性化设置,通过单击"切片器"选项卡,可以实现切片器题注、切片器样式、排列、按钮及大小调整功能,用户可根据喜好设计,此处不再赘述。如果不再需要显示切片器,可以将其隐藏或删除。

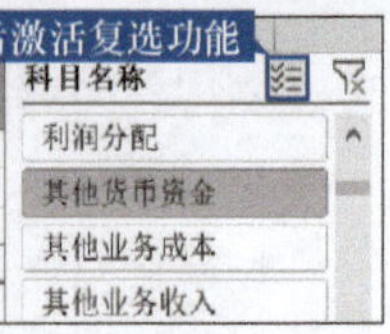

图 2-52 实现多项内容的复选

项目实训

一、实训目的

1. 了解不做假账在账务处理中的实际应用。
2. 掌握 Excel 在账务处理中的案例应用。

二、实训资料

A 市荣发有限公司为增值税一般纳税人,增值税税率为 13%,所得税税率为 25%。材料核算采用先进先出法,原材料月初库存量为 500 吨。公司 20×3 年 12 月份的具体业务如下:

1. 设置的科目及期初余额(见表 2-6)

表 2-6　科目及期初余额表

（单位：元）

科 目 编 码	科 目 名 称	期初借方余额	期初贷方余额
1001	库存现金	2019	0
1002	银行存款	336019.05	0
100201	工行	234834.05	0
100202	建行	101185	0
1012	其他货币资金	500000	0
1101	交易性金融资产	0	0
1121	应收票据	146150	0
1122	应收账款	634000	0
112201	南京工业品市场	100000	0
112202	北京商贸有限公司	200000	0
112203	合肥化工厂	334000	0
1123	预付账款	90000	0
1221	其他应收款	2200	0
122101	邵斌	2200	0
1231	坏账准备	0	3170
1402	在途物资	0	0
1403	原材料	707354	0
140301	甲材料	200000	0
140302	乙材料	207354	0
140303	丙材料	300000	0
1405	库存商品	186020	0
140501	A 产品	51020	0
140502	B 产品	135000	0

（续）

科 目 编 码	科 目 名 称	期初借方余额	期初贷方余额
1411	周转材料	21898.5	0
141101	包装物	21898.5	0
1511	长期股权投资	125000	0
151101	浙江光海物流公司	125000	0
1601	固定资产	3343000	0
1602	累计折旧	0	976257
1604	在建工程	0	0
1606	固定资产清理	0	0
1701	无形资产	71500	0
170101	专利	0	0
1702	累计摊销	0	0
1801	长期待摊费用	0	0
2001	短期借款	0	250000
2201	应付票据	0	102375
2202	应付账款	0	529378
220201	创雅公司	0	229378
220202	朗格公司	0	300000
2211	应付职工薪酬	0	86661.7
221101	工资	0	12500
221102	福利费	0	74161.7
2221	应交税费	0	75193.7
222101	应交增值税	0	0
22210101	销项税额	0	0
22210102	进项税额	0	0
22210103	已交税金	0	0
222102	未交增值税	0	26733
222103	应交所得税	0	45404.105
222104	应交城建税	0	1871
222105	应交个人所得税	0	1185.595
222110	应交教育费附加	0	0
2231	应付利息	0	0
2241	其他应付款	0	43227
2501	长期借款	0	430200
250101	本金	0	350000
250102	应付利息	0	80200
2502	应付债券	0	50000

（续）

科目编码	科目名称	期初借方余额	期初贷方余额
2701	长期应付款	0	34347.65
4001	实收资本	0	3100000
4002	资本公积	0	291350.5
4101	盈余公积	0	150000
410101	法定盈余公积	0	150000
4103	本年利润	0	0
4104	利润分配	0	63000
410401	未分配利润	0	63000
5001	生产成本	20000	0
500101	基本生产成本	20000	0
500102	辅助生产成本	0	0
5101	制造费用	0	0
6001	主营业务收入	0	0
6111	投资收益	0	0
6401	主营业务成本	0	0
6402	其他业务成本	0	0
6403	税金及附加	0	0
6601	销售费用	0	0
6602	管理费用	0	0
6603	财务费用	0	0
6711	营业外支出	0	0
6801	所得税费用	0	0

2. 20×3年12月发生的经济业务

（1）12月2日从工行提取备用金2000元。
（2）12月5日采购甲材料5000元，已用工行账户付讫。
（3）12月6日销售部邵斌预借差旅费1000元。
（4）12月10日计提工人工资16000元，管理人员工资9000元。
（5）12月11日车间领用乙材料2100元。
（6）12月12日销售部销售产品72320元（含税），销售产品款项入建行账户。
（7）12月31日用工行账户支付本月电话费400元。
（8）12月31日支付本月建行借款利息120元。
（9）12月31日计提本月固定资产折旧3000元，其中生产车间折旧2000元，管理部门折旧1000元。
（10）12月31日结转本月完工A产品成本30100元。
（11）12月31日结转本月销售B产品成本20100元。
（12）12月31日结转本月损益。
（13）12月31日计算并结转应交所得税（不考虑纳税调整事项，税率为25%）。

（14）12月31日计算本年利润。

三、实训要求

1. 建账

用Excel建立一个工作簿，并建立若干张工作表，用以分别存放会计科目及其期初余额、记账凭证，以及根据记账凭证自动生成的总账和明细账。

2. 设置科目

建立一个"会计科目及余额表"。

3. 输入期初余额

在"会计科目及余额表"中输入期初数据，并实现试算平衡。

4. 输入记账凭证

建立一个"当月凭证"工作表，在此表中输入所有业务凭证。

5. 生成科目汇总表

建立一个科目汇总表，在此表中汇总期初余额、本期发生额和期末余额。

6. 生成总账汇总表

建立一个总账汇总表，在此表中利用Excel的透视表功能自动生成总账汇总表相关数据。

说明：关于"本年利润"，前面的学习情境中为按年结转，所以业务中没有结转"本年利润"到"利润分配"；此处实训为每月结转，所以期初借贷金额均为0。

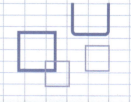

项目三

Excel在财务报表中的应用

知识目标

➢ 理解 Excel 编制财务报表的原理和方法。
➢ 掌握函数公式的运用。

能力目标

➢ 掌握熟练进行财务报表格式设计的能力。
➢ 掌握利用函数或公式进行报表取数的能力。
➢ 掌握 Excel 主要公式函数的应用能力。

 案例导入

会计人与数字为伍，讲求精确和完美。企业会计管理工作的核心是财务报表的编制和分析，这需要会计人员具备精益求精的工匠精神，才能完成高质量的工作。财务报表中有很多细节需要被关注，如会计准则的选择、计算方法的准确性、资产负债表和利润表之间的准确匹配等。这些细节看似微小，但它们的准确性和完整性决定了财务报表的可靠性和真实性。工匠精神要求会计人员在工作中注重细节、追求精益求精，对每个环节、时点、风险点都要做到心中有数，确保自己出具的每一张财务报表质量可靠、结果可信、使用可行。

 学习情境

李燕把 12 月份的账务通过 Excel 处理完成后，觉得更有信心做后面的工作了。接下来她决定完成报表的设计与管理。她梳理了下思路，决定要完成以下设置：一是完成资产负债表的编制，包括格式设置、完成资产负债表各单元格的取数公式；二是完成利润表的编制，分别是格式设置、损益类科目汇总表设置、完成利润表单元格的取数公式等。

在项目二中已经生成的万隆灯具有限公司 2023 年 12 月的总账及试算平衡表，见表 3-1。

表 3-1 万隆灯具有限公司 2023 年 12 月总账及试算平衡表

（单位：元）

科目编码	科目名称	期初借方余额	期初贷方余额	本期借方发生额	本期贷方发生额	期末借方余额	期末贷方余额
1001	库存现金	4520		0	700	3820	0
1002	银行存款	275381.25		3971300	953445	3293236.25	0

（续）

科目编码	科目名称	期初借方余额	期初贷方余额	本期借方发生额	本期贷方发生额	期末借方余额	期末贷方余额
1012	其他货币资金	130000		0	0	130000	0
1101	交易性金融资产	45000		0	0	45000	0
1121	应收票据	200000		0	0	200000	0
1122	应收账款	378000		565000	0	943000	0
1123	预付账款	15250.8		0	0	15250.8	0
1221	其他应收款	4800		0	3500	1300	0
1231	坏账准备		3261	0	0	0	3261
1402	在途物资	368239.4		703000	703000	368239.4	0
1403	原材料	137810.87		703000	363000	477810.87	0
1405	库存商品	4036504.48		252922.88	708000	3581427.36	0
1411	周转材料	52900		0	0	52900	0
1511	长期股权投资	300000		0	0	300000	0
1601	固定资产	8634400		0	0	8634400	0
1602	累计折旧		2908991.23	0	53606.33	0	2962597.56
1604	在建工程			0	0	0	0
1606	固定资产清理			0	0	0	0
1701	无形资产			50000	0	50000	0
1702	累计摊销			0	0	0	0
1801	长期待摊费用			0	0	0	0
2001	短期借款		860000	0	30000	0	890000
2201	应付票据		800000	0	0	0	800000
2202	应付账款		916850	620000	565000	0	861850
2211	应付职工薪酬			111000	151459.5	0	40459.5
2221	应交税费			91000	208936	0	117936
2231	应付利息			0	0	0	0
2241	其他应付款		481000	0	22755	0	503755
2501	长期借款			0	800000	0	800000
4001	实收资本		6000000	0	2050000	0	8050000
4002	资本公积			0	0	0	0
4101	盈余公积			0	0	0	0
4103	本年利润		167657	876462.61	1530000	0	821194.39
4104	利润分配		2445047.57	0	0	0	2445047.57
5001	生产成本			452639.22	252922.88	199716.34	0
5101	制造费用			65823.72	65823.72	0	0
6001	主营业务收入			1500000	1500000	0	0
6051	其他业务收入			10000	10000	0	0

（续）

科目编码	科目名称	期初借方余额	期初贷方余额	本期借方发生额	本期贷方发生额	期末借方余额	期末贷方余额
6061	营业外收入			20000	20000	0	0
6111	投资收益			0	0	0	0
6401	主营业务成本			70800	70800	0	0
6402	其他业务成本			5000	5000	0	0
6403	税金及附加			12636	12636	0	0
6601	销售费用			30467.5	30467.5	0	0
6602	管理费用			94159.11	94159.11	0	0
6603	财务费用			1200	1200	0	0
6711	营业外支出			25000	25000	0	0
6801	所得税费用			0	0	0	0

任务一　编制资产负债表

资产负债表是反映企业经营期间某一个时间点的财务状况，表中的每一项数据都是由会计账簿提供的，因此采用 Excel 编制资产负债表可以起到一次编制、多次使用的效果，大大节约了重复劳动的时间。

一、设置资产负债表的基本格式

资产负债表包括三大部分，即表头、表体和表尾。表头部分包括报表的标题、编制单位、编制日期及计量单位等，其中编制日期的格式应为某年某月某日。表体部分一般为账户式，即资产负债表的左边为资产类项目，右边为负债类及所有者权益类项目。表尾部分一般为编制报表的相关责任人。

具体操作步骤如下：

1. 创建"资产负债表"工作表

为操作方便，本项目的工作表都建立于项目二所创建的工作簿中，即在"万隆灯具有限公司账务处理"工作簿的"总账汇总表"后面创建"资产负债表"工作表。当然，实践中也可根据自己需要单独创建工作簿，但相关单元格的引用路径就需要多增加"万隆灯具有限公司账务处理"工作簿名，原理详见"知识技能 3-1"。

2. 设置资产负债表表头

选中 B1 单元格，输入"资产负债表"，选中 B1:I1 单元格区域，在"开始"功能区"对齐方式"组中单击"合并后居中"按钮，自行调整字号、行高。

选中 H2:I2 区域，同样设置"合并后居中"，输入"会企 01 表"。

选中 B3:D3 区域，合并单元格后输入公式"=" 编制单位："& 封面 !D4"。

选中 E3:G3 区域，合并单元格后输入日期公式"=IF(OR(封面 !F6=4, 封面 !F6=6, 封面 !F6=9, 封面 !F6=11),DATE(封面 !D6, 封面 !F6,30),IF(封面 !F6=2,DATE(封面 !D6,2,28),DATE(封面 !D6, 封面 !F6,31)))"。完成后效果如图 3-1 所示。

选中 H3:I3 区域，同样设置"合并后居中"，输入"单位：元"。

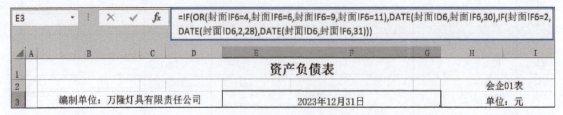

图 3-1　资产负债表表头

> **小提示**
>
> 前面已经介绍过 IF 函数的用法，此例是 IF 函数与 DATE 函数的混合使用。DATE 函数的三个参数分别表示年、月、日，其中年取数来源于"封面"工作表的 D6 单元格，月份取数来源于"封面"工作表的 F6 单元格，日期则会存在大小月份的情况，所以如果是 4 月、6 月、9 月和 11 月，DATE 函数日期设置为 30；如果是 2 月，DATE 函数日期设置为 28；否则日期就是 31。

知识技能 3-1　跨表引用技巧

引用其他工作表的单元格时，采用工作表名称与单元格名称中间添加感叹号的方式。例如，此处引用"封面"工作表中 D6 单元格获得年份数，完整地址为"= 封面 !D6"。

如果同时引用多个工作表的 A1 单元格，如计算 Sheet1、Sheet2、Sheet3 的 A1 单元格之和，可以输入"=SUM(Sheet1:Sheet3!A1)"。公式中"Sheet1:Sheet3"表示从 Sheet1 开始至 Sheet3 结束；但若三个工作表的顺序为 Sheet3、Sheet1、Sheet2，则公式应更改为"=SUM(Sheet 3:Sheet2!A1)"。

如果引用多个工作表的不同区域，只能逐个录入。

此外，公式还可以跨工作簿引用，其引用格式为"=[工作簿名] 工作表名 ! 单元格地址"，即工作簿名称需要放在方括号中。如果被引用的工作簿已关闭，还需要在工作簿前增加路径，且需用半角模式下的单引号将文件全名及路径、工作表名引起来。例如，该文件存在于 D 盘，则引用公式为"='D:\[工作簿名] 工作表名 '! 单元格地址"。

3. 设置资产负债表表体

资产负债表表体部分可以自己编制，也可以到网上下载模板，为了能和网上报税的报表格式一致，最好以报税系统中的报表为样式进行表体设置，最简单的方法就是复制一份现有的报税报表，粘贴到"资产负债表"工作表中的 B4 单元格，然后根据企业实际情况修改部分项目名称，删除一些不会出现的项目，调整行高、字体等。特别需要注意的是，所有项目都左对齐，否则将影响后面对这些项目的取数，如图 3-2 所示。这样处理既可以节省时间，又可以和报税系统要求的报表保持一致。当然，也可以根据公司的需要输入表格的各项内容。

资　　产	行次	期末余额	年初余额	负债和所有者权益 （股东权益）	行次	期末余额	年初余额
流动资产：				流动负债：			
货币资金	1			短期借款	38		
交易性金融资产	2			交易性金融负债	39		
衍生金融资产	3			衍生金融负债	40		
应收票据	4			应付票据	41		
应收账款	5			应付账款	42		
应收款项融资	6			预收款项	43		
预付款项	7			合同负债	44		
其他应收款	8			应付职工薪酬	45		
存货（其中）：	9			应交税费	46		
在途物资	10			其他应付款	47		
原材料	11			持有待售负债	48		
周转材料	12			一年内到期的非流动负债	49		
库存商品	13			其他流动负债	50		
合同资产	14			流动负债合计	51		
持有待售资产	15			非流动负债：			
一年内到期的非流动资产	16			长期借款	52		
其他流动资产	17			应付债券（其中）	53		
流动资产合计	18			优先股	54		
非流动资产：				永续债	55		
债权投资	19			长期应付款	56		
其他债权投资	20			预计负债	57		
长期应收款	21			递延收益	58		
长期股权投资	22			递延所得税负债	59		
其他权益工具投资	23			其他非流动负债	60		
其他非流动金融资产	24			非流动负债合计	61		
投资性房地产	25			负债合计	62		
固定资产	26			所有者权益（或股东权益）：			
在建工程	27			实收资本（或股本）	63		
生产性生物资产	28			其他权益工具（其中）：	64		
油气资产	29			优先股	65		
无形资产	30			永续债	66		
开发支出	31			资本公积	67		
商誉	32			减：库存股	68		
长期待摊费用	33			其他综合收益	69		
递延所得税资产	34			专项储备	70		
其他非流动资产	35			盈余公积	71		
非流动资产合计	36			未分配利润	72		
				所有者权益（或股东权益）合计	73		
资产总计	37			负债和所有者权益（或股东权益）总计	74		

图 3-2　资产负债表表体

4. 设置资产负债表表尾

选中 B46:D46 区域，合并单元格，输入 "=" 单位负责人："& 封面 !D8"；选中 E46:F46 区域，合并单元格，输入 "=" 财务负责人："& 封面 !D10"；选中 G46:I46 区域，合并单元格，输入 "=" 编表人："& 封面 !D12"，如图 3-3 所示。

图 3-3　资产负债表表尾

二、设置资产负债表资产类项目的数据

资产负债表数据包括资产类、负债类和所有者权益类三大项数据，每项数据又包括年初数和期末数两种，一般来说年初数不用输入，因为年初数就是上一期的期末数，可以直接从上一期的资产负债表中复制过来即可，也可以从税务系统中将自动生成的年初数复制过来。万隆灯具有限公司资产负债表年初数见表 3-2。

表 3-2 资产负债表年初数　　　　　　　　　　　　　（单位：元）

资　产	年初余额	负债和所有者权益（股东权益）	年初余额
流动资产：		流动负债：	
货币资金	145401.74	短期借款	860000
交易性金融资产	0	交易性金融负债	0
衍生金融资产	0	衍生金融负债	0
应收票据	200000	应付票据	800000
应收账款	275907.2	应付账款	927900
预付款项	555364	预收款项	0
其他应收款	4500	合同负债	0
存货（其中）：	3229332.72	应付职工薪酬	0
在途物资	0	应交税费	5649.07
原材料	213829.21	其他应付款	0
周转材料	0	持有待售负债	0
库存商品	950285.53	一年内到期的非流动负债	0
合同资产	0	其他流动负债	0
持有待售资产	0	流动负债合计	2593549.07
一年内到期的非流动资产	0	非流动负债：	
其他流动资产	0	长期借款	0
流动资产合计	4410505.66	应付债券（其中）：	0
非流动资产：		优先股	0
债权投资	0	永续债	0
其他债权投资	0	长期应付款	0
长期应收款	0	预计负债	0
长期股权投资	300000	递延收益	0
其他权益工具投资	0	递延所得税负债	0
其他非流动金融资产	0	其他非流动负债	0
投资性房地产	0	非流动负债合计	0
固定资产	6278090.98	负债合计	2593549.07
在建工程	0	所有者权益（或股东权益）：	
生产性生物资产	0	实收资本（或股本）	6000000
油气资产	0	其他权益工具（其中）：	0
无形资产	50000	优先股	0
开发支出	0	永续债	0
商誉	0	资本公积	0
长期待摊费用	0	减：库存股	0
递延所得税资产	0	其他综合收益	0
其他非流动资产	0	盈余公积	0
非流动资产合计	6628090.98	未分配利润	2445047.57
		所有者权益（或股东权益）合计	8445047.57
资产总计	11038596.64	负债和所有者权益（或股东权益）总计	11038596.64

对于期末数，因为资产类项目中有不少项目是需要将多个总账科目的金额进行汇总等处理而来，因此我们可以通过设置 SUMIF(S) 函数来实现自动编制报表。

1. 输入货币资金的期末数

"货币资金"行项目是资产负债表的一个流动资产项目，包括库存现金、银行存款和其他货币资金三个总账科目的期末余额。按流动性，这三个总账科目排在最前面，其科目代码分别是 1001、1002、1012，恰巧都小于 1100。于是，我们可以用逻辑表达式来构造 SUMIF 函数实现期末货币资金金额的求和。

选择 D6 单元格，输入公式"=SUMIF(总账汇总表 !J:J,"<1100",总账汇总表 !G:G)"，其中的第二参数"<1100"是一个逻辑关系式，意思是从科目编码中找到"<1100"这个条件的所有科目，将它们的期末借方余额相加。

知识技能 3-2　快速将文本格式转换为数值格式

总账汇总表是编制财务报表的依据，但是在项目二中编制报表时涉及 4 位总账科目和 6 位明细科目的取数，所以科目编码是文本格式，而在 SUMIF 函数进行逻辑判断时需要变成数值格式，才能进行大小比较。将文本格式转换为数值格式的方法有很多种，现介绍较为简单的一种——选择性粘贴。

在"总账汇总表"工作表中，复制 A 列文本格式的科目编码，鼠标右键在 J 列上点击"选择性粘贴"，如图 3-4 所示，在弹出的对话框中选择"加"，单击"确定"按钮，即可快速把文本格式转换为数值格式。

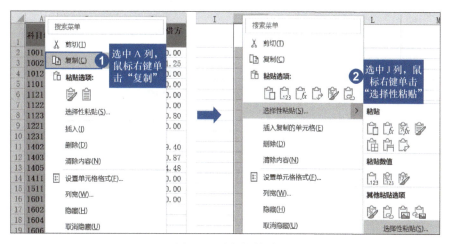

图 3-4　选择性粘贴

2. 输入交易性金融资产的期末数

"交易性金融资产"行项目反映资产负债表日企业分类为以公允价值计量且其变动计入当期损益的金融资产，以及企业持有的直接指定为以公允价值计量且其变动计入当期损益的金融资产的期末账面价值。该项目应根据"交易性金融资产"科目的相关明细科目期末余额分析填列。自资产负债表日起超过一年到期且预期持有超过一年的以公允价值计量且其变动计入当期损益的非流动金融资产的期末账面价值，在"其他非流动金融资产"行项目反映。

选择 D7 单元格，输入公式"=SUMIF(总账汇总表 !B:B,B7,总账汇总表 !G:G)"，这个公式表示从"总账汇总表"的科目名称所在的 B 列，找到和该资产负债表 B7 单元格的名称相符的科目后，计算出该科目的借方余额。

3. 输入应收票据的期末数

"应收票据"行项目反映资产负债表日以摊余成本计量的、企业因销售商品、提供服务等收到的商业汇票，包括银行承兑汇票和商业承兑汇票。该项目应根据"应收票据"科目的期末余额，减去"坏账准备"科目中相关坏账准备期末余额后的金额分析填列。

此处，暂不考虑坏账准备，所以公式简化为"=SUMIF(总账汇总表!B:B,"应收票据",总账汇总表!G:G)"。

4. 输入应收账款的期末数

"应收账款"行项目反映资产负债表日以摊余成本计量的、企业因销售商品、提供服务等经营活动应收取的款项。该项目应根据"应收账款"科目的期末余额，减去"坏账准备"科目中相关坏账准备期末余额后的金额分析填列。

选择 D10 单元格，设置公式为"=SUMIF(总账汇总表!B:B,"应收账款",总账汇总表!G:G)+SUMIF(总账汇总表!B:B,"预收账款",总账汇总表!G:G)-SUMIF(总账汇总表!B:B,"坏账准备",总账汇总表!H:H)"。因为坏账准备科目是贷方余额，所以要从 H 列取数后扣除。

5. 输入预付款项的期末数

选择 D11 单元格，输入公式"=SUMIF(总账汇总表!B:B,"预付账款",总账汇总表!G:G)+SUMIF(总账汇总表!B:B,"应付账款",总账汇总表!G:G)"，表示从"总账汇总表"的科目名称所在的 B 列，找到"预付账款"科目和"应付账款"科目的期末借方余额，并计算出预付款项的资产负债表期末余额。

> **小提示**
>
> 资产负债表中一般项目的取数类似于交易性金融资产的取数方法或预付款项的取数方法。在交易性金融资产的取数中，我们输入公式"=SUMIF(总账汇总表!B:B,B7,总账汇总表!G:G)"，计算出 B7 单元格对应科目的借方余额。这个方法适用于总账汇总表中的科目和资产负债表中的名称一致的时候。在预付款项的取数中，因为资产负债表中 B10 单元格的内容是"预付款项"，而在总账汇总表中的会计科目名称是"预付账款"，两者并不一致，所以查找的内容需要手工输入，并在外面用英文模式下的引号包含起来。
>
> 此外，若要提取 D28 单元格"长期股权投资"项目的数值时，可以输入公式"=SUMIF(总账汇总表!B:B,B28,总账汇总表!G:G)-SUMIF(总账汇总表!B:B,"长期股权投资减值准备",总账汇总表!H:H)"，也可以输入公式"=SUMIF(总账汇总表!B:B,"长期股权投资",总账汇总表!G:G)-SUMIF(总账汇总表!B:B,"长期股权投资减值准备",总账汇总表!H:H)"，两者的结果是一样的。

6. 输入其他应收款的期末数

"其他应收款"行项目应根据"应收利息"、"应收股利"和"其他应收款"科目的期末余额合计数，减去"坏账准备"科目中相关坏账准备期末余额后的金额填列。

此处，暂不考虑坏账准备，所以公式简化为"=SUMIF(总账汇总表!B:B,"应收利息",总账汇总表!G:G)+SUMIF(总账汇总表!B:B,"应收股利",总账汇总表!G:G)+SUMIF(总账汇总表!B:B,B13,总账汇总表!G:G)"。

7. 输入存货项目的期末数

存货项目是由多个科目汇总而成的，当需要同时满足多个条件时，需要用到 SUMIFS 函数。需要注意的是，这里不能采用将 D15:D18 区域数值简单相加，因为存货并不仅仅是所列的这几项。

具体操作为：首先选择 D14 单元格，单击"插入函数"按钮找到 SUMIFS 函数，在弹出的对话框中第一个参数输入"总账汇总表 !G:G"，因为最终求和的范围是"总账汇总表"中的 G 列；第二个参数选择"总账汇总表 !J:J"，意思是第一个条件范围是"总账汇总表"的 J 列；第三个参数表示给第一个条件范围赋予条件，输入"<1500"，表示在 J 列中找到所有小于 1500 的科目；第四个参数同样输入"总账汇总表 !J:J"，因为第二个条件范围也是 J 列；第五个参数输入">1400"，意思是在 J 列中找到所有大于 1400 的科目。把 SUMIFS 函数的参数综合起来解释就是：将 J 列中所有介于 1400 和 1500 之间的科目找出来，并将这些科目对应的 G 列的金额相加。单击"确定"按钮完成 SUMIFS 函数的公式输入，编辑栏中会自动生成 D14 单元格的公式"=SUMIFS(总账汇总表 !G:G, 总账汇总表 !J:J,"<1500", 总账汇总表 !J:J,">1400")"。

此外，存货项目并不仅仅是将资产类科目中的"原材料"等科目相加即可，还需要考虑到成本类科目中的"生产成本"科目，因此在完成 SUMIFS 函数的输入之后，还需要在 D14 单元格的公式后面加上"SUMIF(总账汇总表 !B:B," 生产成本 ", 总账汇总表 !G:G)"，才算完成存货总成本的计算，最终结果如图 3-5 编辑栏所示。

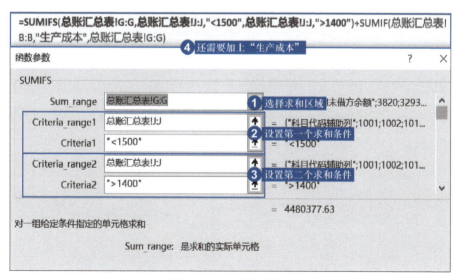

图 3-5　使用 SUMIFS 函数计算存货总成本

知识技能 3-3　SUMIFS 函数

SUMIFS 函数可以根据多个指定条件对若干单元格进行求和。

语法格式为：SUMIFS(sum_range,criteria_range1,criteria1,[criteria_range2, criteria2], ...)

其中，sum_range 是需要求和的单元格区域，可以包括数字或包含数字的名称、区域或单元格引用，在计算过程中会忽略空白值和文本值。criteria_range1 为计算关联条件的第一个区域。criteria1 为条件 1，条件的形式为数字、表达式、单元格引用或者文本，可用来定义对 criteria_range1 参数中的哪些单元格求和。例如，条件可以表示为 32、>32、B4、" 苹果 "、"32"。[criteria_range2，criteria2] 为可选项，分别表示需要计算条件 2 的区域及条件 2。

SUMIFS 函数

如果条件更多，可继续增加条件 3、条件 4 等，但 criteria_range 和 criteria 一定是成对出现的，且最多允许 127 个区域、条件对，即参数总数不超 255 个。

此外，SUMIFS 函数和 SUMIF 函数一样，其条件可包含通配符，即进行模糊查找时可以用“?”代表单个字符，用“*”代表任何字符。

下面通过一个例子来巩固一下 SUMIFS 函数的掌握程度。图 3-6 是某公司产品生产明细表，现单元格 G5 需要计算广东地区 3 月份共生产了多少 A 产品。当然可以直接输入如单元格 G7 所示的长串公式，也可通过插入函数的方式设置各参数，如图 3-7 所示（其中 sum_range 内容输入“D3:D21”，criteria_range1 输入内容“B3:B21”，此处因篇幅原因未截图）。

	A	B	C	D	E	F	G
1	产品生产明细表						
2	产品	生产月份	产品单价	产品数量	产地		广东3月份共生成多少A产品？
3	A产品	1	100	100	江苏南京		
4	A产品	1	100	125	广东广州		
5	B产品	1	200	150	广东深圳		750
6	A产品	2	100	175	浙江宁波		
7	B产品	2	200	200	江苏南京		SUMIFS(D3:D21,B3:B21,3,A3:A21,"A产品",E3:E21,"广东*")
8	A产品	2	100	250	江苏南京		
9	B产品	2	200	275	广东深圳		
10	A产品	3	100	300	江苏无锡		
11	B产品	3	200	325	江苏无锡		
12	A产品	3	100	350	广东深圳		
13	B产品	3	200	375	广东深圳		
14	A产品	3	100	400	广东广州		
15	A产品	4	100	425	浙江杭州		
16	A产品	4	100	425	浙江杭州		
17	B产品	4	200	380	江苏南京		
18	A产品	4	100	400	浙江宁波		
19	B产品	4	200	350	江苏南京		
20	A产品	4	400	400	广东广州		
21	A产品	4	400	425	江苏无锡		

图 3-6　产品生产明细表

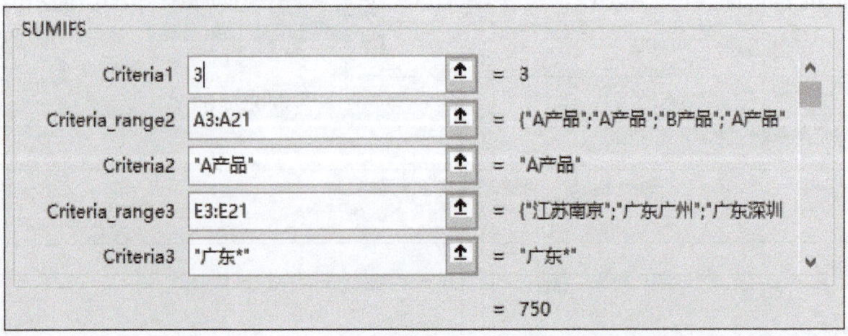

图 3-7　插入 SUMIFS 函数完成通配符模糊计算

8. 计算固定资产的期末数

“固定资产”行项目反映资产负债表日企业固定资产的期末账面价值和企业尚未清理完毕的固定资产清理净损益。该项目应根据“固定资产”科目的期末余额，减去“累计折旧”和“固定资产减值准备”科目的期末余额后的金额，以及“固定资产清理”科目的期末余额填列。

选择 D32 单元格，设置公式为“=SUMIF(总账汇总表 !B:B,B32, 总账汇总表 !G:G)−SUMIF(总账汇总表 !B:B," 累计折旧 ", 总账汇总表 !H:H)−SUMIF(总账汇总表 !B:B," 固定资产减值准备 ", 总账汇总表 !H:H)+SUMIF(总账汇总表 !B:B," 固定资产清理 ", 总账汇总表 !G:G)”。因为累计折旧和固定资产减值准备科目是贷方余额，所以要从 H 列取数后扣除。

> **小提示**
>
> 无形资产的取数原理类似于固定资产，所以，D36 单元格"无形资产"项目的取数公式为"=SUMIF(总账汇总表!B:B,B36,总账汇总表!G:G)-SUMIF(总账汇总表!B:B,"累计摊销",总账汇总表!H:H)-SUMIF(总账汇总表!B:B,"无形资产减值准备",总账汇总表!H:H)"。同样，因为累计摊销和无形资产减值准备科目是贷方余额，所以要从 H 列取数后扣除。
>
> 其他资产类科目的取数也可考虑相似的原理进行加减计算，此处不再一一展开。

9. 计算各合计数

（1）流动资产合计：选择 D23 单元格，输入公式"=SUM(D6:D14)"。
（2）非流动资产合计：选择 D42 单元格，输入公式"=SUM(D25:D41)"。
（3）资产总计：选择 D44 单元格，输入公式"=D23+D42"。

以上步骤的数据取数都成功后，就可以得到如图 3-8 所示的结果。

资　　产	行次	期末余额	年初余额
流动资产：			
货币资金	1	3427056.25	145401.74
交易性金融资产	2	45000	0
衍生金融资产	3		
应收票据	4	200000	200000
应收账款	5	939739	275907.2
应收款项融资	6		
预付款项	7	15250.8	555364
其他应收款	8	1300	4500
存货（其中）：	9	4680093.97	3229332.72
在途物资	10	368239.4	
原材料	11	477810.87	213829.21
周转材料	12	52900	
库存商品	13	3581427.36	950285.53
合同资产	14		
持有待售资产	15		
一年内到期的非流动资产	16		
其他流动资产	17		
流动资产合计	18	9308440.02	4410505.66
非流动资产：			
债权投资	19		
其他债权投资	20		
长期应收款	21		
长期股权投资	22	300000	300000
其他权益工具投资	23		
其他非流动金融资产	24		
投资性房地产	25		
固定资产	26	5671802.44	6278090.98
在建工程	27		
生产性生物资产	28		
油气资产	29		
无形资产	30	50000	50000
开发支出	31		
商誉	32		
长期待摊费用	33		
递延所得税资产	34		
其他非流动资产	35		
非流动资产合计	36	6021802.44	6628090.98
资产总计	37	15330242.46	11038596.64

图 3-8　计算"资产类科目"合计数

三、设置负债类和所有者权益类项目的数据

负债类和所有者权益类项目的取数比资产类项目的取数要简单一些，项目名称基本都和科目名称匹配，也不太存在项目汇总或抵减的关系，因此大部分的科目可采用一般的取数公式进行取数，对于个别情况再进行特殊处理。

1. 一般项目的取数

选择 H6 单元格，输入公式"=SUMIF(总账汇总表!B:B,F6,总账汇总表!H:H)"。公式与资产类项目的用意基本一致，只不过负债类和所有者权益类科目是从 H 列中进行取数。

同理，负债类项目中的应付票据、应付职工薪酬、应交税费、长期借款，以及所有者权益类项目中的实收资本均可考虑该取数方法。

若碰到资产负债表中的单元格内容和总账汇总表中的会计科目名称不一致的情况，可将 SUMIF 函数中的项目名称修改为对应的会计科目名称，如预收款项的取数，但需要注意的是中文字符外需要用英文模式下的引号包含起来。

2. 特殊项目的取数

（1）应付账款的期末取数。"应付账款"行项目反映资产负债表日以摊余成本计量的，企业因购买材料、商品和接受服务等经营活动应支付的款项。该项目应根据"应付账款"和"预付账款"科目所属的相关明细科目的期末贷方余额合计数填列。

选择 H10 单元格，设置公式为"=SUMIF(总账汇总表!B:B,"应付账款",总账汇总表!H:H)+SUMIF(总账汇总表!B:B,"预付账款",总账汇总表!H:H)"。

（2）预收款项的期末取数。选择 H11 单元格，输入公式"=SUMIF(总账汇总表!B:B,"预收账款",总账汇总表!H:H)+SUMIF(总账汇总表!B:B,"应收账款",总账汇总表!H:H)"，表示从"总账汇总表"的科目名称所在的 B 列，找到"预收账款"科目和"应收账款"科目的期末贷方余额，并计算出预收款项的资产负债表期末列示余额。

（3）其他应付款的期末取数。"其他应付款"行项目，应根据"应付利息""应付股利"和"其他应付款"科目的期末余额合计数填列。

选择 H15 单元格，输入公式"=SUMIF(总账汇总表!B:B,"应付利息",总账汇总表!H:H)+SUMIF(总账汇总表!B:B,"应付股利",总账汇总表!H:H)+SUMIF(总账汇总表!B:B,F14,总账汇总表!H:H)"。

（4）流动负债合计的计算。选择 H19 单元格，输入公式"=SUM(H6:H18)"。

（5）应付债券（其中）的计算。选择 H22 单元格，输入公式"=H23+H24"。

（6）非流动负债合计的计算。选择 H30 单元格，输入公式"=SUM(H21:H22,H25:H29)"。

（7）负债合计的计算。选择 H31 单元格，输入公式"=SUM(H19,H30)"。

（8）其他权益工具（其中）的计算。选择 H34 单元格，输入公式"=H35+H36"。

（9）未分配利润的期末取数。选择 H42 单元格，输入公式"=SUMIF(总账汇总表!B:B,"本年利润",总账汇总表!H:H)+SUMIF(总账汇总表!B:B,"利润分配",总账汇总表!H:H)-SUMIF(总账汇总表!B:B,"本年利润",总账汇总表!G:G)-SUMIF(总账汇总表!B:B,"利润分配",总账汇总表!G:G)"。这个公式是将"本年利润"和"利润分配"这两个科目的借方余额和贷方余额相加，借方余额代表的是亏损，贷方余额代表的是盈利。所以对应 G 列为借方余额，应取负值；若为 H 列则为贷方余额，应取正值。

（10）所有者权益（或股东权益）合计的计算。选择 H43 单元格，输入公式"=H33+H34+H37-H38+SUM(H39:H42)"。

（11）负债和所有者权益（或股东权益）总计的计算。选择 H44 单元格，输入公式"=SUM

(H31,H43)"。

通过对负债和所有者权益（或股东权益）项目的取数，可以得到如图 3-9 所示的期末数。

负债和所有者权益（股东权益）	行次	期末余额	年初余额
流动负债：			
短期借款	38	890000	860000
交易性金融负债	39		
衍生金融负债	40		
应付票据	41	800000	800000
应付账款	42	861850	927900
预收款项	43	0	0
合同负债	44		
应付职工薪酬	45	40459.5	0
应交税费	46	117936	5649.07
其他应付款	47	503755	0
持有待售负债	48		0
一年内到期的非流动负债	49		0
其他流动负债	50		0
流动负债合计	51	3214000.5	2593549.07
非流动负债：			
长期借款	52	800000	0
应付债券（其中）：	53	0	0
优先股	54		0
永续债	55		0
长期应付款	56		0
预计负债	57		0
递延收益	58		0
递延所得税负债	59		0
其他非流动负债	60		0
非流动负债合计	61	800000	0
负债合计	62	4014000.5	2593549.07
所有者权益（或股东权益）：			
实收资本（或股本）	63	8050000	6000000
其他权益工具（其中）：	64	0	0
优先股	65		
永续债	66		
资本公积	67		
减：库存股	68		
其他综合收益	69		
专项储备	70		
盈余公积	71		
未分配利润	72	3266241.96	2445047.57
所有者权益(或股东权益)合计	73	11316241.96	8445047.57
负债和所有者权益(或股东权益)总计	74	15330242.46	11038596.64

图 3-9　计算"负债类和所有者权益类科目"合计数

任务二　编制利润表和损益类科目累计汇总表

一、设置利润表的基本格式

利润表是反映企业中一定期间内经营成果的财务报表，表内的每一项数据也是由会计账簿提供的，但编制工作要比资产负债表简单一些。

1. 创建工作表

在"资产负债表"工作表后面增加一个工作表，将其命名为"利润表"。

2. 设置利润表表头

选择 B2:E2 单元格，合并后居中单元格，输入"利润表"。

选择 B3:E3 单元格区域，合并单元格后选择向右对齐，并输入"会小企 02 表"。

选择 B4 单元格，输入"=" 编制单位："& 封面 !D4"。

选择 C4:D4 单元格，合并后居中单元格，输入"=TEXT(DATE(封面 !D6,封面 !F6,"28"),"yyyy-mm")"。因为利润表只反映月份，所以仅使用 DATE 函数是不够的，需要再加上 TEXT 函数，将 DATE 函数的日期格式转变为"yyyy-mm"，只显示年月。

选择 E4 单元格，输入"单位：元"。

各项输入完毕后，得到的利润表表头如图 3-10 所示。

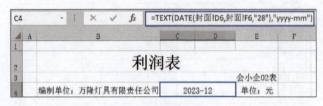

图 3-10 利润表表头

3. 设置利润表表体

选择 B5:E5 单元格，分别输入"项目""行次""本月金额""累计金额"。从 B6 单元格开始往下，逐行输入利润表的各个项目，这里需要特别提醒的是，因为这个利润表是为了公司自用的，所以不要采用传统利润表中"一、二、三、…"这些符号，也不要用"加""减"这样的字样。如果加上这些字符，反而不利于函数取数。各项输入完毕后调整行高到 22.5，得到的利润表表体如图 3-11 所示。

	项目	行次	本月金额	累计金额
5				
6	营业收入	1		
7	营业成本	2		
8	税金及附加	3		
9	销售费用	4		
10	管理费用	5		
11	研发费用	6		
12	财务费用	7		
13	资产减值损失	8		
14	投资收益	9		
15	公允价值变动收益	10		
16	营业利润	11		
17	营业外收入	12		
18	营业外支出	13		
19	利润总额（亏损总额以"-"号填列）	14		
20	所得税费用	15		
21	净利润（净亏损以"-"号填列）	16		

图 3-11 利润表表体

二、设置利润表的本期金额

1. 设置各损益类项目金额

（1）营业收入的期末取数。选择 D6 单元格，输入公式"=SUMIF(总账汇总表 !B:B," 主营业

务收入 ", 总账汇总表 !E:E)+SUMIF(总账汇总表 !B:B," 其他业务收入 ", 总账汇总表 !E:E)"，表示从借方发生额中取"主营业务收入"和"其他业务收入"的本期发生额。

（2）营业成本的期末取数。选择 D7 单元格，输入公式"=SUMIF(总账汇总表 !B:B," 主营业务成本 ", 总账汇总表 !E:E)+SUMIF(总账汇总表 !B:B," 其他业务成本 ", 总账汇总表 !E:E)"，表示从借方发生额中取"主营业务成本"和"其他业务成本"的本期发生额。

（3）其他损益类项目的期末取数。选择 D8 单元格，输入公式"=SUMIF(总账汇总表 !B:B,B8, 总账汇总表 !E:E)"，表示从借方发生额中取 D8 单元格所对应的"税金及附加"的本期发生额。取得了"税金及附加"的本期发生额之后，单击 D8 单元格的右下角，往下拖动填充柄到 D20 单元格。但是因为 D16 和 D19 单元格是关于相关利润的计算，所以不适用前面的公式，要将这些单元格的取数删除。

2. 设置相关利润的金额

（1）营业利润 = 营业收入 – 营业成本 – 税金及附加 – 期间费用 + 相关损益。所以，选择 D16 单元格，输入公式"=D6-SUM(D7:D13)+SUM(D14:D15)"。

（2）利润总额 = 营业利润 + 营业外收入 – 营业外支出。所以，选择 D19 单元格，输入公式"=D16+D17-D18"。

（3）净利润 = 利润总额 – 所得税费用。所以，选择 D21 单元格，输入公式"=D19-D20"。通过上面两个步骤，得到的结果如图 3-12 所示。

	项 目	行次	本月金额
5			
6	营业收入	1	1510000
7	营业成本	2	713000
8	税金及附加	3	12636
9	销售费用	4	30467.5
10	管理费用	5	94159.11
11	研发费用	6	0
12	财务费用	7	1200
13	资产减值损失	8	0
14	投资收益	9	0
15	公允价值变动收益	10	0
16	营业利润	11	658537.39
17	营业外收入	12	20000
18	营业外支出	13	25000
19	利润总额(亏损总额以"–"号填列)	14	653537.39
20	所得税费用	15	0
21	净利润(净亏损以"–"号填列)	16	653537.39

图 3-12 利润表本月金额的取数结果

三、编制损益类科目累计汇总表

利润表中的累计金额是指本年度截止到报表月份为止累计发生的各项损益类科目的本期借方或者贷方发生额。为了方便计算万隆灯具有限责任公司的 2023 年以后各个月份利润表的累计金额，需要另外编制一张损益类科目累计汇总表。具体做法如下：

1. 设置损益类科目汇总表的基本格式

（1）新建工作表"损益类科目累计汇总表"。在工作表"利润表"后面新建工作表"损益类科目累计汇总表"。选择 B2:O2 单元格区域，合并居中单元格后输入"损益类科目累计汇总表"；选择 B4 单元，输入"项目"；选择 C4 单元格，输入"本年累计数"；在 D4:O4 单元格区域分别输入"1 月"至"12 月"。

（2）引用利润表中的相关科目。选择 B5 单元格，输入"= 利润表 !B6"，表示将工作表"利润表"中的项目引用过来。当然引用过来的时候会把"营业利润""利润总额"和"净利润"这些项目也引用过来，需要将这些单元格删除，最后形成如图 3-13 所示的表格。

	项目	本年累计数	1月	2月	3月	4月	5月	6月	7月	8月	9月	10月	11月	12月
	营业收入													
	营业成本													
	税金及附加													
	销售费用													
	管理费用													
	研发费用													
	财务费用													
	资产减值损失													
	投资收益													
	公允价值变动收益													
	营业外收入													
	营业外支出													
	所得税费用													

图 3-13　损益类科目累计汇总表

2. 输入各月份金额

（1）输入 1～11 月份的金额。在实际工作中，因为每个月都会进行汇总，所以 1～11 月份的金额会通过函数自动取得。但因为李燕是从 12 月份开始建账的，因此 1～11 月份的金额需要通过原始资料输入而得，具体金额输入后如图 3-14 所示。

项目	本年累计数	1月	2月	3月	4月	5月	6月	7月	8月	9月	10月	11月
营业收入		50000	0	150000	7800	0	0	90000	0	0	72900	0
营业成本		2600	0	70300	3850	0	0	4600	0	0	3740	0
税金及附加		529	0	1650	638	0	0	948	0	0	639	0
销售费用		0	3000	0	0	4500	0	0	6280	3499	0	0
管理费用		10350	7800	9760	9086	6720	8210	9730	7820	8270	9004	9271
研发费用		0	0	0	0	0	0	0	0	0	0	0
财务费用		0	45	-108	108	0	65	0	0	139	0	0
资产减值损失		0	0	0	0	0	0	0	0	0	0	0
投资收益		0	0	0	0	0	0	0	0	0	0	0
公允价值变动收益		0	0	0	0	0	0	0	0	0	0	0
营业外收入		0	0	0	0	0	0	0	0	0	0	0
营业外支出		0	0	0	0	0	0	0	0	0	0	0
所得税费用		0	0	0	0	0	0	0	0	0	0	0

图 3-14　损益类科目累计汇总表前期金额

（2）对 12 月份金额进行取数。首先明确利润表 12 月份各项目金额是从"总账汇总表"中相关科目的本期数中取得的，所以要用到 VLOOKUP 函数；同时，因为部分利润表的科目在本单位业务中没有发生额,所以还需要增加 IFERROR 函数。

选择 O5 单元格,输入函数"=VLOOKUP(" 主营业务收入 ",总账汇总表 !$B$1:$H$50,4,0)+VLOOKUP(" 其他业务收入 ",总账汇总表 !$B$1:$H$50,4,0)",意思是查找"主营业务收入"这个项目在总账汇总表中 B1:H50 区域范围内容,返回第 4 列也就是"借方发生额"这一列中对应的金额;然后同样用 VLOOKUP 函数查找"其他业务收入"这个项目在总账汇总表中 B1:H50 区域范围内容,返回第 4 列也就是"借方发生额"这一列中对应的金额;最后将两者数据相加即得到营业收入。虽然该月的营业收入在利润表中已经用 SUMIF 函数求解过,但是此处用 VLOOKUP 函数可进一步验算利润表中的数据是否正确。

取数后将鼠标移到 O5 单元格右下角,往下拖动填充柄到 O6 单元格,将公式中的"主营业务收入"修改为"主营业务成本",将"其他业务收入"修改为"其他业务成本",得到公式"=VLOOKUP(" 主营业务成本 ",总账汇总表 !$B$1:$H$50,4,0)+VLOOKUP(" 其他业务成本 ",总账汇总表 !$B$1:$H$50,4,0)"(当然也可以直接输入该公式),即为营业成本。

选择 O7 单元格,输入公式"=IFERROR(VLOOKUP(B7,总账汇总表 !$B$1:$H$50,4,0),0)",表示在总账汇总表中 B1:H50 区域范围内容,查找 B7 单元格所对应内容的"税金及附加",并返回第 4 列也就是"借方发生额"这一列中对应的金额。取数后将鼠标移到 O7 单元格右下角,往下拖动填充柄到 O17 单元格。

选择 C5 单元格,输入公式"=SUM(D5:O5)"。取数后将鼠标移到 C5 单元格右下角,往下拖动填充柄到 C17 单元格,最终结果如图 3-15 所示。

项目	本年累计数	1月	2月	3月	4月	5月	6月	7月	8月	9月	10月	11月	12月
营业收入	1880700	50000	0	150000	7800	0	0	90000	0	0	72900	0	1510000
营业成本	798090	2600	0	70300	3850	0	0	4600	0	0	3740	0	713000
税金及附加	17040	529	0	1650	638	0	0	948	0	0	639	0	12636
销售费用	47746.5	0	3000	0	0	4500	0	0	6280	3499	0	0	30467.5
管理费用	190180.11	10350	7800	9760	9086	6720	8210	9730	7820	8270	9004	9271	94159.11
研发费用	0	0	0	0	0	0	0	0	0	0	0	0	0
财务费用	1449	0	45	−108	108	0	65	0	0	139	0	0	1200
资产减值损失	0	0	0	0	0	0	0	0	0	0	0	0	0
投资收益	0	0	0	0	0	0	0	0	0	0	0	0	0
公允价值变动收益	0	0	0	0	0	0	0	0	0	0	0	0	0
营业外收入	20000	0	0	0	0	0	0	0	0	0	0	0	20000
营业外支出	25000	0	0	0	0	0	0	0	0	0	0	0	25000
所得税费用	0	0	0	0	0	0	0	0	0	0	0	0	0

图 3-15 损益类科目累计汇总表各月金额汇总情况

知识技能 3-4　IFERROR 函数

IFERROR 函数来捕获和处理公式中的错误。如果公式的计算结果为错误,则返回指定的值;否则将返回公式的结果。

语法格式为:IFERROR(value, value_if_error)

其中,value 就是检查是否错误的参数,如果正确则返回该值的结果;如果错误则返回 value_if_error 的值。例如,对于"=IFERROR(SUM(G6:H8),0)",如果参数 SUM(G6:H8) 正确,即返回 SUM 函数计算的结果,错误则返回零值。

四、编制利润表累计数

"利润表"的累计数需要从"损益类科目累计汇总表"中取数,因此只需在"利润表"工作表中利用 VLOOKUP 函数,查找并返回每项在"损益类科目累计汇总表"工作表中的累计金额即可。

在"利润表"中,选择 E6 单元格,输入公式"=VLOOKUP(B6,损益类科目累计汇总表!$B$6:$C$18,2,0)",意思是在"损益类科目累计汇总表"工作表中 $B$5:$C$17 这个绝对引用的范围内,找到并返回"利润表"工作表 B6 单元格"营业收入"这个项目匹配的本年累计金额。然后,往下拖动填充柄到 E21 单元格。这时,E16、E19、E21 这三个单元格会呈现出"#N/A"符号,表示这三个单元格无法找到与之相对应的项目,因为这三个项目都是利润的计算公式,所以要将这三个项目的"#N/A"删除,重新输入新的利润计算公式。简单的处理是直接将 D16、D19、D21 这三个单元格的公式分别往右拖动。最终得到完整的利润表数据如图 3-16 所示。

项目	行次	本月金额	累计金额
营业收入	1	1510000	1880700
营业成本	2	713000	798090
税金及附加	3	12636	17040
销售费用	4	30467.5	47746.5
管理费用	5	94159.11	190180.11
研发费用	6	0	0
财务费用	7	1200	1449
资产减值损失	8	0	0
投资收益	9	0	0
公允价值变动收益	10	0	0
营业利润	11	658537.39	826194.39
营业外收入	12	20000	20000
营业外支出	13	25000	25000
利润总额(亏损总额以"-"号填列)	14	653537.39	821194.39
所得税费用	15	0	0
净利润(净亏损以"-"号填列)	16	653537.39	821194.39

图 3-16　完整的利润表数据

任务三　搭建财务报表分析框架

财务分析是指以企业财务报告及其他相关资料为主要依据,对企业的财务状况和经营成果进行评价和剖析,反映企业在运营过程中的利弊得失和发展趋势,从而为改进企业财务管理工作和优化经济决策提供重要的财务信息。

一、资产负债表分析模型

1. 建立分析框架

根据我国会计准则的规定,企业的资产负债表采用账户式结构,左边列示资产项目,右边列示负债和所有者权益项目。但是,在分析报表时,账户式左右排列的结构会影响数据分析的效果,所以我们需要首先建立分析框架。

将本项目任务一所得到的资产负债表复制到一个新的工作表中,并将其重命名为"资产负债表分析"。将表格右侧列示负债和所有者权益项目剪切到左侧资产项目的下方,确保"行次"项数据顺序排列。将标题修改为"资产负债表分析",删除第二行"会企 01 表"信息。修改表头数据为"项目""行次""本年数""上年数",由于篇幅所限,这里仅展示资产和负债交界处的部分信息,如图 3-17 所示。

项目三　Excel 在财务报表中的应用

	资产负债表分析			
	编制单位：万隆灯具有限责任公司		2023年12月31日	单位：元
	项目	行次	本年数	上年数
39	长期待摊费用	33		
40	递延所得税资产	34		
41	其他非流动资产	35		
42	**非流动资产合计**	36	6021802.44	6628090.98
43	**资产合计**	37	15330242.46	11038596.64
44	**流动负债：**			
45	短期借款	38	890000	860000
46	交易性金融负债	39		
47	衍生金融负债	40		
48	应付票据	41	800000	800000
49	应付账款	42	861850	927900

图 3-17　资产负债表分析框架（局部展示）

2. 结构分析

结构分析是指以会计报表中的某个总体指标作为 100%，再计算出其各组成部分占该总体指标的百分比，通过百分比的增减变动以了解有关财务活动的变化趋势。例如，对资产负债表进行数据结构分析时，以资产为 100% 设置权重；对利润表进行数据结构分析时，以营业收入作为 100% 基础。这种比较方法可以用于发现存在显著变化的项目。常规的手工计算工作量巨大，Excel 的绝对引用和相对引用可以很好地解决此类问题。

在图 3-17 "本年数"后插入新列"本年结构"，在"上年数"后插入新列"上年结构"；在第 3 行后新增行，用以区别标识金额和比例，并用颜色标记新增的列以便后期进行运算，效果如图 3-18 所示。

	资产负债表分析				
1					
2	编制单位：万隆灯具有限责任公司			2023年12月31日	
3	项目	行次	本年数	本年结构	上年数	上年结构
4			金额①	比例②	金额③	比例④
5	**流动资产：**					
6	货币资金	1	3427056.25		145401.74	
7	交易性金融资产	2	45000		0	
8	衍生金融资产	3				
9	应收票据	4	200000		200000	
10	应收账款	5	939739		275907.2	
11	应收款项融资	6				
12	预付款项	7	15250.8		555364	
13	其他应收款	8	1300		4500	
14	存货（其中）：	9	4680093.97		3229332.72	
15	在途物资	10	368239.4			
16	原材料	11	477810.87		213829.21	
17	周转材料	12	52900			
18	库存商品	13	3581427.36		950285.53	
19	合同资产	14				

图 3-18　资产负债表结构分析

单击"货币资金"所对应的 E6 单元格，输入"=D6/$D$83"，其中 D6 就是货币资金的本年数，D83 是"负债和所有者权益(或股东权益)总计"数据（当然也可以取 D43 单元格的"资产合计"数），因为是固定的总体指标，所以需要绝对引用。取数后将鼠标移到 E6 单元格右下角，双击填充柄，确保该列数据已计算完毕。选中 E 列，修改数据格式为百分比，并调整小数位数为两位。

单击"货币资金"所对应的 G6 单元格，输入"=F6/$F$83"；取数后将鼠标移到 E6 单元格右下角，双击填充柄，确保该列数据已计算完毕。用同样的方法调整 G 列格式为百分比，保留两位小数。得出数据如图 3-19 所示。

资产负债表分析

项目	行次	本年数 金额①	本年结构 比例②	上年数 金额③	上年结构 比例④
编制单位:万隆灯具有限责任公司			2023年12月31日		
流动资产:					
货币资金	1	3427056.25	22.35%	145401.74	1.32%
交易性金融资产	2	45000	0.29%	0	0.00%
衍生金融资产	3		0.00%		0.00%
应收票据	4	200000	1.30%	200000	1.81%
应收账款	5	939739	6.13%	275907.2	2.50%
应收款项融资	6		0.00%		0.00%
预付款项	7	15250.8	0.10%	555364	5.03%
其他应收款	8	1300	0.01%	4500	0.04%
存货(其中):	9	4680093.97	30.53%	3229332.72	29.25%
在途物资	10	368239.4	2.40%		0.00%
原材料	11	477810.87	3.12%	213829.21	1.94%
周转材料	12	52900	0.35%		0.00%
库存商品	13	3581427.36	23.36%	950285.53	8.61%
合同资产	14		0.00%		0.00%

图 3-19 资产负债表结构分析数据

3. 比较分析

财务报表的比较分析是将连续数期的财务报表金额并列起来,比较其相同指标的增减变动金额和幅度,据此判断企业财务状况和经营成果发展变化的一种方法。

在图 3-19 的基础上,继续新增 H 列"增减变动金额"、I 列"横向变动比例"、J 列"纵向变动比例",并在第4行对应位置附上相关计算公式"⑤=①-③""⑥=⑤/③""⑦=(②-④)/④"。同样,我们也可尝试用颜色来标记新增的列以便后期进行运算,效果如图 3-20 所示。

资产负债表分析

项目	行次	本年数 金额①	本年结构 比例②	上年数 金额③	上年结构 比例④	增减变动 金额 ⑤=①-③	横向变动 比例 ⑥=⑤/③	纵向变动 比例 ⑦=(②-④)/④
编制单位:万隆灯具有限责任公司			2023年12月31日				单位:元	
流动资产:								
货币资金	1	3427056.25	22.35%	145401.74	1.32%			
交易性金融资产	2	45000	0.29%	0	0.00%			
衍生金融资产	3		0.00%		0.00%			
应收票据	4	200000	1.30%	200000	1.81%			
应收账款	5	939739	6.13%	275907.2	2.50%			
应收款项融资	6		0.00%		0.00%			
预付款项	7	15250.8	0.10%	555364	5.03%			
其他应收款	8	1300	0.01%	4500	0.04%			
存货(其中):	9	4680093.97	30.53%	3229332.72	29.25%			
在途物资	10	368239.4	2.40%		0.00%			
原材料	11	477810.87	3.12%	213829.21	1.94%			
周转材料	12	52900	0.35%		0.00%			
库存商品	13	3581427.36	23.36%	950285.53	8.61%			

图 3-20 资产负债表比较分析

根据公式进行计算,单击"货币资金"所对应的 H6 单元格,输入"=D6-F6",其中 D6 是货币资金的本年数,F6 是货币资金的上年数;取数后将鼠标移到 H6 单元格右下角,双击填充柄,确保该列数据都已计算完毕。

单击"货币资金"所对应的 I6 单元格,输入"=H6/F6",其中 H6 是刚计算出来的"增减变动金额"，F6 是货币资金的上年数；取数后将鼠标移到 I6 单元格右下角，双击填充柄，确保该列数据都已计算完毕。此时，有很多数据显示"#DIV/0!"，原因是上一期没有金额，所以除零产生了错误，可以考虑在外层嵌套 IFERROR 函数。此处为了和计算结果为零的数据进行区别，我们输入"=IFERROR(H6/F6,"-")"。同样因为是比例计算，调整列格式为百分比，保留两位小数。

单击"货币资金"所对应的 J6 单元格，输入"=IFERROR((E6-G6)/G6,"-")"；取数后将鼠标移到 J6 单元格右下角，双击填充柄，确保该列数据都已计算完毕，调整列格式为百分比，保留两位小数。

最后我们可以根据需要新增 K 列"备注"，用来对特殊数据进行说明。比较分析得出的数据如图 3-21 所示。利润表、现金流量表的结构分析和比较分析可参考资产负债表分析模型，此处不再赘述。

	A	B	C	D	E	F	G	H	I	J	K
1					资产负债表分析						
2		编制单位：万隆灯具有限责任公司				2023年12月31日			单位：元		
3		项目	行次	本年数	本年结构	上年数	上年结构	增减变动金额	横向变动比例	纵向变动比例	备注
4				金额①	比例②	金额③	比例④	⑤=①-③	⑥=⑤/③	⑦=(②-④)/④	
5		流动资产：									
6		货币资金	1	3427056.25	22.35%	145401.74	1.32%	3281655	2256.96%	1597.14%	
7		交易性金融资产	2	45000	0.29%	0	0.00%	45000	-	-	
8		衍生金融资产	3		0.00%			0	-	-	
9		应收票据	4	200000	1.30%	200000	1.81%	0	0.00%	-27.99%	
10		应收账款	5	939739	6.13%	275907.2	2.50%	663831.8	240.60%	145.25%	
11		应收款项融资	6		0.00%				-	-	
12		预付款项	7	15250.8	0.10%	555364	5.03%	-540113	-97.25%	-98.02%	
13		其他应收款	8	1300	0.01%	4500		-3200	-71.11%	-79.20%	
14		存货（其中）：	9	4680093.97	30.53%	3229332.72	29.25%	1450761	44.92%	4.35%	
15		在途物资	10	368239.4	2.40%		0.00%	368239.4	-	-	
16		原材料	11	477810.87	3.12%	213829.21	1.94%	263981.7	123.45%	60.90%	
17		周转材料	12	52900	0.35%		0.00%	52900	-	-	
18		库存商品	13	3581427.36	23.36%	950285.53	8.61%	2631142	276.88%	171.37%	

图 3-21　资产负债表比较分析数据

二、财务比率分析模型

财务报表所提供的数据往往只能概况地反映企业的财务状况和经营成果，要想透彻理解，还必须把财务报表中的一些相关项目进行对比得到一系列的财务比率，以发现和评价企业财务现状，揭示经营中可能存在的问题。此处我们主要关注如何运用 Excel 构建一个财务比率分析模型，使之能适应不同报表的计算需要，为决策提供有用的依据。

1. 构建财务比率分析表

（1）偿债能力比率分析。偿债能力是指企业偿还到期债务的能力，通常包括短期偿债能力和长期偿债能力。其中，企业短期偿债能力用以衡量企业当前财务能力，是流动资产变现能力的重要指标，包括流动比率、速动比率和现金比率；长期偿债能力是企业财务状况稳定与否及安全程度高低的重要指标，包括资产负债率、产权比率、已获利息倍数等。

（2）营运能力比率分析。营运能力是用来反映企业经营资产的周转情况和资产管理效率的财务比率，通常包括存货周转率、应收账款周转率、流动资产周转率和总资产周转率等。

（3）盈利能力比率分析。盈利能力，通俗地说就是企业赚取利润的能力，主要涉及销售毛利率、销售净利率、主营业务利润率、总资产报酬率和净资产收益率等。

（4）成长能力比率分析。成长能力是指企业通过扩大经营具有不断发展的潜在能力。在分析时，主要考虑销售增长率、资本积累率、总资产增长率等。

新建工作表，将其重命名为"财务比率分析"，输入相关指标以及计算公式，从资产负债表和利润表中取数，如图3-22所示。

	A	B	C	D
1	比率指标	计算公式	计算值	
2	一、偿债能力比率指标分析			
3	流动比率	流动资产÷流动负债	=资产负债表!D23/资产负债表!H19	
4	速动比率	（流动资产-存货）÷流动负债	=(资产负债表!D23-资产负债表!D14)/资产负债表!H19	
5	现金比率	现金÷流动负债	=(资产负债表!D6+资产负债表!D7)/资产负债表!H19	
6	资产负债率	负债总额÷资产总额×100%	=资产负债表!H31/资产负债表!D44	
7	产权比率	负债总额÷所有者权益总额×100%	=资产负债表!H31/资产负债表!H43	
8	权益乘数	资产总额÷所有者权益总额	=资产负债表!D44/资产负债表!H43	
9	二、营运能力比率指标分析			
10	存货周转率	营业成本÷存货平均余额	=利润表!E6/(资产负债表!D14+资产负债表!E14)*2	
11	总资产周转率	营业收入÷平均资产总额	=利润表!E6/(资产负债表!D44+资产负债表!E44)*2	
12	流动资产周转率	营业收入÷流动资产平均余额	=利润表!E6/(资产负债表!D23+资产负债表!E23)*2	
13	三、盈利能力比率指标分析			
14	净资产收益率	净利润/平均普通股东权益×100%	=利润表!E21/(资产负债表!H43+资产负债表!I43)*2	
15	总资产报酬率	息税前利润/平均资产总额×100%	=利润表!E19/(资产负债表!D44+资产负债表!E44)*2	
16	销售毛利率	［(销售收入-销售成本)÷销售收入］×100%	=(利润表!E6-利润表!E7)/利润表!E6	
17	四、成长能力比率指标分析			假设上年营业收入总额
18	销售增长率	本年营业收入增长额/上年营业收入总额×100%	=(利润表!E6-D18)/D18	1600000
19	资本积累率	本年所有者权益增长额/年初所有者权益总额×100%	=(资产负债表!H43-资产负债表!I43)/资产负债表!I43	
20	总资产增长率	本年总资产增长额/年初资产总额×100%	=(资产负债表!D44-资产负债表!E44)/资产负债表!E44	

图3-22 构建财务比率分析表

2. 沃尔比重分析法

沃尔比重分析法是指把企业相关财务比率用线性关系结合起来，按不同财务比率对企业影响的大小，分别给定各自的权重，通过与标准比率进行对比，确定各项指标的得分及总体指标的累计分数，从而对企业财务状况进行综合分析评价。

（1）构建沃尔比重分析表。新建工作表，将其重命名为"沃尔比重分析法"，按照沃尔比重分析法的基本原理，结合企业实际情况选择相对重要的财务比率，赋予相应的权数，并确定各项财务比率的标准值，沿用前面做好的"财务比率分析"工作表数据，将该公司实际值抓取至D列，计算相对比例后，编制沃尔比重评分表如图3-23所示。

	A	B	C	D	E	F
1	沃尔比重分析法					
2	财务比率	权重比①	标准值②	实际值③	相对比例④=③/②	评分⑤=④*①
3	流动比率	12	2	2.90	1.45	17.38
4	资产负债率	12	40%	26.18%	0.65	7.86
5	流动资产周转率	9	3	0.27	0.09	0.82
6	总资产周转率	9	1.5	0.14	0.10	0.86
7	净资产收益率	20	10%	8.31%	0.83	16.62
8	总资产报酬率	14	13%	6.23%	0.48	6.71
9	营业收入增长率	12	10%	17.54%	1.75	21.05
10	资本积累率	12	15%	34.00%	2.27	27.20
11	合计	100.00				98.49

图3-23 沃尔比重分析表

（2）根据对比值创建雷达图。雷达图是以从同一点开始的轴上表示的多变量数据的一种图形方法，用于分析某一事物在各个不同纬度指标下的具体情况。在图3-23中，我们已将指标的实际值和标准值进行了比率换算，若计算值大于1，说明实际值高于标准值；反之，则低于标准值。因此，借助雷达图，可以直观感受与标准的差距，便于从整体上评价企业的经营状况。

在"沃尔比重分析法"工作表中，同时选中 A3:A10（用来标识坐标轴信息）与 E3:E10（实际做图的数据源）的单元格区域范围，执行"插入"→"雷达图"命令，如图 3-24 所示。

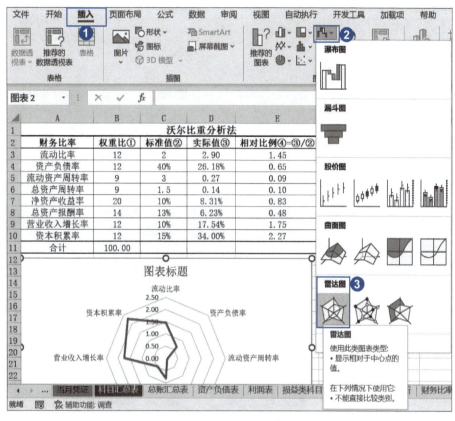

图 3-24　插入雷达图

可根据自身需要，修饰雷达图，使其看起来更清晰、美观。

1）设置数据系列格式。选中雷达图中数据，鼠标右键执行"设置数据系列格式"，在弹出的窗口中（如图 3-25 所示），选择最左边的 ◇（填充与线条）按钮，并在下方切换 ∿ 标记 按钮，根据喜好调整"标记选项"为"内置"，此时的数据系列显示方式等同于一开始就创建成"带数据标记的雷达图"，相关路径如图 3-26 所示。

2）设置坐标轴格式。相对比例计算结果若为 1，则说明达到标准，所以其实我们构建雷达图主要是为了了解偏离标准值的程度。在图 3-24 中，默认生成的刻度为每隔 0.5 递增，虽然很精确，但分割过细，不便于阅读，因此可考虑将间距改为 1。因为前面已经设置过了数据系列格式，因此，当鼠标单击坐标轴数字时，窗口自动变成了"设置坐标轴格式"，选择下方的 ▮▮（坐标轴选项）按钮，调整"单位"下"大"的参数为 1，此时原来后方的灰色"自动"按钮变成了白色的"重置"按钮，同时下面"小"对应的参数也自动变成了 0.2，如图 3-27 所示。

此外，我们还可以设置网格线格式、绘图区格式等，当然"图表设计"选项卡中也给了很多款图表样式供用户选择，参考效果如图 3-28 所示。从最终效果图可见，除了流动比率、资本累积率、营业收入增长率外，其他指标都在刻度单位1以内，低于标准值，有待进一步提高。

图 3-25　设置数据系列格式

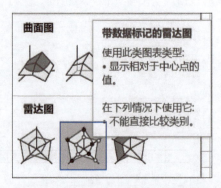

图 3-26　创建"带数据标记的雷达图"

图 3-27　设置坐标轴格式

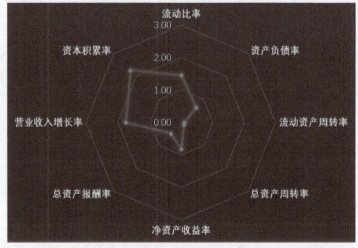

图 3-28　"雷达图"参考效果

一、实训目的

1. 掌握 Excel 在财务报表处理中的应用。
2. 在财务报表编制过程中培养精益求精的工匠精神。

二、实训资料

按项目二实训，A 市荣发有限公司完成账务处理流程，生成了"总账汇总表"，见表 3-3。

表 3-3 总账汇总表 （单位：元）

科目编码	科 目 名 称	期初借方余额	期初贷方余额	本期借方发生额	本期贷方发生额	期末借方余额	期末贷方余额
1001	库存现金	2019	0	2000	1000	3019	0
1002	银行存款	336019.05	0	72320	8170	400169.05	0
1012	其他货币资金	500000	0			500000	0
1101	交易性金融资产	0	0			0	0
1121	应收票据	146150	0			146150	0
1122	应收账款	634000	0			634000	0
1231	坏账准备	0	3170			0	3170
1123	预付账款	90000	0			90000	0
1221	其他应收款	2200	0	1000		3200	0
1402	在途物资	0	0			0	0
1403	原材料	707354	0	5000	2100	710254	0
1411	周转材料	21898.5	0			21898.5	0
1405	库存商品	186020	0	30100	20100	196020	0
1511	长期股权投资	125000	0			125000	0
1601	固定资产	3343000	0			3343000	0
1602	累计折旧	0	976257		3000	0	979257
1604	在建工程	0	0			0	0
1606	固定资产清理	0	0			0	0
1701	无形资产	71500	0			71500	0
1702	累计摊销	0	0			0	0
1801	长期待摊费用	0	0			0	0
2001	短期借款	0	250000			0	250000
2201	应付票据	0	102375			0	102375
2202	应付账款	0	529378			0	529378
2211	应付职工薪酬	0	86661.7		25000	0	111661.7
2221	应交税费	0	75193.7	650	16665	0	91208.7
2231	应付利息	0	0			0	0
2241	其他应付款	0	43227			0	43227
2501	长期借款	0	430200			0	430200
2502	应付债券	0	50000			0	50000
2701	长期应付款	0	34347.65			0	34347.65
4001	实收资本	0	3100000			0	3100000
4002	资本公积	0	291350.5			0	291350.5
4101	盈余公积	0	150000			0	150000
4103	本年利润	0	0	64000	64000	0	0

（续）

科目编码	科 目 名 称	期初借方余额	期初贷方余额	本期借方发生额	本期贷方发生额	期末借方余额	期末贷方余额
4104	利润分配	0	63000		25035	0	88035
5001	生产成本	20000	0	20100	30100	10000	0
5101	制造费用	0	0			0	0
6001	主营业务收入	0	0	64000	64000	0	0
6111	投资收益	0	0			0	0
6401	主营业务成本	0	0	20100	20100	0	0
6402	其他业务成本	0	0			0	0
6403	营业税金及附加	0	0			0	0
6601	销售费用	0	0			0	0
6602	管理费用	0	0	10400	10400	0	0
6603	财务费用	0	0	120	120	0	0
6711	营业外支出	0	0			0	0
6801	所得税费用	0	0	8345	8345	0	0
	合计	6185160.55	6185160.55	298135	298135	6254210.55	6254210.55

三、实训要求

（1）编制 A 市荣发有限公司 20×3 年 12 月份的资产负债表。
（2）编制 A 市荣发有限公司 20×3 年 12 月份的利润表。

项目四

Excel在职工薪资管理中的应用

知识目标

➢ 掌握职工薪资管理系统的个税计算方法。
➢ 掌握职工薪资管理系统的查询和筛选。

能力目标

➢ 能够使用 Excel 设计职工薪资管理系统。
➢ 能够利用多种方法计算个税。
➢ 能够运用函数、筛选及定位等方法进行工资条的打印。

 案例导入

2021 年 12 月 20 日，税务部门公布了对网络主播黄某偷逃税的处理结果。黄某在 2019 年至 2020 年期间通过隐匿个人收入、虚构业务转换收入性质虚假申报等手段偷逃税款，被依法追缴税款、加收滞纳金并处罚款，共计 13.41 亿元。

经查，黄某通过隐匿个人收入、虚构业务转换收入性质虚假申报等手段，偷逃税款 6.43 亿元，其他少缴税款 0.6 亿元。对其隐匿收入偷税但主动补缴和报告的部分，处 0.6 倍罚款；对隐匿收入偷税但未主动补缴的部分，处 4 倍罚款；对虚构业务转换收入性质虚假申报偷税少缴的部分，处 1 倍罚款。

个人所得税是调整征税机关与自然人之间在个人所得税的征纳与管理过程中所发生的社会关系的法律规范的总称。我国最早关于个人所得税的立法是 1980 年 9 月 10 日颁布的《中华人民共和国个人所得税法》，彼时工资薪金所得的每月减除额为 800 元。随后又进行了多次修订，每月减除额提高到 5000 元，税率由 9 级超额累进税率修改为 7 级，第一级税率由 5% 降低为 3%。同时，2019 年起施行专项附加扣除办法，2022 年新增 3 岁以下婴幼儿照护个人所得税专项附加扣除，2023 年全面提高 3 岁以下婴幼儿照护、子女教育、赡养老人个人所得税专项附加扣除标准。这一系列举措充分体现了中国共产党为人民谋幸福的初心，以及不断实现人民对美好生活的向往。作为居民个人，要按照国家税法依法纳税，遵纪守法，争做文明纳税好公民。

学习情境

很快一个月过去了,李燕开始面临一项新的工作任务——完成万隆灯具有限公司的职工薪资管理系统。原先公司也有工资计算的表格,但一旦增加了员工,或者奖金等发生了调整,工资表就又要重新编制,这就失去了Excel的作用。因此,李燕决定重新编制职工薪资管理系统表格,通过设置多个原始表格,利用Excel强大的数据处理能力,让薪资管理变得简单、便捷。

李燕决定要完成以下设置:一是建立工资管理框架,包括编制员工信息表、员工考勤信息表、固定薪资信息表等;二是完成个税的计算;三是完成工资条的查询与打印。

制作职工薪资管理系统需要分成以下几个工作任务来完成:首先,建立薪资管理框架,也就是编制各个原始信息表,包括税率表、员工基本资料表和考勤统计表等;其次,利用各种函数公式功能实现职工薪资明细表的制作;最后,完成工资条的制作。

任务一 建立工资管理系统表格

由于职工薪酬管理需要用到很多信息,包括公司职工信息、薪资奖惩规定信息、考勤信息、个税税率等,这些表格不能全部放在一张工作表中,必须要进行分类,只有各个表格的内容都相对独立又相互联系,才能使表格在符合特定规范的同时,又能利用公式对Excel工作表之间的数据进行统计和计算。

按照这个思路,李燕决定逐步制作各张原始信息表格。

一、编制"公司职工档案"工作表

李燕想起自己在项目一中已经做过了"万隆灯具有限公司职工信息表"表格,刚好可以拿到这里来使用。于是,找到"万隆灯具有限公司职工信息表.xlsx"文件,右击后从快捷菜单中选择"复制"命令,然后在D盘"万隆灯具有限公司财务表格"文件夹里的空白处右击后从快捷菜单中选择"粘贴"命令,这样就会出现一个名为"万隆灯具有限公司职工信息表 - 副本.xlsx"的文件,将文件名改成"万隆灯具有限公司薪资管理"。当然,还有别的做法也能实现复制工作表的目的,此处就不一一赘述了。

打开"万隆灯具有限公司薪资管理",将原先的sheet1工作表改名为"公司职工档案",在薪资管理中不需要用到的职工信息可以删除,如联系号码、身份证号码和出生日期等,也就是删除了原先的H、I、J三列内容。然后在"开始"功能区"样式"组中单击"套用表格格式"按钮,如图4-1所示,选择一个表格样式,将区域转换成表格形式;若都不喜欢,也可单击最下方"新建表格样式"自行生成。

项目四　Excel 在职工薪资管理中的应用　■　107

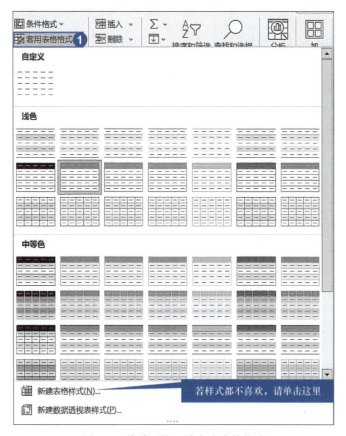

图 4-1　将单元格区域变成表格格式

选中某款样式后，在新弹出的"创建表"对话框中输入表数据的来源，勾选"表包含标题"复选框，如图 4-2 所示。

单击"确定"按钮后，如图 4-3 所示，第一行将显示筛选状态，在其中可以根据需要筛选所需的项目。当然，若对表格样式仍然不满意，可以在激活的"设计"选项卡中重新设置表格的相关样式。此处，转换成表格的好处在于可以自动生成公式和格式。

图 4-2　套用表格式区域

序号	姓名	性别	最高学历	职称	部门	职务	入职时间	工龄	薪酬
1	邓华超	男	本科	中级	行政部	总经理	2014/5/1	9	12000
2	叶荣飞	男	研究生	高级	研发部	部门经理	2014/5/1	9	9000
3	王振光	男	本科	高级	销售部	部门经理	2014/5/1	9	9000
4	沈朝飞	男	本科	高级	财务部	部门经理	2015/5/20	8	9000
5	孔人泉	男	本科	初级	生产车间	基本生产人员	2016/5/25	7	6000
6	梁坡	男	专科	无	销售部	销售人员	2015/6/15	8	6000
7	凌晨晨	男	本科	中级	生产车间	基本生产人员	2015/6/27	8	6000
8	陈琳	女	专科	中级	财务部	财务人员	2017/7/11	6	6000
9	刘滨晓	男	本科	中级	生产车间	部门经理	2015/7/11	8	9000
10	黄郑	男	专科	无	生产车间	基本生产人员	2014/10/10	9	6000
11	项薇雪	女	研究生	高级	行政部	财务人员	2015/1/5	8	9000
12	许子臻	男	本科	中级	研发部	研发人员	2016/6/6	7	6000
13	吴海涛	男	本科	初级	采购部	采购人员	2016/6/6	7	6000
14	李燕	女	专科	初级	财务部	财务人员	2019/11/6	3	6000
15	章明晖	男	研究生	中级	研发部	研发人员	2019/11/6	3	6000

图 4-3　套用表格格式后效果图

二、计算职工的通信费补贴

万隆灯具有限公司的个人取得通信费补贴收入征收个人所得税的做法是：只要事先将本单位通信费补贴的具体方案报主管地税机关备案，那么企事业单位的主要负责人在每月 500 元额度内按实际取得数予以扣除，其他人员在每月 300 元额度内按实际取得数予以扣除。需要说明的是，每个省的规定有可能不一样，每个单位也可能有进一步的明细措施。例如，万隆灯具有限公司根据这项规定制定了通信费补贴标准：总经理作为单位的主要负责人，通信费补贴每月 500 元；研究生及学历以上且职称为高级或者是部门经理，通信费补贴每月 300 元；其他职工补贴每月 150 元。

李燕按照这个标准，首先在 K1 单元格输入表头"通信费"3 个字，表格样式自动就会套用到了 K 列。然后选中 K2 单元格，输入和 J2 单元格类似的公式"=IF(G2=" 总经理 ",500,IF(OR(AND(D2=" 研究生 ",E2=" 高级 "),G2=" 部门经理 "),300,150))"，并往下填充。这个函数的做法在项目一中已经讲解过，这里不再展开。

但是，因为现在是表格形式，如果单元格 D2、E2、G2 不是手工输入，而是用鼠标点选，最终呈现的公式会和之前呈现得不太一样。例如此处计算职工通信费时，运用点选单元格的方式输入的公式最终呈现为"=IF([@ 职务]=" 总经理 ",500,IF(OR(AND([@ 最高学历]=" 研究生 ",[@ 职称]=" 高级 "),[@ 职务]=" 部门经理 "),300,150))"。这是因为在表格状态下，公式是自动套用的，当 K2 单元格的公式输入完成后，K3:K16 区域单元格会自动生成结果，不再需要往下拖动了；因此在点选单元格时，"[@ 职务]"就代表了 G 列、"[@ 最高学历]"代表 D 列、"[@ 职称]"代表 E 列，如图 4-4 所示。

图 4-4 计算通信费

> **小提示**
>
> 公式中用到了 AND 和 OR 函数，在前面 Excel 基础操作中也提到过，可以参见项目一的"逻辑函数"部分介绍。一般它们都和其他函数结合起来使用。

知识技能 4-1 认识表格

要简化一组相关数据的管理和分析,可以将单元格范围转换为表格(早前的版本称为列表)。简单来说,表格功能的优点如下:

(1)表格包含一定的格式,可以通过"套用表格格式"使表格数据内容显示得更为清晰,打印效果更为美观。

(2)表格中的首行又被称为标题行,若在"表格样式选项"组中勾选"标题行""筛选按钮"复选框,如图 4-5 所示,则首行每列数据后都会出现下拉按钮,通过该下拉按钮可对数据进行排序和筛选。

图 4-5 表格设计选项卡

表格末尾可增加汇总行,同样可在"表格样式选项"组中勾选"汇总行"复选框。单击汇总行单元格后方的下拉按钮,在下拉列表中会提供平均值、计数、最大值、最小值等基础函数,可以实现在不输入公式的情况下快速汇总表中的相关数据信息。当然如果想通过公式实现其他汇总效果,也可单击最后的"其他函数"。

(3)表格会使得引用结构化,即在进行引用时可以不使用"A1"之类的引用,而是在公式中引用表名或列名,实现数据公式的自动扩展,极大提高了用户管理和分析多表数据内容的效率。更重要的是,要在表格之外创建引用表格数据的公式时,也会显示结构化引用。例如该例中,新建"通信费"列后,计算公式中"G2"单元格的引用替换成了"[@ 职务]","D2"单元格的引用替换成了"[@ 最高学历]","E2"单元格的引用替换成了"[@ 职称]",进而使得该列的所有单元格都自动套用该内容。

(4)表格在生成的同时,会自动在"公式"功能区"定义的名称"组"名称管理器"中生成该表的名称,使跨工作表引用更加便捷。如果想更改该表的名称,除了通过"名称管理器"编辑,还能在表格的"设计"选项卡中修改,如图 4-5 左侧"表名称"所示。

需要说明的是,表的名称在"名称管理器"中只能编辑,不能删除;如果不喜欢"名称管理器"中出现表格的名称,可以在表格的"设计"选项卡"工具"组中单击"转换为区域"。表格样式取消的同时,"名称管理器"中该表的名称也会消失,但不会影响已生成的公式。

三、编制"薪资奖惩标准表"工作表

除了职工档案之外,还需要根据公司制定的一些制度,对职工的奖金、考勤等进行统计和计算。每个公司都会有自己的薪资考核标准,万隆灯具有限公司也制定了相应的奖励和惩罚标准,如图 4-6 所示。

图 4-6 薪资奖惩标准表

	A	B	C	D	E	F	G	H	I	J	K	L
1												
2		奖金计算标准（元）		加班工资补贴（元/天）			级数	全月应纳税所得额	临界点	税率(%)	速算扣除数	
3		出勤情况	每天加/扣款	日常假日加班	200		1	不超过36000元	0	3%	0	
4		全勤	200	法定假期加班	300		2	超过36000元至144000元的部分	36000	10%	2520	
5		病假	日工资*0.1				3	超过144000元至300000元的部分	144000	20%	16920	
6		事假	日工资*0.5	通讯费标准（元/月）			4	超过300000元至420000元的部分	300000	25%	31,920	
7		旷工	日工资	总经理	500		5	超过420000元至660000元的部分	420000	30%	52,920	
8				研究生学历且为高级职称、部门经理	300		6	超过660000元至960000元的部分	660000	35%	85,920	
9				初级职称	150		7	超过960000元的部分	960000	45%	181,920	

图 4-6　薪资奖惩标准表

因为表格比较多，为了更清楚地显示表格中的文字和数字，李燕将 Excel 本身的网格线去掉，这样表格更清晰。具体做法是：切换到"视图"功能区，取消勾选"网格线"复选框，如图 4-7 所示，这样整个工作表除表格以外的部分就会呈现白纸状态。另外，也可以按照自己的习惯来调整行高。

图 4-7　去除网格线

四、编制"职工考勤奖惩表"工作表

设置好"薪资奖惩标准表"之后，李燕还要设置一张"职工考勤奖惩表"，用以计算职工的奖惩工资。

1. 设置表格表头

在 A1:M1 单元格区域分别填入序号（A 列）、姓名（B 列）、部门（C 列）、职务（D 列）、工资（含津贴）（E 列）、全勤工资（F 列）、病事假/旷工扣款（G 列）、加班工资（H 列）、病假（I 列）、事假（J 列）、旷工（K 列）、法定假日加班（L 列）和平常假日加班（M 列）。

2. 引用"公司职工档案"工作表的数据

在"职工考勤奖惩表"中选择 A2 单元格，输入等号后，到"公司职工档案"工作表中单击 A2 单元格，这就形成了表格之间的取数。因为前文已经把"公司职工档案"设置为表格形式，所以在编辑栏中显示的是"=表1[@序号]"，代表的意思就是从"表 1"中取"序号"这一列的数据。

接下来的 B 列、C 列、D 列和 E 列都是利用 VLOOKUP 函数从前面的表格中进行取数，而表格自动生成了名称"表 1"，所以直接设置公式（见表 4-1），取数后再利用往下填充公式的方式就可以得到公司所有职工的相关信息。

表 4-1　B2:E2 取数公式及含义

单元格	公式	含义
B2	=VLOOKUP($A2,表1,2,0)	根据序号从"表1"名称范围中找对应的职工"姓名"
C2	=VLOOKUP($A2,表1,6,0)	根据序号从"表1"名称范围中找对应的职工"部门"
D2	=VLOOKUP($A2,表1,7,0)	根据序号从"表1"名称范围中找对应的职工"职务"
E2	=VLOOKUP($A2,表1,10,0)	根据序号从"表1"名称范围中找对应的职工"工资(含津贴)"

3. 输入职工的考勤情况并计算奖惩工资

根据职工本月的请假及加班天数在"职工考勤奖惩表"的"病假""事假""旷工"(I:M 列)中进行填列,并通过这些考勤数据计算"全勤工资""病事假/旷工扣款""加班工资"(F:H 列)。当然在计算这些奖惩工资时,需要用到"薪资奖惩标准表"中的各项标准,其函数取数公式及含义见表 4-2。

表 4-2　F2:H2 取数公式及含义

单元格	公式
F2	=IF((I2=0)*(J2=0)*(K2=0),薪资奖惩标准表!$C$4,0)
G2	=ROUND($E2/30*0.1*$I2+$E2/30*0.5*$J2+$E2/30*$K2,2)
H2	=300*$L2+200*$M2

从表 4-2 可以看出,F2 单元格的公式代表的意思是:如果没有"病假""事假"和"旷工"的话,那么就从"薪资奖惩标准表"的 C4 单元格(全勤奖)取数 200 元;否则就没有全勤奖,返回 0 元。

G2 单元格的公式代表的意思是:根据 E2 单元格先计算出日工资(假定一个月都是按 30 天计算),然后再分别与"病假""事假""旷工"的奖金计算标准相乘。其中,病假缺勤工资计算公式为"日工资(E2/30)×系数(0.1)×病假天数(I2)";事假缺勤工资计算公式为"日工资(E2/30)×系数(0.5)×事假天数(J2)";旷工缺勤工资不需要系数,直接用日工资(E2/30)与旷工天数(K2)相乘即可。最后用 ROUND 函数对结果取两位小数。

H2 单元格的公式代表的意思是:如果是在法定节假日加班,则用法定假日加班天数(L2)乘以法定假日加班工资(300);如果是普通双休日加班,则用日常假日加班天数(M2)乘以日常假日加班工资(200)。最后将两者相加得到总的加班工资。最终得到的结果如图 4-8 所示。

	A	B	C	D	E	F	G	H	I	J	K	L	M
1	序号	姓名	部门	职务	工资(含津贴)	全勤工资	病事假/旷工扣款	加班工资	病假	事假	旷工	法定假日加班	日常假日加班
2	1	邓华超	行政部	总经理	12000	200	0	300				1	
3	2	叶荣飞	研发部	部门经理	9000	0	150	0		1			
4	3	王振光	销售部	部门经理	9000	200	0	200					1
5	4	沈朝飞	财务部	部门经理	9000	200	0	0					
6	5	孔人泉	生产车间	基本生产人员	6000	0	120	0	1	1			
7	6	梁坡	销售部	销售人员	6000	200	0	0					
8	7	凌晨晨	生产车间	基本生产人员	6000	200	0	0					
9	8	陈琳	财务部	财务人员	6000	0	100	0		1			
10	9	刘滨晓	生产车间	部门经理	9000	200	0	300				1	
11	10	黄郑	生产车间	基本生产人员	6000	200	0	0					
12	11	项薇雪	行政部	财务人员	9000	0	30	0	1				
13	12	许子臻	研发部	研发人员	6000	200	0	0					
14	13	吴海涛	采购部	采购人员	6000	200	0	0					
15	14	李燕	财务部	财务人员	6000	200	0	200					1
16	15	章明晖	研发部	研发人员	6000	0	200	0		2			

图 4-8　职工考勤奖惩表

知识技能 4-2 ROUND 函数

ROUND 函数将数字四舍五入到指定的位数。

语法格式为：ROUND(number,num_digits)

其中，number 是要四舍五入的数字，num_digits 是四舍五入的位数，即计算精度。如果 num_digits 大于零，则将数字四舍五入到指定的小数位数；等于零，则将数字四舍五入到最接近的整数；小于零，则将数字四舍五入到小数点左边的相应位数。

由此可见，本例中"ROUND($E2/30*0.1*$I2+$E2/30*0.5*$J2+$E2/30*$K2,2)"表示对计算结果保留两位小数。

任务二　编制"职工当月工资汇总表"

经过前期一系列辅助表格的编制工作，李燕终于可以动手编制"职工当月工资汇总表"了。该表的设置主要包括表头和表体两部分，而表体部分又包括两块内容：一是表格间的取数；二是相关数据的计算。

一、编制"职工当月工资汇总表"表头

首先，她在"职工考勤奖惩表"的后面新建了工作表，并将其命名为"职工当月工资汇总表"。设置表头第一行，分别输入序号（A列）、姓名（B列）、部门（C列）、职务（D列）、工资（含津贴）（E列）、全勤工资（F列）、病事假/旷工扣款（G列）、加班工资（H列）、通信费（I列）、应发工资（J列）、养老保险（K列）、医疗保险（L列）、失业保险（M列）、公积金（N列）、个人所得税（O列）、实发工资（P列）。

二、"职工当月工资汇总表"的取数

"职工当月工资汇总表"工作表的取数来源于"职工考勤奖惩表"，方法与前面类似，可以先将"职工考勤奖惩表"的 A1:M16 单元格区域定义为名称"考勤"，因为后面在函数取数中需要用到这块数据。

A 列数据可以参照本项目任务一中引用"公司职工档案"工作表数据的方法，输入"=表1[@序号]"实现表格之间的取数。当然，也可使用项目一中学过的"填充序列"的方法取数，即在 A2 单元格输入数字1，然后往下拖动填充柄到 A16 单元格，在弹出的 符号里，选中"填充序列"选项，就可以实现按序自动填充的功能了。B 列到 I 列取数公式和前面大致相同，不再一一介绍，具体取数公式参见表4-3。

表 4-3　B2:I2 取数公式一览表

单元格	公　式
B2	=VLOOKUP（$A2,考勤,2,0）
C2	=VLOOKUP（$A2,考勤,3,0）
D2	=VLOOKUP（$A2,考勤,4,0）
E2	=VLOOKUP（$A2,考勤,5,0）
F2	=VLOOKUP（$A2,考勤,6,0）
G2	=VLOOKUP（$A2,考勤,7,0）
H2	=VLOOKUP（$A2,考勤,8,0）
I2	=VLOOKUP（$A2,表1,11,0）

三、"职工当月工资汇总表"中"三险一金"的计算

"四险一金"是用人单位给予劳动者的几种保障性待遇的合称，包括养老保险、医疗保险、失业保险、工伤保险、住房公积金（生育保险并入职工基本医疗保险，统一征缴）。"四险一金"通常是根据应纳税所得额乘以计提比例计算得到的，而计提比例各个省份也会有所不同。这里会涉及养老保险、医疗保险、失业保险个人计提的部分（工伤保险完全由企业承担），进而会影响职工的薪资计算，因此"三险一金"的计算非常重要。

1. "应发工资"的计算

根据应发工资的含义，万隆灯具有限公司应发工资 J2 单元格的公式设定为 "=E2+F2-G2+H2+I2"，并向下填充该列；也就是说应发工资等于该职工的工资（含津贴）加上奖金、补贴后扣除缺勤工资的金额。

2. "社保"的计算

万隆灯具有限公司所在的省市采用的是 10.5% 的个人计提比例（即养老保险 8%、医疗保险 2%、失业保险 0.5%），且通信费不参与社保的计提。

因此，K2 单元格的公式设置为 "=ROUND(($J2-$I2)*8%,2)"，因为我国目前最小计价单位是"分"，所以用 ROUND 函数保留两位小数，并向下填充该列。

同理，L2 单元格的公式设置为 "=ROUND(($J2-$I2)*2%,2)"，并向下填充该列；M2 单元格的公式设置为 "=ROUND(($J2-$I2)*0.5%,2)"，并向下填充该列。

3. "公积金"的计算

根据住房公积金管理的有关规定，单位和职工缴存比例最低不低于 5%，原则上不高于 12%。万隆灯具有限公司目前一律采用 10% 的比例来计提，所以，公积金 =（应发工资 - 通信费）×10%。L2 单元格的公式设置为 "=ROUND(($J2-$I2)*10%,2)"，同样用 ROUND 函数保留两位小数，并向下填充该列。

最终计算结果如图 4-9 所示。

	A	B	C	D	E	F	G	H	I	J	K	L	M	N
1	序号	姓名	部门	职务	工资（含津贴）	全勤工资	病事假/旷工扣款	加班工资	通信费	应发工资	养老保险	医疗保险	失业保险	公积金
2	1	邓华超	行政部	总经理	12000	200	0	300	500	13000	1000	250	62.5	1250
3	2	叶荣飞	研发部	部门经理	9000	0	150	0	300	9150	708	177	44.25	885
4	3	王振光	销售部	部门经理	9000	200	0	200	300	9700	752	188	47	940
5	4	沈朝飞	财务部	部门经理	9000	200	0	0	300	9500	736	184	46	920
6	5	孔人泉	生产车间	基本生产人员	6000	0	120	0	150	6030	470.4	117.6	29.4	588
7	6	梁坡	销售部	销售人员	6000	200	0	0	150	6350	496	124	31	620
8	7	凌晨晨	生产车间	基本生产人员	6000	200	0	0	150	6350	496	124	31	620
9	8	陈琳	财务部	财务人员	6000	0	100	0	150	6050	472	118	29.5	590
10	9	刘滨晓	生产车间	部门经理	9000	200	0	300	300	9800	760	190	47.5	950
11	10	黄郑	生产车间	基本生产人员	6000	200	0	0	150	6350	496	124	31	620
12	11	项薇雪	行政部	财务人员	9000	0	30	0	300	9270	717.6	179.4	44.85	897
13	12	许子臻	研发部	研发人员	6000	200	0	0	150	6350	496	124	31	620
14	13	吴海涛	采购部	采购人员	6000	200	0	0	150	6350	496	124	31	620
15	14	李燕	财务部	财务人员	6000	200	0	200	150	6550	512	128	32	640
16	15	章明晖	研发部	研发人员	6000	0	200	0	150	5950	464	116	29	580

图 4-9 "三险一金"的计算结果

四、编制"职工个税计算表"工作表

"个人所得税"的计算是职工薪资计算中最为复杂的一个。目前我国采用七级超额累进税率，所以速算扣除率也是七级递增，且与七级税率相对应，具体的税率表已在"图 4-6 薪资奖惩标准表"中（H:L 列）列示。

> **💡 小提示**
>
> 目前，我国个人所得税税率分为 7 级，相关税率与速算扣除数如图 4-6 右侧所示。从 2019 年开始，扣缴义务人向居民个人支付工资、薪金所得时，按照累计预扣法计算预扣税款，并按月办理扣缴申报。也就是说，先把截止到当月的所有工资，相当于"年"算个税，然后再减去截止到上月已累计缴纳金额，剩下的就是当月需要缴税的金额。因为是预缴，所有一般需要到第二年 3～6 月，才能进行"汇算清缴"。具体每月应预扣预缴税额的计算公式为
>
> 本期应预扣预缴税额 =（累计预扣预缴应纳税所得额 × 预扣率 – 速算扣除数）– 累计减免税额 – 累计已预扣预缴税额
>
> 因为涉及累计值，所以我们还需要编制一张"职工个税计算表"工作表。

1. 编制"职工个税计算表"表头

首先，在"职工当月工资汇总表"的后面新建工作表，并将其命名为"职工个税计算表"。设置表头第一行，分别输入序号（A 列）、姓名（B 列）、累计收入额（C 列）、累计减除费用（D 列）、累计专项扣除（E 列）、累计子女教育支出扣除（F 列）、累计继续教育支出扣除（G 列）、累计住房贷款利息支出扣除（H 列）、累计住房租金支出扣除（I 列）、累计赡养老人支出扣除（J 列）、累计 3 岁以下婴幼儿照护支出扣除（K 列）、累计其他扣除（L 列）、累计准予扣除的捐赠（M 列）、累计应纳税所得额（N 列）、累计应纳税额（O 列）、累计减免税额（P 列）、累计应扣缴税额（Q 列）、累计已预缴税额（R 列）、累计应补（退）税额（S 列）。

2. "职工个税计算表"的取数

A 列数据可以参照本项目任务一中引用"公司职工档案"工作表数据的方法，输入"= 表1[@序号]"实现表格之间的取数。当然，也可使用项目一中学过的"填充序列"的方法取数，

即在 A2 单元格输入数字 1，然后往下拖动填充柄到 A16 单元格，在弹出的符号里，选中"填充序列"选项，就可以实现按序自动填充的功能了。B 列取数公式和前面大致相同，不再赘述。

C 列以后的数据因为涉及累计概念，作为连续性，年初第一期时，就应将"职工当月工资汇总表"的相关信息摘录到该表中，到第二个月时，将上一期的金额和本期金额相加，即得到累计值。所以，2023 年 12 月的"职工个税计算表"取数即为前 11 个月的数据加上本月计算的值。考虑到该企业的工资之前没有用 Excel 计算过，我们直接从"自然人税收管理系统扣缴客户端"中取数，所得结果如图 4-10 所示。

序号	姓名	累计收入额	累计减除费用	累计专项扣除	累计子女教育支出扣除	累计继续教育支出扣除	累计住房贷款利息支出扣除	累计住房租金支出扣除	累计赡养老人支出扣除	累计3岁以下婴幼儿照护支出扣除	累计其他扣除	累计准予扣除的捐赠
1	邓华超	183000	55000	28187.5	22000	0	11000	0	0	0	0	0
2	叶荣飞	160650	55000	19956.75	22000	0	0	0	16500	0	0	0
3	王振光	136700	55000	21197	22000	0	0	0	33000	0	0	0
4	沈朝飞	144500	55000	20746	22000	0	0	0	0	0	0	0
5	孔人泉	86330	55000	13259.4	0	0	0	0	0	0	0	0
6	梁坡	99850	55000	13981	0	0	0	0	33000	0	0	0
7	凌晨晨	69850	55000	13981	0	4400	0	0	0	0	0	0
8	陈琳	66550	55000	13304.5	0	0	0	0	0	0	0	0
9	刘滨晓	107800	55000	21422.5	0	0	11000	0	0	0	0	0
10	黄郑	69850	55000	13981	0	0	0	0	33000	0	0	0
11	项薇雪	101970	55000	11235	0	0	0	0	33000	0	0	0
12	许子臻	69850	55000	13981	0	0	0	16500	0	0	0	0
13	吴海涛	69850	55000	13981	0	0	0	16500	0	0	0	0
14	李燕	6550	5000	14432	0	0	0	0	1500	0	0	0
15	章明晖	5950	5000	13079	0	0	0	0	1500	0	0	0

图 4-10 "职工个税计算表"的累计数取值

3. "累计应纳税所得额"的计算

累计应纳税所得额 = 累计收入 − 累计减除费用 − 累计专项扣除 − 累计专项附加扣除 − 累计依法确定的其他扣除

"累计减除费用"对应"职工个税计算表"D 列，该列数值即按照 5000 元 / 月乘以纳税人当年截至本月在本单位的任职受雇月份数计算的数额。"累计专项扣除"对应 E 列，具体包括社会保险费和住房公积金，也就是前文中"三险一金"计算金额的累计值。"累计专项附加扣除"包括"累计子女教育支出扣除"（F 列）、"累计继续教育支出扣除"（G 列）、"累计住房贷款利息支出扣除"（H 列）、"累计住房租金支出扣除"（I 列）、"累计赡养老人支出扣除"（J 列）、"累计 3 岁以下婴幼儿照护支出扣除"（K 列）、"累计其他扣除"（L 列）。"累计依法确定的其他扣除"对应"累计准予扣除的捐赠"（M 列）。因为逐项相减的公式太过于烦琐，而且容易出错，故选择 M2 单元格输入公式"=IF(C2-SUM(D2:M2)>0,C2-SUM(D2:M2),0)"，然后往下拖动填充柄到 M16 单元格即可。

五、"个人所得税"的计算

个人所得税的计算公式为"个人所得税 = 应纳税所得额 × 税率 − 速算扣除数"。从"自然人税收管理系统扣缴客户端"导出的表格可以看到有"税率"和"速算扣除数"两个辅助列，因为 Excel 具有强大的计算功能，所以我们的表格中删掉了这两列，直接计算"累计应纳税额"。通常可以考虑使用 IF 函数、VLOOKUP 函数、MAX 函数或数组实现个人所得税的计算。

1. 利用 IF 函数计算个人所得税

按照个人所得税的计算公式，在设置 Excel 函数时用得最多的一种做法是采用多重嵌套 IF 函数。由于设置公式要考虑完整性，因此七级税率要嵌套 6 个 IF 函数，见表 4-4。这个函数虽然看着很复杂，但一旦掌握了计算个税的原理，熟悉嵌套函数的使用方法，操作起来并不像看上去那么复杂。

利用 IF 嵌套函数计算个人所得税

表 4-4　IF 嵌套函数实现个人所得税计算

单元格	公　　式
O2	=IF(N2<36000,N2*3%,IF(N2<144000,N2*10%-2520,IF(N2<300000,N2*20%-16920,IF(N2<420000,N2*25%-31920,IF(N2<660000,N2*30%-52920,IF(N2<960000,N2*35%-85920,N2*45%-181920))))))

计算出 O2 后，往下填充就可以得到全部职工的个人所得税了。如果要保证个人所得税都是保留两位小数，可以运用前文提及的 ROUND 函数；也可以选中 O 列，然后在"开始"功能区"数字"组中的下拉列表框中选择"数值"。具体计算结果如图 4-11 所示。

图 4-11　用 IF 函数计算个人所得税的结果

> **小提示**
>
> 如果觉得 IF 嵌套函数掌握得不好，也可以用 IF 函数结合 AND 函数实现个人所得税的计算。同样选择 O2 单元格，输入表 4-5 的公式，往下填充就可以得到全部职工的个人所得税。
>
> 表 4-5　IF 函数结合 AND 函数实现个人所得税计算
>
> | 单元格 | 公　　式 |
> | --- | --- |
> | O2 | =IF(AND(N2>=0,N2<=36000),N2*3%,"")&IF(AND(N2>36000,N2<=144000),N2*10%-2520,"")&IF(AND(N2>144000,N2<=300000),N2*20%-16920,"")&IF(AND(N2>300000,N2<=420000),N2*25%-31920,"")&IF(AND(N2>420000,N2<=660000),N2*30%-52920,"")&IF(AND(N2>660000,N2<=960000),N2*35%-85920,"")&IF(N2>960000,N2*45%-181920,"") |
>
> 表 4-5 中的公式综合考虑了七级超额累进税率的情况，将不同的"应纳税所得额"分成 7 个区间段，并用"&"连接起来。如果符合某个区间段，则乘以该区间段的税率并减去对应的速算扣除数，否则 IF 函数将返回空值；因为"应纳税所得额"一定符合其中的某一个区间段，所以最终会返回该区间段的值，实现该职工个人所得税的计算。
>
> 需要说明的是，在连接区间段时一定要确保连续性，例如，在第一个 IF 函数中设定的判断条件是"小于 36000"，那么第二个 IF 函数的判定条件一定要设置成"大于或等于 36000"。如果第二个判定条件是"大于 36000"，那么某位职工"应纳税所得额"为"36000"时，将无法找到其对应的税基。

2. 利用 VLOOKUP 函数计算个人所得税

VLOOKUP 函数的功能是在表格或数值数组的首列查找指定的数值，并由此返回表格或数组当前行中指定列处的数值。语法格式为 VLOOKUP(lookup_value,table_array,col_index_num,[range_lookup])。在项目二中已详细介绍了参数 range_lookup 为 FALSE（即"0"值）时 VLOOKUP 函数精确查找的使用方法，此处，再来看下该参数为 TRUE（即"1"值）或省略时，如何实现近似匹配的方法。

选择 O2 单元格，输入表 4-6 的计算公式，并往下填充，可返回所有员工应纳的个人所得税情况。

表 4-6　VLOOKUP 函数实现个人所得税计算

单元格	公　式
O2	=N2*VLOOKUP(N2,薪资奖惩标准表!$J$3:$L$9,2,1)–VLOOKUP(N2,薪资奖惩标准表!$J$3:$L$9,3,1)

其中，"VLOOKUP(N2,薪资奖惩标准表!$J$3:$L$9,2,1)"表示从"薪资奖惩标准表"的 $J$3:$L$9 绝对区域中，模糊查找第二列并返回 N2 单元格所对应的税率。这里的模糊匹配规则是指，当查找不到某个数据时，查找比它小的最大值；所以，在转换七级超额累进税率的文字表述时，需要设定临界点（J 列），现将"薪资奖惩标准表"中税率部分截图如图 4-12 所示，这样当被查找的数据大于该下限时都会返回该临界点对应的值。同理，"VLOOKUP(N2,薪资奖惩标准表!$J$3:$L$9,3,1)"表示从"薪资奖惩标准表"的 $J$3:$L$9 绝对区域中，模糊查找第三列并返回 N2 单元格所对应的速算扣除数。

级数	全年应纳税所得额	临界点	税率(%)	速算扣除数
1	不超过36000元	0	3%	0
2	超过36000元至144000元的部分	36000	10%	2520
3	超过144000元至300000元的部分	144000	20%	16920
4	超过300000元至420000元的部分	300000	25%	31920
5	超过420000元至660000元的部分	420000	30%	52920
6	超过660000元至960000元的部分	660000	35%	85920
7	超过960000元的部分	960000	45%	181920

图 4-12　"个人所得税"七级超额累进税率表

需要说明的是，如果 range_lookup 为 TRUE（即"1"值）或省略时，table_array 的第一列（此处为临界点 J 列）中的数值必须按升序排列，否则函数不能返回正确的结果。

本例中，N2 单元格应纳税所得额数值为 66812.5 元，在"薪资奖惩标准表"的 $J$3:$L$9 绝对区域中无法精确查找到该值，所以按照模糊匹配规则将查找比它小的最大值，也就是临界点 36000，"VLOOKUP(N2,薪资奖惩标准表!$J$3:$L$9,2,1)"返回第二列税率"10%"，"VLOOKUP(N2,薪资奖

惩标准表 !$J$3:$L$9,3,1)"返回第三列速算扣除数"2520"。最终，该员工应纳个人所得税 = 应纳税所得额 × 税率 − 速算扣除数 =N2*VLOOKUP(N2,薪资奖惩标准表 !$J$3:$L$9,2,1)-VLOOKUP(N2,薪资奖惩标准表 !$J$3:$L$9,3,1)=66812.5×10%−2520=4161.25。当然，如果觉得公式太长，可以将绝对引用区域"薪资奖惩标准表 !$J$3:$L$9"定义成名称"七级个税表"，省略最后一位参数后得到较短的公式为"=N2*VLOOKUP(N2,七级个税表,2)-VLOOKUP(N2,七级个税表,3)"。

3. 利用 MAX 函数计算个人所得税

其实个人所得税的计算还有其他更为简单的方法可供选择，如利用 MAX 函数。当然在应用这个函数之前，必须先弄清楚个人所得税计算原理。以"应纳税所得额"为 50000 元来举例说明它在各不同税率中计算出的个人所得税金额。如果用 3% 的税率，计算出个人所得税为 1500 元；如果用 10% 的税率，计算出的个人所得税为 50000×10%−2520=2480（元）；如果用 20% 的税率，计算出的个人所得税为 50000×20%−16920=−6920（元）；如果用 25% 的税率，计算出的个人所得税为 50000×25%−31920=−19420（元）；后面的计算结果都是负数，不再往下计算。从图 4-12 中的基数范围可知，应纳税所得额 5000 元的正确级数为 2，即税率为 10%、速算扣除数为 2520。由此可见，只有在符合级次的范围内计算出的个人所得税才是最大的，这就可以用 MAX 函数来进行简单的个人所得税计算了，计算公式见表 4-7。

表 4-7 MAX 函数实现个人所得税计算

单元格	公式
O2	=MAX(N2*0.03,N2*0.1−2520,N2*0.2−16920,N2*0.25−31920,N2*0.3−52920,N2*0.35−85920,N2*0.45−181920)

表 4-7 的公式就是将 7 个等级的税率分别计算了一遍，最终取这 7 个数中的最大值，用意非常简单明了，得出的结果与前面方法的计算结果一致。

知识技能 4-3 极值统计

极值包括最大值和最小值，统计极值有助于了解数据的分布状态，分析数据异常的原因。例如，根据数据确定优秀的销售员工予以适当的激励，而对不达标的员工，试着找寻合适的方法促使其改进。

（1）MAX 函数和 MIN 函数。MAX 是 maximum 的简写，通常用于返回一组值中的最大值。

语法格式为：MAX(number1,[number2],…)

其中，参数 number1 是必需的，后续参数是可选的，最多可包含 255 个参数。参数可以是数字或者是包含数字的名称、数组或引用。

当然，有最大值就会有最小值，MIN 是 minimum 的简写，通常用于返回一组值中的最小值，语法格式和参数设定同 MAX 函数。

（2）LARGE 函数和 SMALL 函数。LARGE 函数用于返回数据集中第 k 个最大值。

语法格式为：LARGE(array,k)

其中，array 表示需要确定最大值的数组或数据区域；k 表示返回的数据在 array 区域中从大到小排列的位置。如果区域中数据点的个数为 n，则函数 LARGE(array,1) 返回最大值，函数 LARGE(array,n) 返回最小值。可见，LARGE 函数比 MAX 函数的应用范围更广。

SMALL 函数和 LARGE 函数相对应，用于返回数据集中第 k 个最小值。语法格式和参数设置同 LARGE 函数，只是 k 表示返回的数据在 array 区域中从小到大排列的位置。同样，如果区域中数据点的个数为 n，则函数 SMALL(array,1) 返回最小值，函数 SMALL(array,n) 返回最大值。

4. 利用数组计算个人所得税

关于个人所得税的计算还有一种比较常用的方法，就是运用数组进行计算，计算公式见表 4-8。

表 4-8　利用数组计算个人所得税

单元格	公　式
O2	=ROUND(MAX(N2*{0.03,0.1,0.2,0.25,0.3,0.35,0.45}-{0,2520,16920,31920,52920,85920,181920}),2)

知识技能 4-4　数组

数组是指按规则排列的一组数据的集合，包括常量数组和内存数组。其中，常量数组是常量的集合，用花括号括起来，表 4-8 中的 {0.03,0.1,0.2, 0.25,0.3,0.35,0.45} 就是一个包含 7 个常量的数组，包含的信息是 1 个常量的 7 倍；内存数组是指通过计算得到的数组，存在内存中，并可作为函数的参数参与下一步运算。

利用数组计算个人所得税

按维度分，Excel 公式涉及一维数组和二维数组。作为入门，在此主要介绍一维数组。一维数组按呈现状态不同，又可进一步分为横向一维数组和纵向一维数组。横向一维数组在 Excel 中只占用一行，并用逗号作为分隔符，如表 4-8 中的税率数组 {0.03,0.1,0.2,0.25,0.3,0.35,0.45} 在 Z2:AF2 区域中输入的效果如图 4-13 所示；纵向一维数组则是只占用一列，并用分号作为分隔符，如 {1;2;3} 在 A1:A3 区域中输入的效果如图 4-14 所示。需要说明的是，等号后面的花括号是通过键盘输入的，而等号外面的那层花括号是通过按 <Ctrl+Shift+Enter> 组合键实现的。

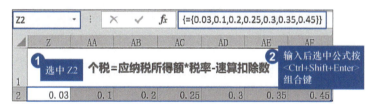

图 4-13　横向一维数组

图 4-14　纵向一维数组

清楚了一维数组在 Excel 中的呈现形式后，再来看本例中数组的计算。数组存在的目的是执行批量运算，提升公式的执行效率，减少公式数量。因此，选中 Z3 单元格，输入 "=N2*{0.03,0.1,0.2, 0.25, 0.3,0.35,0.45}" 后，选中公式按住 <Ctrl+Shift+Enter> 组合键，才能得到如图 4-15 所示的结果。

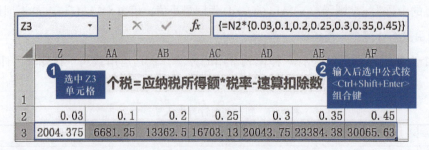

图 4-15 常量与一维数组的乘法计算

从图 4-15 可知，N2*{0.03,0.1,0.2,0.25,0.3,0.35,0.45} 虽然只是一个常量和数组的乘法计算，但确是普通常量乘法计算量的 7 倍。Z3:AF3 区域的值分别为 N2 单元格的值（66812.5）和 Z2:AF2 的乘积，即"应纳税所得额"分别乘以每一档税率并存放于连续的单元格内。然而，个人所得税计算公式不仅需要乘以税率，还需要减去每档对应的速算扣除数，因此，再执行数组间的减法计算，输入 "=N2*{0.03,0.1,0.2,0.25, 0.3,0.35,0.45}-{0,2520,16920,31920,52920,85920,181920}"，选中公式按住 <Ctrl+Shift+Enter> 组合键，得到结果如图 4-16 所示。

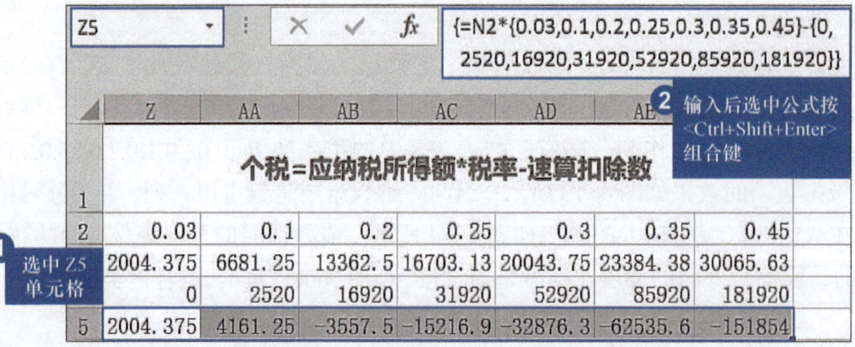

图 4-16 一维数组的减法计算

在图 4-16 中，Z4:AF4 数组是速算扣除数 {0,2520,16920,31920,52920,85920,181920} 的表现形式，Z5:AF5 数组的计算结果就是每一个税基下的计算结果。套用上一种求解思路，用 MAX 函数取这些"个人所得税"中的最大值，公式为 "=MAX (N2*{0.03,0.1,0.2,0.25,0.3,0.35,0.45}-{0,2520,16920,31920,52920,85920,181920})"。最后再用 ROUND 函数取两位小数。

表 4-8 是将七级超额累进税率和速算扣除数手工输入成带逗号的花括号形式，从而构建出横向一维数组；当然也可以用图 4-12 "个人所得税七级超额累进税率表"中已有的纵向单元格区域，在 Z6 单元格输入公式 "=N2* 薪资奖惩标准表 !K3:K9- 薪资奖惩标准表 !L3:L9"，选中公式按住 <Ctrl+Shift+Enter> 组合键，得到纵向一维数组的个人所得税计算结果（如图 4-17 所示）。横向一维数组计算的个人所得税结果 Z5:AF5 和纵向一维数组计算的个人所得税结果 Z6:Z12 只是显示的形式有所不同，但是计算原理是完全一致的。

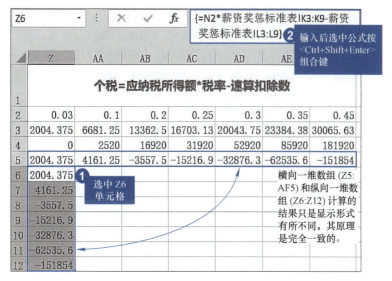

图 4-17 纵向一维数组的个人所得税计算结果

需要说明的是，如果想用已有的"薪资奖惩标准表"中的数据计算个人所得税，需要注意绝对引用该区域数值，即在 N2 单元格中输入公式"=ROUND(MAX(N2* 薪资奖惩标准表 !$K$3:$K$9- 薪资奖惩标准表 !$L$3:$L$9),2)"，同时按住 <Ctrl+Shift+Enter> 组合键，这样计算出来的结果才能向下拖动到该列的其他单元格内。

5."职工个税计算表"中其他项目的计算

已知"累计减免税额"全为零，累计应扣缴税额 = 累计应纳税额 - 累计减免税额，故选择 Q2 单元格，输入公式"=O2-P2"。

"累计已预缴税额"可以根据前期制作的表取数前 11 个月的数据，也可从"自然人税收管理系统扣缴客户端"中取数；最终，选择 S2 单元格，输入公式"=ROUND(IF((Q2-R2)>0,Q2-R2,0),2)"。"职工个税计算表"最终结果如图 4-18 所示。

A	B	C	D	E	F	G	H	I	J	K	L	M	N	O	P	Q	R	S
序号	姓名	累计收入额	累计减除费用	累计专项扣除	累计子女教育支出扣除	累计继续教育支出扣除	累计住房贷款利息支出扣除	累计住房租金支出扣除	累计赡养老人支出扣除	累计3岁以下婴幼儿照护支出扣除	累计其他扣除	累计准予扣除的捐赠	累计应纳税所得额	累计应纳税额	累计减免税额	累计应扣缴税额	累计已预缴税额	累计应补(退)税额
1	邓华超	183000	55000	28187.5	22000	0	11000	0	0	0	0	0	66812.5	4161.25	0	4161.25	3877.50	283.75
2	叶荣飞	160650	55000	19956.75	22000	0	0	0	16500	0	0	0	47193.25	2199.33	0	2199.33	2138.26	61.07
3	王振光	136700	55000	21197	22000	0	0	0	33000	0	0	0	5503	165.09	0	165.09	90.90	74.19
4	沈朝飞	144500	55000	20746	22000	0	0	0	0	0	0	0	46754	2155.4	0	2155.40	2085.98	69.42
5	孔人泉	86330	55000	13259.4	0	0	0	0	0	0	0	0	18070.6	542.12	0	542.12	542.12	0.00
6	梁坡	99850	55000	13981	0	0	0	0	33000	0	0	0	0	0.00	0	0.00	0.00	0.00
7	凌晨晨	69850	55000	13981	0	4400	0	0	0	0	0	0	0	0.00	0	0.00	0.00	0.00
8	陈琳	66550	55000	13304.5	0	0	0	0	0	0	0	0	0	0.00	0	0.00	0.00	0.00
9	刘滨晓	107800	55000	21422.5	0	0	11000	0	0	0	0	0	20377.5	611.33	0	611.33	534.76	76.58
10	黄郑	69850	55000	13981	0	0	0	0	33000	0	0	0	0	0.00	0	0.00	0.00	0.00
11	项薇雪	101970	55000	11235	0	0	0	0	33000	0	0	0	2735	82.05	0	82.05	18.12	63.93
12	许子臻	69850	55000	13981	0	0	16500	0	0	0	0	0	0	0.00	0	0.00	0.00	0.00
13	吴海涛	69850	55000	13981	0	0	16500	0	0	0	0	0	0	0.00	0	0.00	0.00	0.00
14	李燕	6550	5000	14432	0	0	0	1500	0	0	0	0	0	0.00	0	0.00	0.00	0.00
15	章明晖	5950	5000	13079	0	0	0	1500	0	0	0	0	0	0.00	0	0.00	0.00	0.00

图 4-18 "职工个税计算表"最终结果

6."职工当月工资汇总表"中"实发工资"的计算

个人所得税计算完后，就剩下计算"实发工资"了，这一步比较简单。

返回"职工当月工资汇总表"工作表，选择 O2 单元格，输入等于号，然后跳转至"职工个税计算表",单击 S2 单元格,然后往下拖动填充柄到 O16 单元格,即"职工当月工资汇总表"的"个人所得税"="职工个税计算表"中的"累计应补(退)税额"。

最后计算"实发工资",选择 P2 单元格,输入公式"=ROUND(J2-SUM(K2:O2),2)",整表计算结果如图 4-19 所示。

	A	B	C	D	E	F	G	H	I	J	K	L	M	N	O	P
1	序号	姓名	部门	职务	工资(含津)	全勤工资	病事假/旷工扣	加班工资	通信费	应发工资	养老保险	医疗保险	失业保险	公积金	个人所得税	实发工资
2	1	邓华超	行政部	总经理	12000	200	0	300	500	13000	1000	250	62.5	1250	283.75	10153.75
3	2	叶荣飞	研发部	部门经理	9000	0	150	0	300	9150	708	177	44.25	885	61.07	7274.68
4	3	王振光	销售部	部门经理	9000	200	0	200	300	9700	752	188	47	940	74.19	7698.81
5	4	沈朝飞	财务部	部门经理	9000	200	0	0	300	9500	736	184	46	920	69.42	7544.58
6	5	孔人泉	生产车间	基本生产人员	6000	0	120	0	150	6030	470.4	117.6	29.4	588	0.00	4824.60
7	6	梁坡	销售部	销售人员	6000	200	0	0	150	6350	496	124	31	620	0.00	5079.00
8	7	凌晨晨	生产车间	基本生产人员	6000	200	0	0	150	6350	496	124	31	620	0.00	5079.00
9	8	陈琳	财务部	财务人员	6000	0	100	0	150	6050	472	118	29.5	590	0.00	4840.50
10	9	刘滨晓	生产车间	部门经理	9000	200	0	300	300	9800	760	190	47.5	950	76.58	7775.92
11	10	黄郑	生产车间	基本生产人员	6000	200	0	0	150	6350	496	124	31	620	0.00	5079.00
12	11	项薇雪	行政部	财务人员	9000	0	30	0	300	9270	717.6	179.4	44.85	897	63.93	7367.22
13	12	许子臻	研发部	研发人员	6000	200	0	0	150	6350	496	124	31	620	0.00	5079.00
14	13	吴海涛	采购部	采购人员	6000	200	0	0	150	6350	496	124	31	620	0.00	5079.00
15	14	李燕	财务部	财务人员	6000	200	0	200	150	6550	512	128	32	640	0.00	5238.00
16	15	章明晖	研发部	研发人员	6000	0	200	0	150	5950	464	116	29	580	0.00	4761.00

图 4-19 "职工当月工资汇总表"最终计算结果

任务三 薪资的查询与工资条制作

计算出职工的薪资之后,我们还要对职工薪资进行一系列的查询分析工作。对于工资查询,主要分两种情况:一是公司通过对职工薪资的统计分析获取想要的信息;二是针对职工个人的薪资数据进行查询,俗称工资条。

一、薪资信息的查询

薪资信息的查询可以通过筛选功能来完成。通过筛选,可以将满足条件的数据显示出来,而将其他不满足条件的数据暂时隐藏起来。筛选又可分为"自动筛选""自定义筛选"和"高级筛选"。

1. 自动筛选

"自动筛选"是最简单的一种查询任意符合条件的方法。在前文表格的创建中,会在首行自动创建带有"筛选"下拉按钮,选择▼的列标签;而对于普通单元格区域,可以选择需要筛选的标题行,然后单击"数据"选项卡中的"筛选"按钮,也可以直接在"开始"选项卡中单击"排序和筛选"按钮,选择"筛选"。执行后,该标题行每列的列标签旁就会自动生成"筛选"按钮。

假如万隆灯具有限公司现在想查询该月"生产车间"的薪资水平,只需在"职工当月工资汇总表"中单击"部门"列标签后的"筛选"下拉按钮▼,在弹出的对话框中单击"生产车间"即可得到如图 4-20 所示的效果。

	A	B	C	D	E	F	G	H	I	J	K	L	M	N	O	P
1	序号	姓名	部门	职务	工资（含津贴）	全勤工资	病事假/旷工扣	加班工资	通信费	应发工资	养老保险	医疗保险	失业保险	公积金	个人所得税	实发工资
6	5	孔人泉	生产车间	基本生产人员	6000	0	120	0	150	6030	470.4	117.6	29.4	588	0.00	4824.60
8	7	凌晨晨	生产车间	基本生产人员	6000	200	0	0	150	6350	496	124	31	620	0.00	5079.00
10	9	刘滨晓	生产车间	部门经理	9000	200	0	300	300	9800	760	190	47.5	950	76.58	7775.92
11	10	黄郑	生产车间	基本生产人员	6000	200	0	0	150	6350	496	124	31	620	0.00	5079.00

图 4-20　筛选"生产车间"的薪资水平

如果想要还原成初始筛选状态，可以单击"部门"列标签后的"筛选"下拉按钮，并在弹出的对话框中勾选"全选"；也可按 <Ctrl+Shift+L> 的组合键，退出筛选状态。

2. 自定义筛选

在运用"自动筛选"不能筛选出所需要的结果时，还可以通过筛选器对文本、数字、单元格颜色、日期和时间等数据进行"自定义筛选"。

例如想要筛选该公司"实发工资"前五名的职工，可以单击"实发工资"列标签后的"筛选"下拉按钮，在弹出的对话框中单击"数字筛选"，并选择"前 10 项"，如图 4-21 所示。

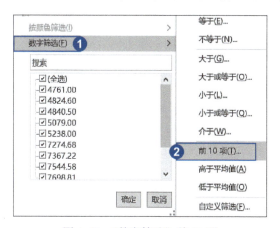

图 4-21　"数字筛选"前 10 项

虽然选的是"前 10 项"，但可以在弹出的对话框中将其调整为"显示最大 5 项"，筛选后的结果会按初始顺序排序，如图 4-22 所示。若想按降序排列，则需再次单击"实发工资"列标签后的"筛选"按钮，执行"降序"操作。

	A	B	C	D	E	F	G	H	I	J	K	L	M	N	O	P
1	序号	姓名	部门	职务	工资（含津贴）	全勤工资	病事假/旷工扣	加班工资	通信费	应发工资	养老保险	医疗保险	失业保险	公积金	个人所得税	实发工资
2	1	邓华超	行政部	总经理	12000	200	0	300	500	13000	1000	250	62.5	1250	283.75	10153.75
4	3	王振光	销售部	部门经理	9000	200	0	200	300	9700	752	188	47	940	74.19	7698.81
5	4	沈朝飞	财务部	部门经理	9000	200	0	0	300	9500	736	184	46	920	69.42	7544.58
10	9	刘滨晓	生产车间	部门经理	9000	200	0	300	300	9800	760	190	47.5	950	76.58	7775.92
12	11	项薇雪	行政部	财务人员	9000		30		300	9270	717.6	179.4	44.85	897	63.93	7367.22

图 4-22　筛选"实发工资"前 5 项未降序效果图

此外，在项目二中还介绍过通配符的概念，例如想要查找经理级别的薪酬信息，可以单击"职务"列标签后的"筛选"按钮，并在弹出的对话框中输入"*经理"，如图 4-23 所示，下方的复选框会自动勾选所有包含后两个字符是"经理"的值。当然，如果不清楚通配符，也可以单击文本框上方的"文本筛选"按钮，执行"包含"操作后，在新弹出的对话框中有关于通配符的提示说明，输入如图 4-24 所示内容后，即可实现和图 4-23 一样的筛选效果。

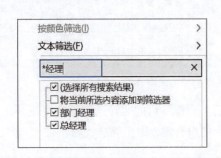 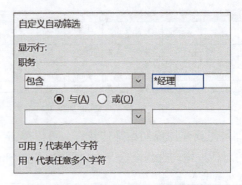

图 4-23　运用通配符进行"自定义筛选"　　图 4-24　运用"包含"进行文本筛选

3. 高级筛选

当要筛选出同时满足两个或两个以上条件的数据时，使用前面的筛选方法可能很难一次性达到要求，此时就需要使用更高级的方法。

"高级筛选"需要在筛选的源数据区域外的空白区域中手动设定筛选条件区域，且条件区域的结果需要满足以下条件：

（1）以条件区域的第一行为条件的列标签行，需要与筛选的源数据区域的筛选条件列标签相同；且在该列标签下方，至少应包含一行具体的筛选条件。

（2）如果字段具有两个或两个以上筛选条件时，可以在条件区域中对应的列标签下方单元格依次列出各个条件，各条件间的逻辑关系为"或"；但若在同一行对应的列标签下输入各个条件，则各条件间的逻辑关系为"与"。因此，若要筛选满足多组条件之一的情况，可将各组条件输入在条件区域的不同行上。

例如，前文介绍"自动筛选"时，已经筛选出了"生产车间"职工的薪资信息，然而若想进一步知晓这些"生产车间"职工中"加班工资"不为零的职工有哪些时，当然可在图 4-20 的基础上再进行一次筛选，但这样一是比较复杂，二是可能会出错。所以，我们在"职工当月工资汇总表"右侧的空白处输入想要进行高级筛选的信息，如图 4-25 所示。

图 4-25　设置高级筛选条件区域

参照上文条件区域格式设置的方法可知，条件区域的第一行为条件的列标签行，即此处的 Q1 单元格和 R1 单元格，且该部分内容的值应与筛选源数据区域的列标签相同。该列标签下方至少应包含一行具体的筛选条件，此处 Q1 单元格列标签"部门"对应的条件是 Q2 单元格的"生产车间"，R1 单元格列标签"加班工资"对应的条件是 R2 单元格的"<>0"。两条筛选条件写在同一行（都是第二行），说明两者间的逻辑关系是"与"，也就是 AND 函数的意思。R2 单元格中"<>0"表示的意思是不等于零。

在"数据"功能区"排序和筛选"组中单击"高级"按钮，在弹出的对话框中输入相应的信息，如图 4-26 所示。因为不想影响"职工当月工资汇总表"中已有的数据，所以勾选"将筛选结果复制到其他位置"，"列表区域"即为整个工资汇总表（此处为 $A$1:$P$16 的绝对区域，当然随着职工的增多，该区域也会扩大），"条件区域"即为图 4-24 设置的 $Q$1:$R$2 区域，为方便观看，"复制到"选择 $Q$4 单元格即可，生成的效果图如图 4-27 所示。

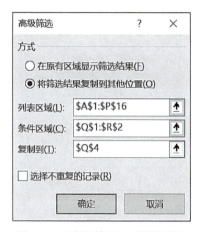

图 4-26 "高级筛选"对话框设置

Q	R	S	T	U	V	W	X	Y	Z	AA	AB	AC	AD	AE	AF
部门	加班工资														
生产车间	<>0														
序号	姓名	部门	职务	工资（含津贴）	全勤工资	病事假/旷工扣款	加班工资	通信费	应发工资	养老保险	医疗保险	失业保险	公积金	个人所得税	实发工资
9	刘滨晓	生产车间	部门经理	9000	200	0	300	300	9800	760	190	47.5	950	76.58	7775.92

图 4-27 "生产车间"职工中"加班工资 <>0"的员工信息

再来看一个逻辑"或"的例子，假定万隆灯具有限公司想要查询"实发工资"在 6500～7500 元之间，以及前面所述的经理级别职工的薪资情况。首先，新建一个"职工工资查询"工作表，在空白处输入想要进行高级筛选的信息，如图 4-28 所示。

	A	B	C	D
9				
10		实发工资	实发工资	职务
11		>=6500	<=7500	
12				*经理

图 4-28 "高级筛选"条件之逻辑"或"

在图 4-28 中，条件区域的第一行仍为条件的列标签行，且该部分内容的值应与筛选源数据区域的列标签相同。该列标签下方，筛选条件分处两行，其中 B10 单元格列标签"实发工资"对应的条件是 B11 单元格的">=6500"，C10 单元格列标签"实发工资"对应的条件是 C11 单元格的"<=7500"，两条筛选条件写在同一行表示前文所述的逻辑"与"，即"实发工资"在 6500～7500 元之间；此外，D10 单元格列标签"职务"对应的条件是 D12 单元格的"*经理"，这条筛选条件与前两条筛选条件不在同一行，说明此处的关系是逻辑"或"，也就是 OR 函数的意思。

在"数据"功能区"排序和筛选"组中单击"高级"按钮，在弹出的对话框中输入相应的信息，如图 4-29 所示。同样勾选"将筛选结果复制到其他位置"，"列表区域"即为整个工资汇总表（此处因为跨表操作，所以输入为"职工当月工资汇总表!$A$1:$P$16"的绝对区域），"条件区域"即为图 4-28 设置的 $B$10:$D$12 区域；"复制到"选择单元格"职工工资查询!$B$14"。考虑到这样筛选出的信息可能会比较多，而且会存在重复现象，勾选下方的"选择不重复的记录"，最终生成的效果图如图 4-30 所示。

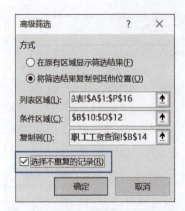

图 4-29 "高级筛选"对话框设置

	B	C	D	E	F	G	H	I	J	K	L	M	N	O	P	Q
10	实发工资	实发工资	职务													
11	>=6500	<=7500														
12			*经理													
13																
14	序号	姓名	部门	职务	工资（含津贴）	全勤工资	病事假/旷工扣款	加班工资	通信费	应发工资	养老保险	医疗保险	失业保险	公积金	个人所得税	实发工资
15	1	邓华超	行政部	总经理	12000	200	0	300	500	13000	1000	250	62.5	1250	283.75	10153.75
16	2	叶荣飞	研发部	部门经理	9000	0	150	0	300	9150	708	177	44.25	885	61.07	7274.68
17	3	王振光	销售部	部门经理	9000	200	0	200	300	9700	752	188	47	940	74.19	7698.81
18	4	沈朝飞	财务部	部门经理	9000	200	0	0	300	9500	736	184	46	920	69.42	7544.58
19	9	刘滨晓	生产车间	部门经理	9000	200	0	300	300	9800	760	190	47.5	950	76.58	7775.92
20	11	项薇雪	行政部	财务人员	9000	0	30	0	300	9270	718	179	44.85	897	63.93	7367.22

图 4-30 "实发工资"在 6500～7500 元以及经理级别职工的薪资情况

> **小提示**
>
> 跨表进行高级筛选时，要在最终显示结果的工作表界面中，单击"数据"功能区"排序和筛选"组中的"高级"按钮。如此例中，需要在新建的"员工工资查询"工作表界面执行"高级筛选"，若在"职工当月工资汇总表"中执行"高级筛选"，系统会报错"只能复制筛选过的数据到活动工作表"。

二、职工工资条查询

职工工资条查询也可以通过筛选功能来完成，但李燕决定采用公式来完成。

1. 设置职工姓名序列

李燕单击打开刚才进行高级筛选时新增的"职工工资查询"工作表，合并 B2:C2，输入"查询条件"并加粗字体；在 B3 单元格中输入"职工姓名"；单击 C3 单元格，执行"数据"选项卡下的"数据验证"，设置"允许"为"序列"，"来源"为"=职工当月工资汇总表!$B$2:$B$16"，这样即可将职工姓名排成序列，用于查询。

2. 编辑查询公式

（1）复制"职工当月工资汇总表"B1:P1 单元格区域内容，粘贴到"职工工资查询"的

B6:P6 单元格范围内。

（2）选择 B7 单元格，输入公式"=IF(C3="","",C3)"。

（3）选择 C7 单元格，输入公式"=IF($B7="","",VLOOKUP($B7,职工当月工资汇总表!$B$1:$P$16,2,0))"。

（4）D7:P7 单元格的公式与 C7 单元格的公式基本一致，只是将 C7 单元格公式中的数字 2 依次改成 3～15；也可用 MATCH 函数实现定位。

当李燕在 C3 单元格中选择"孔人泉"时，B7:P7 单元格就会自动显示出"孔人泉"的薪资信息，如图 4-31 所示。

图 4-31　利用 VLOOKUP 函数实现职工工资条查询

因为用 VLOOKUP 函数需要针对每个单元格调整相关参数，所以如果觉得麻烦，也可使用 OFFSET 加 MATCH 函数实现同样的效果。基础步骤同前，此处为增强比对效果，故选择 B8 单元格，输入公式"=IF(C3="","",C3)"。选择 C8 单元格，输入公式"=IF($B8="","",OFFSET(职工当月工资汇总表!$B$1,MATCH($B$8,职工当月工资汇总表!$B$1:$B$16,0)-1,MATCH(C6,职工当月工资汇总表!$B$1:$P$1,0)-1,,))"，然后向右拖动填充柄到 P8 单元格即可。此处，"MATCH($B$8,职工当月工资汇总表!$B$1:$B$16,0)"找到的是 B8 单元格的内容在"职工当月工资汇总表"中对应的行号，"MATCH(C6,职工当月工资汇总表!$B$1:$P$1,0)"找到的是 C6 单元格的内容在"职工当月工资汇总表"中对应的列号，最后用 OFFSET 函数进行行列查找，故 MATCH 函数的行号、列号都需要减去 1。C3 单元格调整"职工姓名"为"孔人泉"后，新得到的工资条查询效果如图 4-32 所示。

图 4-32　利用 OFFSET+MATCH 函数实现职工工资条查询

三、工资条的制作

工资条查询只能实现某位职工薪资的查询，虽然也可通过这样的方式打印每位职工的工资条，但显然较为费时费力。如何更有效地使"职工当月工资汇总表"中每位职工的工资数据对应其工资明细项目，以便发放到每位职工手中，本部分主要介绍函数、排序和定位三种方法。

1. 利用函数制作全员工资条

打开"职工当月工资汇总表",选择 R1 单元格,输入公式"=IF(MOD(ROW (A1),3)>0,OFFSET($A$1,IF(MOD(ROW(A1)-1,3),ROUNDUP(ROW(A1)/3,0),0),COLUMN(A1)-1),"")",向右拖动填充柄至 AG 列;再选择 R1:AG1,向下拖动填充柄至第 45 行,即可得到该公司的工资条打印总表,如图 4-33 所示。其实这里需要拖动的行列数不需要死记硬背,因为一旦拖动超过所需要的范围,单元格内容会显示明显错误的结果。

如果觉得图 4-33 不够美观,也可选择该区域,为其增加表格框线。实际打印时,单击"页面布局"功能区中的"页面设置",在弹出的对话框中选择"工作表"选项卡,并将"打印区域"设置为 R1:AG45;若数据条内容过长,也可在"页面"选项卡中修改"方向"为"横向"。

序号	姓名	部门	职务	工资(含津贴)	全勤工资	病事假/旷工扣款	加班工资	通信费	应发工资	养老保险	医疗保险	失业保险	公积金	个人所得税	实发工资
1	邓华超	行政部	总经理	12000	200		300	500	13000	1000	250	62.5	1250	283.75	10153.75
序号	姓名	部门	职务	工资(含津贴)	全勤工资	病事假/旷工扣款	加班工资	通信费	应发工资	养老保险	医疗保险	失业保险	公积金	个人所得税	实发工资
2	叶荣飞	研发部	部门经理	9000	0	150	0	300	9150	708	177	44.25	885	61.07	7274.68
序号	姓名	部门	职务	工资(含津贴)	全勤工资	病事假/旷工扣款	加班工资	通信费	应发工资	养老保险	医疗保险	失业保险	公积金	个人所得税	实发工资
3	王振光	销售部	部门经理	9000	200		200	300	9700	752	188	47	940	74.19	7698.81
序号	姓名	部门	职务	工资(含津贴)	全勤工资	病事假/旷工扣款	加班工资	通信费	应发工资	养老保险	医疗保险	失业保险	公积金	个人所得税	实发工资
4	沈朝飞	财务部	部门经理	9000			0	300	9500	736	184	46	920	69.42	7544.58
序号	姓名	部门	职务	工资(含津贴)	全勤工资	病事假/旷工扣款	加班工资	通信费	应发工资	养老保险	医疗保险	失业保险	公积金	个人所得税	实发工资
5	孔人泉	生产车间	基本生产人员	6000	0	120	0	150	6030	470.4	117.6	29.4	588	0	4824.6
序号	姓名	部门	职务	工资(含津贴)	全勤工资	病事假/旷工扣款	加班工资	通信费	应发工资	养老保险	医疗保险	失业保险	公积金	个人所得税	实发工资
6	梁坡	销售部	销售人员	6000	200			150	6350	496	124	31	620	0	5079
序号	姓名	部门	职务	工资(含津贴)	全勤工资	病事假/旷工扣款	加班工资	通信费	应发工资	养老保险	医疗保险	失业保险	公积金	个人所得税	实发工资
7	凌晨晨	生产车间	基本生产人员	6000	200			150	6350	496	124	31	620	0	5079
序号	姓名	部门	职务	工资(含津贴)	全勤工资	病事假/旷工扣款	加班工资	通信费	应发工资	养老保险	医疗保险	失业保险	公积金	个人所得税	实发工资
8	陈琳	财务部	财务人员	6000	0	100	0	150	6050	472	118	29.5	590	0	4840.5
序号	姓名	部门	职务	工资(含津贴)	全勤工资	病事假/旷工扣款	加班工资	通信费	应发工资	养老保险	医疗保险	失业保险	公积金	个人所得税	实发工资
9	刘滨晓	生产车间	部门经理	9000	200	0	300	300	9800	760	190	47.5	950	76.58	7775.92
序号	姓名	部门	职务	工资(含津贴)	全勤工资	病事假/旷工扣款	加班工资	通信费	应发工资	养老保险	医疗保险	失业保险	公积金	个人所得税	实发工资
10	黄郑	生产车间	基本生产人员	6000	200			150	6350	496	124	31	620	0	5079
序号	姓名	部门	职务	工资(含津贴)	全勤工资	病事假/旷工扣款	加班工资	通信费	应发工资	养老保险	医疗保险	失业保险	公积金	个人所得税	实发工资
11	项薇雪	行政部	财务人员	9000		30		300	9270	717.6	179.4	44.85	897	63.93	7367.22
序号	姓名	部门	职务	工资(含津贴)	全勤工资	病事假/旷工扣款	加班工资	通信费	应发工资	养老保险	医疗保险	失业保险	公积金	个人所得税	实发工资
12	许子臻	研发部	研发人员	6000	200			150	6350	496	124	31	620	0	5079
序号	姓名	部门	职务	工资(含津贴)	全勤工资	病事假/旷工扣款	加班工资	通信费	应发工资	养老保险	医疗保险	失业保险	公积金	个人所得税	实发工资
13	吴海涛	采购部	采购人员	6000	200		0	150	6350	496	124	31	620	0	5079
序号	姓名	部门	职务	工资(含津贴)	全勤工资	病事假/旷工扣款	加班工资	通信费	应发工资	养老保险	医疗保险	失业保险	公积金	个人所得税	实发工资
14	李燕	财务部	财务人员	6000	200		200	150	6550	512	128	32	640	0	5238
序号	姓名	部门	职务	工资(含津贴)	全勤工资	病事假/旷工扣款	加班工资	通信费	应发工资	养老保险	医疗保险	失业保险	公积金	个人所得税	实发工资
15	章明晖	研发部	研发人员	6000	0	200	0	150	5950	464	116	29	580	0	4761

图 4-33 利用 OFFSET 函数制作全员工资条

知识技能 4-5　取余函数与行列引用函数

（1）MOD 函数，用于返回两数相除的余数。

语法格式为：MOD(number,divisor)

其中，number 是被除数，divisor 是除数，所以如果 divisor 为 0，函数会返回错误值 #DIV/0!。

（2）ROW 函数和 COLUMN 函数，用于返回引用的行号和列号。

语法格式为：ROW([reference])

COLUMN 函数参数及语法格式同 ROW 函数。

（3）ROUNDUP 函数，用于将数字以远离零值的方向进行向上舍入。

语法格式为：ROUNDUP(number,num_digits)

其中，number 是要进行向上舍入的数字，num_digits 是要将数字舍入到的位数。

所以，不同于 ROUND(1/3,0)=0，ROUNDUP(1/3,0)=1，因为 ROUNDUP 函数将 1/3 的结果（0.33333）向远离零值的方向舍入，故为 1。顺带一提，有 UP 就会有 DOWN，ROUNDDOWN 函数用于将数字以朝向零值的方向进行向下舍入，所以 ROUNDDOWN(1/3,0)=0。下面再以负数来举例子，ROUND(-1/3,0) 是我们常说的四舍五入，所以结果为 0；ROUNDUP(-1/3,0) 向远离零值的方向舍入，故为 -1；ROUNDDOWN(-1/3,0) 向朝向零值的方向舍入，故为 0。

Q1 单元格的公式主要使用 MOD 函数除以 3 的余数，来产生一个循环序列 {1；2；0；1；2；0；…；1；2；0}，其中被 3 除余 1 的行数全部显示表头信息，如图 4-34 所示；被 3 除余 2 的行数用来显示每位职工的薪酬信息；而被 3 整除的行数保持为空，使得裁切时可在该空行操作。

序号	姓名	部门	职务	工资（含津贴）	全勤工资	病事假/旷工扣款	加班工资	通信费	应发工资	养老保险	医疗保险	失业保险	公积金	个人所得税	实发工资

图 4-34　表头行

接着，用 IF 函数来加以判定，"=IF(MOD(ROW(A1),3)>0,OFFSET 函数 ,"")"，若该行号除以 3 的余数大于零值，则执行 OFFSET 函数；若该行号刚好是 3 的倍数，则返回空白单元格。也就是说，构建该 IF 函数后，所有零值所对应的行均显示为空行。

进一步来看 OFFSET 函数，再次用 MOD 函数除以 3 的余数来产生一个循环序列，只是被 3 除余 1 也好，被 3 除余 2 也好，在运用 IF 函数进行判定时，数字 1 和数字 2 都会被认为是条件成真，所以无法将这两行数据进行拆分。于是，我们考虑将行号数减 1 后的值除 3 取余来构建一个 {0；1；2；0；1；2；…；0；1；2} 的序列。当且仅当 IF 函数判定条件为零时，返回零值，OFFSET 函数不需要发生任何偏移，仍为 $A$1 单元格所在的固定行，也就是表头行，如图 4-34 所示。

而当 IF 函数判定值不为零时，又将返回 ROUNDUP 函数构建的一个行号除 3 的余数所产生固定三行的自然序列 {1；1；1；2；2；2；3；3；3；…}，分别表示 OFFSET 函数偏移一行、偏移两行、偏移三行。

可见，外层循环序列 {1；2；0；1；2；0；…；1；2；0} 用于将 3 的倍数行设置成空行；中层循环序列 {0；1；2；0；1；2；…；0；1；2} 用于将除 3 余 1 的行设置成图 4-33 的表头数据（因为零值为不偏移）；固定 3 行的循环序列 {1；1；1；2；2；2；3；3；3；…} 用于设置工资条的偏移，将员工数据设置在除 3 余 2 的行数内，原理如图 4-35 所示。

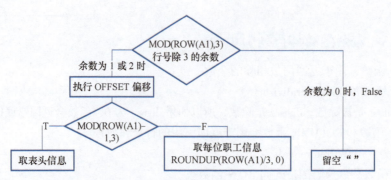

图 4-35　OFFSET 函数实现工资条打印之原理分析图

> **小提示**
>
> 如果想保留"职工当月工资汇总表"里的内容不变，可以新建工作表，并在新表的 A1 单元格中输入"=IF(MOD(ROW(A1),3)>0,OFFSET(职工当月工资汇总表 !$A$1, IF(MOD(ROW(A1)-1,3), ROUNDUP(ROW(A1)/3,0),0), COLUMN(A1)-1),"")"即可。与前述的区别在于，因为引用的数据源是"职工当月工资汇总表"，所以只需在 OFFSET 函数的第一个参数前增加工作表名称即可。

2. 利用排序功能制作全员工资条

为防止数据篡改，新建"全员工资条"工作表，并将"职工当月工资汇总表"中所有的信息粘贴至新创建的空工作表中。需要注意的是，为保证数据的正确性，粘贴时请选择粘贴"值"。

接着，选择 A2 单元格，修改内容为数字 2，单击"开始"功能区"编辑"组中的"填充"按钮，选择"序列"，并在弹出的对话框中，将"序列产生在"改为"列"，"步长值"设为"2"，"终止值"设为"30"。这样，包含薪资信息的行序列就变成了以 2 为初始值的偶数序列，如图 4-36 所示。

利用排序实现工资条的制作

将 A1 单元格"序号"改为"1"，并复制该行数据粘贴至第 17 行，利用填充柄拖动至第 30 行（因为图 4-36 中最后一位职工的序号为 30，要保证每位职工的工资数据对应其表头，故此处拖动至第 30 行即可实现一一对应）。同理，将新增的第 17 ～ 30 行 A 列数据改成"初始值"为 3、"步长值"为 2、"终止值"为 30 的奇数序列，如图 4-37 所示。

	A	B	C
1	序号	姓名	部门
2	2	邓华超	行政部
3	4	叶荣飞	研发部
4	6	王振光	销售部
5	8	沈朝飞	财务部
6	10	孔人泉	生产车间
7	12	梁坡	销售部
8	14	凌晨晨	生产车间
9	16	陈琳	财务部
10	18	刘滨晓	生产车间
11	20	黄郑	生产车间
12	22	项薇雪	行政部
13	24	许子臻	研发部
14	26	吴海涛	采购部
15	28	李燕	财务部
16	30	章明晖	研发部

	A	B	C
15	28	李燕	财务部
16	30	章明晖	研发部
17	3	姓名	部门
18	5	姓名	部门
19	7	姓名	部门
20	9	姓名	部门
21	11	姓名	部门
22	13	姓名	部门
23	15	姓名	部门
24	17	姓名	部门
25	19	姓名	部门
26	21	姓名	部门
27	23	姓名	部门
28	25	姓名	部门
29	27	姓名	部门
30	29	姓名	部门

图 4-36　修改薪资序号为偶数序列　　　图 4-37　修改表头序号为奇数序列

选择第一行，执行"数据"选项卡中的"筛选"，单击 A 列后方的下拉按钮，在弹出的页面窗口中单击"升序"。再选择第一行，单击"数据"选项卡中的"筛选"，或按 <Ctrl+Shift+L> 组合键，便可退出筛选状态，最终得到职工的工资数据与其工资明细项目一一对应的工资条。当然，如果不喜欢也可以删除 A 列数字，效果如图 4-38 所示。

姓名	部门	职务	工资（含津贴）	全勤工资	病事假/旷工扣款	加班工资	通信费	应发工资	养老保险	医疗保险	失业保险	公积金	个人所得税	实发工资
邓华超	行政部	总经理	12000	200		300	500	13000	1000	250	62.5	1250	283.75	10153.75
姓名	部门	职务	工资（含津贴）	全勤工资	病事假/旷工扣款	加班工资	通信费	应发工资	养老保险	医疗保险	失业保险	公积金	个人所得税	实发工资
叶荣飞	研发部	部门经理	9000	0	150	0	300	9150	708	177	44.25	885	61.07	7274.68
姓名	部门	职务	工资（含津贴）	全勤工资	病事假/旷工扣款	加班工资	通信费	应发工资	养老保险	医疗保险	失业保险	公积金	个人所得税	实发工资
王振光	销售部	部门经理	9000	200	0	200	300	9700	752	188	47	940	74.19	7698.81
姓名	部门	职务	工资（含津贴）	全勤工资	病事假/旷工扣款	加班工资	通信费	应发工资	养老保险	医疗保险	失业保险	公积金	个人所得税	实发工资
沈朝飞	财务部	部门经理	9000	200	0		300	9500	736	184	46	920	69.42	7544.58
姓名	部门	职务	工资（含津贴）	全勤工资	病事假/旷工扣款	加班工资	通信费	应发工资	养老保险	医疗保险	失业保险	公积金	个人所得税	实发工资
孔人泉	生产车间	基本生产人员	6000	0	120	0	150	6030	470.4	117.6	29.4	588	0	4824.6
姓名	部门	职务	工资（含津贴）	全勤工资	病事假/旷工扣款	加班工资	通信费	应发工资	养老保险	医疗保险	失业保险	公积金	个人所得税	实发工资
梁坡	销售部	销售人员	6000	200	0	0	150	6350	496	124	31	620	0	5079
姓名	部门	职务	工资（含津贴）	全勤工资	病事假/旷工扣款	加班工资	通信费	应发工资	养老保险	医疗保险	失业保险	公积金	个人所得税	实发工资
凌晨晨	生产车间	基本生产人员	6000	200	0	0	150	6350	496	124	31	620	0	5079
姓名	部门	职务	工资（含津贴）	全勤工资	病事假/旷工扣款	加班工资	通信费	应发工资	养老保险	医疗保险	失业保险	公积金	个人所得税	实发工资
陈琳	财务部	财务人员	6000	0	100	0	150	6050	472	118	29.5	590	0	4840.5
姓名	部门	职务	工资（含津贴）	全勤工资	病事假/旷工扣款	加班工资	通信费	应发工资	养老保险	医疗保险	失业保险	公积金	个人所得税	实发工资
刘滨晓	生产车间	部门经理	9000	200	0	300	300	9800	760	190	47.5	950	76.58	7775.92
姓名	部门	职务	工资（含津贴）	全勤工资	病事假/旷工扣款	加班工资	通信费	应发工资	养老保险	医疗保险	失业保险	公积金	个人所得税	实发工资
黄郑	生产车间	基本生产人员	6000	200	0	0	150	6350	496	124	31	620	0	5079
姓名	部门	职务	工资（含津贴）	全勤工资	病事假/旷工扣款	加班工资	通信费	应发工资	养老保险	医疗保险	失业保险	公积金	个人所得税	实发工资
项薇雪	行政部	财务人员	9000	0	30	0	300	9270	717.6	179.4	44.85	897	63.93	7367.22
姓名	部门	职务	工资（含津贴）	全勤工资	病事假/旷工扣款	加班工资	通信费	应发工资	养老保险	医疗保险	失业保险	公积金	个人所得税	实发工资
许子臻	研发部	研发人员	6000	200	0	0	150	6350	496	124	31	620	0	5079
姓名	部门	职务	工资（含津贴）	全勤工资	病事假/旷工扣款	加班工资	通信费	应发工资	养老保险	医疗保险	失业保险	公积金	个人所得税	实发工资
吴海涛	采购部	采购人员	6000	200	0	0	150	6350	496	124	31	620	0	5079
姓名	部门	职务	工资（含津贴）	全勤工资	病事假/旷工扣款	加班工资	通信费	应发工资	养老保险	医疗保险	失业保险	公积金	个人所得税	实发工资
李燕	财务部	财务人员	6000	200	0	200	150	6550	512	128	32	640	0	5238
姓名	部门	职务	工资（含津贴）	全勤工资	病事假/旷工扣款	加班工资	通信费	应发工资	养老保险	医疗保险	失业保险	公积金	个人所得税	实发工资
章明晖	研发部	研发人员	6000	0	200	0	150	5950	464	116	29	580	0	4761

图 4-38　利用排序功能制作全员工资条

> **小提示**
>
> 细心的同学会发现此处产生的工资条没有空行，显得比较紧凑；若担心会出现切割差错，也可将薪资数据改为"初始值"为 2、"步长值"为 3、"终止值"为 45 的等差序列；将填充柄拖动复制表头时，设置成"初始值"为 4、"步长值"为 3、"终止值"为 45 的等差序列；再将 A31:A45 单元格填充为"初始值"是 3、"步长值"为 3、"终止值"为 45 的等差序列。然后同样执行"排序"操作，对首行进行"筛选"，对"A 列"执行"升序"，再退出筛选状态，即可得到每位职工工资条间有空行的数据表，如图 4-33 所示。

本例中，为了方便，直接修改了“序号”所在的 A 列，若想保留“序号”列，可增加辅助行用于排序。此外，有兴趣的同学还可思考一下如何利用函数实现图 4-38 的效果（即职工工资信息间不存在空行）。

3. 利用定位功能制作全员工资条

要实现每一行职工工资数据对应一行工资明细项目，还可通过定位空行轻松插入工资明细项目行，以便打印职工工资条。

为防止影响“职工当月工资汇总表”工作表的源数据，同前文排序制作全员工资条的方法一样，复制“职工当月工资汇总表”中所有的信息到新的工作表中，也可通过“移动或复制”工作表的方法复制一张“职工当月工资汇总表（2）”，同样，为防止数据在操作中产生错误，建议全选该工作表内容，再“选择性粘贴”成“数值”。

利用定位实现工资条的制作

在生成的工作表中，在“实发工资”右侧两列单元格交叉输入任意数字（此步是为了后面的“空值”定位，所以可以输入任意数字），如图 4-39 所示；然后选择交叉的 4 个单元格，使用拖动填充柄的方法填充至该表的结束行，如图 4-40 所示。

	O	P	Q	R
1	个人所得税	实发工资		
2	283.75	10153.75		
3	61.07	7274.68	1	
4	74.19	7698.81		1
5	69.42	7544.58		
6	0.00	4824.60		
7	0.00	5079.00		
8	0.00	5079.00		
9	0.00	4840.50		
10	76.58	7775.92		
11	0.00	5079.00		
12	63.93	7367.22		
13	0.00	5079.00		
14	0.00	5079.00		
15	0.00	5238.00		
16	0.00	4761.00		

图 4-39　交叉输入任意数字

	O	P	Q	R
1	个人所得税	实发工资		
2	283.75	10153.75		
3	61.07	7274.68	1	
4	74.19	7698.81		1
5	69.42	7544.58	2	
6	0.00	4824.60		2
7	0.00	5079.00	3	
8	0.00	5079.00		3
9	0.00	4840.50	4	
10	76.58	7775.92		4
11	0.00	5079.00	5	
12	63.93	7367.22		5
13	0.00	5079.00	6	
14	0.00	5079.00		6
15	0.00	5238.00	7	
16	0.00	4761.00		7

图 4-40　拖动填充柄至结束行

单击“开始”功能区“编辑”组中的“查找和选择”按钮，选择“定位条件”，如图 4-41 所示；也可使用键盘上的快捷键 <F5>，在弹出的“定位”对话框中单击左下角的“定位条件”按钮。在弹出的“定位条件”对话框中选择“空值”，单击“确定”按钮，如图 4-42 所示。

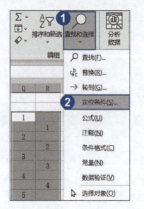

图 4-41　执行“定位条件”命令

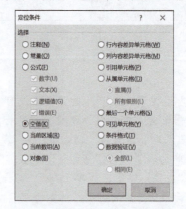

图 4-42　定位条件设为“空值”

接着，单击"开始"功能区"单元格"组中"插入"按钮，选择"插入工作表行"，这时，从第三行起每一行的前面都插入了一个空行，如图 4-43 所示。

序号	姓名	部门	职务	工资（含津贴）	全勤工资	病事假/旷工扣款	加班工资	通信费	应发工资	养老保险	医疗保险	失业保险	公积金	个人所得税	实发工资		
1	邓华超	行政部	总经理	12000	200	0	300	500	13000	1000	250	62.5	1250	283.75	10153.75		
2	叶荣飞	研发部	部门经理	9000	0	150	0	300	9150	708	177	44.25	885	61.07	7274.68	1	
3	王振光	销售部	部门经理	9000	200	0	200	300	9700	752	188	47	940	74.19	7698.81		1
4	沈朝飞	财务部	部门经理	9000	200	0	0	300	9500	736	184	46	920	69.42	7544.58	1	
5	孔人泉	生产车间	基本生产人员	6000	0	120	0	150	6030	470.4	117.6	29.4	588	0	4824.6		1
6	梁坡	销售部	销售人员	6000	200	0	0	150	6350	496	124	31	620	0	5079		
7	凌晨晨	生产车间	基本生产人员	6000	200	0	0	150	6350	496	124	31	620	0	5079		1
8	陈琳	财务部	财务人员	6000	0	100	0	150	6050	472	118	29.5	590	0	4840.5		
9	刘滨晓	生产车间	部门经理	9000	200	0	300	300	9800	760	190	47.5	950	76.58	7775.92		1
10	黄郑	生产车间	基本生产人员	6000	200	0	0	150	6350	496	124	31	620	0	5079		
11	项藏雪	行政部	财务人员	9000	0	30	0	300	9270	717.6	179.4	44.85	897	63.93	7367.22		
12	许子臻	研发部	研发人员	6000	200	0	0	150	6350	496	124	31	620	0	5079		
13	吴海涛	采购部	采购人员	6000	200	0	0	150	6350	496	124	31	620	0	5079		
14	李燕	财务部	财务人员	6000	0	0	200	150	6550	512	128	32	640	0	5238		
15	章明晖	研发部	研发人员	6000	0	200	0	150	5950	464	116	29	580	0	4761		1

图 4-43 通过"定位条件"插入空行

复制表头的明细数据（A1:P1）后，选择 A1:A30 区域单元格，再次单击"开始"功能区"编辑"组中"查找和选择"按钮（如图 4-41 所示），在弹出的"定位条件"对话框中选择"空值"（如图 4-42 所示），单击"确定"按钮，然后右击选择"粘贴"命令或按 <Ctrl+V> 组合键后，表头（图 4-34）工资明细项就被复制到了刚才新建的空行中了。

> **小提示**
>
> 此处通过"定位条件"的方法实现的工资条打印是没有空行的，最终效果如图 4-38 所示；若想实现图 4-33 的效果，只需再执行一次定位，在所有的薪资信息下插入一个空行就可以了，有兴趣的同学不妨一试。

一、实训目的

1. 通过案例学习，了解依法纳税的重要性。
2. 学会使用 Excel 设计工资核算系统。
3. 学会运用筛选及数据分析工具进行工资数据的汇总和查询。

二、实训资料

ZY 公司是一家小型工业企业，主要有三个部门——厂部、车间1、车间2，职工人数不多，主要有三种职务类别——管理人员、辅助管理人员、工人。每个职工的工资项目有基本工资、岗位工资、福利费、餐补、奖金、事假扣款、病假扣款，除基本工资因人而异外，其他工资项目将根据职工职务类别和部门来决定，而且随时间的变化而变化。

20×4 年 1 月公司职工基本工资情况与出勤情况见表 4-9。

表 4-9 ZY 公司职工基本工资情况与出勤情况

职工代码	职工姓名	部门	性别	职工类别	年龄	基本工资（元）	事假天数	病假天数
0001	赵甲	厂部	男	管理人员	36	10500	2	
0002	钱乙	厂部	女	管理人员	41	10000		2
0003	孙丙	厂部	男	管理人员	34	9800		
0004	李丁	车间1	女	工人	33	6700		
0005	周戊	车间1	男	工人	29	5800		
0006	吴己	车间1	女	辅助管理人员	34	8000		6
0007	郑庚	车间2	女	工人	31	5900	16	
0008	王辛	车间2	男	工人	40	6000		
0009	陈壬	车间2	男	工人	36	5200		17
0010	章癸	车间2	男	辅助管理人员	26	7900	5	

其他工资项目的发放情况及有关规定如下：

（1）岗位工资：根据职工类别不同进行发放，工人为 500 元，辅助管理人员为 800 元，管理人员为 1000 元。

（2）福利费：厂部职工的福利费为基本工资的 18%，车间 1 的工人福利费为基本工资的 20%，车间 2 的福利费为基本工资的 25%，辅助管理人员福利费为基本工资的 28%。

（3）副食补贴：基本工资大于或等于 8000 元的职工没有副食补贴，基本工资小于 8000 元的职工副食补贴为基本工资的 5%。

（4）奖金：奖金根据部门的效益决定。本月厂部的奖金为 500 元，车间 1 的奖金为 300 元，车间 2 的奖金为 700 元。

（5）事假扣款规定：如果事假小于或等于 15 天，将基本工资平均分到每天（每月按 22 天计算），按天扣钱；如果事假大于 15 天，工人基本工资全部扣除，非工人扣除基本工资的 80%。

（6）病假扣款规定：如果病假小于或等于 15 天，工人每天扣款 100 元，非工人每天扣款 150 元；如果病假大于 15 天，工人每天扣款 150 元，非工人每天扣款 200 元。

（7）该公司员工均无专项扣除，个人所得税计算见表 4-10。

表 4-10 个人所得税计算

应发工资（元）	个人所得税（元）
（应发工资-5000）≤0	0.00
0<（应发工资-5000）≤36000	（应发工资-5000）×3%
36000<（应发工资-5000）≤144000	（应发工资-5000）×10%-2520
144000<（应发工资-5000）≤300000	（应发工资-5000）×20%-16920
300000<（应发工资-5000）≤420000	（应发工资-5000）×25%-31920
420000<（应发工资-5000）≤660000	（应发工资-5000）×30%-52920
660000<（应发工资-5000）≤960000	（应发工资-5000）×35%-85920
（应发工资-5000）>960000	（应发工资-5000）×45%-181920

三、实训要求

为了满足企业的管理要求，请利用 Excel 对工资情况进行如下汇总分析：

（1）计算每一个部门每位职工的应发工资数。
（2）计算每一个部门每种职工类别应发工资汇总数。
（3）计算每一个部门每种职工类别应发工资平均数。
（4）计算每一个部门应发工资数占总工资数的百分比。
（5）计算每一个职工类别应发工资数占总工资数的百分比。
（6）按性别统计应发工资数占总工资数的百分比。
（7）按年龄段统计人数（间隔为 10 岁，如 20～30 岁）。
（8）按基本工资段统计人数（间隔为 1000 元，如 8000～9000 元）。
（9）制作工资查询系统（用 VLOOKUP 函数或 OFFSET 函数实现）。
（10）制作该公司每位职工的工资条。

项目五

Excel在固定资产管理中的应用

 知识目标

- ➢ 掌握固定资产管理系统的业务处理流程。
- ➢ 掌握固定资产折旧的计算方法。

能力目标

- ➢ 能够使用Excel设计固定资产核算系统。
- ➢ 能够运用筛选及数据分析工具进行固定资产数据的汇总和查询。

 **案例导入**

2017年，粤电力A根据当下固定资产的性能和使用状况对各类固定资产的预计使用年限及预计净残值进行了梳理，决定对部分固定资产的折旧年限及残值率进行调整，使之更趋合理。对于调整原因，粤电力A表示，一方面公司不断加大对固定资产的投资力度，推进建设了一批大容量、高参数、低能耗、少排放的先进机组，使得公司整体机组平均寿命较以往有所提高。与此同时，公司持续对机组设备进行技术改造和技术革新，并定期进行全面检修及年度维修，提高了机组的使用性能和装备水平，也在一定程度上延长了固定资产的使用寿命，事实上公司部分固定资产的实际使用年限已超过了折旧年限。另一方面，公司也有部分固定资产受经济环境变化、技术进步的影响，导致其经济寿命大大缩短。

按照公司公布的数据，发电及供热设备、变电设备、风力发电机组及附属设备折旧年限增加到20年，输煤设备、码头运输设备增加到15年，道路、堆场、防波堤等建筑物的折旧年限由22年大幅上调为40年。脱销设备、脱硫设备折旧年限由13年分别下调至5年和10年，风力发电机组及附属设备、水轮发电机组及附属设备折旧年限由18年下调至8年。公司还将广东粤电湛江风力发电有限公司及广东粤电石碑山风能开发有限公司的固定资产残值率由10%调整为5%。经测算，本次固定资产折旧年限及残值率的调整预计每年减少固定资产折旧约6.7亿元，预计每年增加归属于母公司净利润约3.82亿元。

固定资产折旧是影响企业利润的主要因素之一。在企业的生产经营活动中，固定资产是不可或缺的重要资源，是企业发展的基础设施。固定资产折旧费用的计算和规定旨在保证企业公开、透明地进行财务核算，向企业内部和外部各方提供真实可靠的财务信息，以便决策和监督。同时，实施全面节约战略，推进各类资产节约集约利用，加快构建废弃资源循环利用体系，有助于推动和形成我国绿色低碳的生产方式和生活方式。

学习情境

李燕的 Excel 技能得到了领导们的一致认可，她决定一鼓作气，用 Excel 设计万隆灯具有限公司的固定资产核算系统。

万隆灯具有限公司固定资产分为四类，编号及相关折旧年限、净残值率分别为：①房屋建筑物，FW，20年，5%；②生产设备，SC，10年，5%；③运输设备，YS，4年，4%；④电子设备，DZ，3年，3%。公司主要部门包括行政部、生产车间、财务部、销售部、研发部、采购部六个部门，固定资产的所属部门使用固定资产并负责其日常维护。固定资产的集中管理在财务部，每个固定资产都有一张自己的卡片，记录着其增加方式、减少方式、购置日期、规格型号、所属部门、原值、累计折旧、净值、折旧方法等信息。

对于固定资产的管理大致是这样的流程：①资产购入后，先由各相关部门验收，出具意见书；②凭此单填写固定资产入库单，送交财务部一份；③财务部对购入固定资产进行编号，填写固定资产卡片，贴上资产封条；④使用人办理资产使用手续。公司日常固定资产管理业务有：固定资产增加、减少、部门间调拨，每月计提等。

使用 Excel 设计固定资产核算系统主要包括两大块内容：一是制作固定资产卡片或台账，作用是登记购入固定资产的名称、原值、折旧年限等，同时还要记录因报废或出售固定资产的减少，以及部门间固定资产的调拨情况；二是需要记录每个会计期间各项固定资产应计提的折旧额、累计折旧额和账面净值。这两块内容如果用手工进行核算，不仅工作量大，而且也很烦琐；使用 Excel 则可以大大减轻工作量，增加核算的准确程度。具体来看，利用 Excel 进行固定资产核算的基本过程为：固定资产台账的编制→固定资产折旧的计提→固定资产卡片的编制→固定资产的调整管理→固定资产分析。

任务一　固定资产台账的编制

各类固定资产的实物管理需要统一编号、建立台账，财务部应负责对各类固定资产的数据、金额的总账及明细账进行统一管理，并按月负责计提折旧，以便主管部门定期或不定期地对固定资产进行清查，清楚固定资产的使用、变动、报废、处理情况。

一、建立"基础信息表"工作表

为了方便对固定资产进行日常处理，一般要根据公司固定资产的实际情况设置一些初始化的项目，如固定资产类别编号、使用部门、增加方式、减少方式、使用状况、折旧方法及折旧费用类别等，以便进行固定资产日常处理，提高处理的效率和准确性。

首先，新建一个空白工作簿，将其命名为"固定资产管理"，在工作簿中新建一张空白工作表 Sheet1，并将其重命名为"基础信息表"。输入相关基础信息如图 5-1 所示。

部门名称	部门编号	使用状况	增加方式	减少方式
行政部	01	正常使用	购入	投资
生产车间	02	未用	自建	出售
财务部	03	经营性租出	投入	报废
销售部	04	季节性停用	捐赠	内部调拨
研发部	05	大修理停用	内部调拨	其他
采购部	06	已提足折旧	其他	
		报废		

固定资产类别	编号	折旧年限	净残值率	折旧方法	折旧费用类别
房屋建筑物	FW	20	5%	平均年限法	制造费用
生产设备	SC	10	5%	双倍余额递减法	管理费用
运输设备	YS	4	4%	年数总和法	销售费用
电子设备	DZ	3	3%		其他业务成本

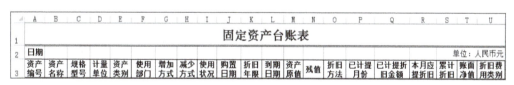

图 5-1　相关基础信息

二、建立“固定资产台账表”工作表

1. 设置“固定资产台账表”初始数据库

在“固定资产管理”工作簿中再新建一张空白工作表，并将其重命名为“固定资产台账表”。设置工作表的标题为“固定资产台账表”，列标题字段包括资产编号（A 列）、资产名称（B 列）、规格型号（C 列）、计量单位（D 列）、资产类别（E 列）、使用部门（F 列）、增加方式（G 列）、减少方式（H 列）、使用状况（I 列）、购置日期（J 列）、折旧年限（K 列）、到期日期（L 列）、资产原值（M 列）、残值（N 列）、折旧方法（O 列）、已计提月份（P 列）、已计提折旧金额（Q 列）、本月应提折旧（R 列）、累计折旧（S 列）、账面净值（T 列）、折旧费用类别（U 列），并设置表格正文部分的对齐方式与边框格式，添加“日期”以及“单位：人民币元”。设置后表头效果如图 5-2 所示。

固定资产台账表

日期　　　　　　　　　　　　　　　　　　单位：人民币元

资产编号	资产名称	规格型号	计量单位	资产类别	使用部门	增加方式	减少方式	使用状况	购置日期	折旧年限	到期日期	资产原值	残值	折旧方法	已计提月份	已计提折旧金额	本月应提折旧	累计折旧	账面净值	折旧费用类别

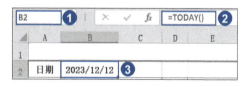

图 5-2　设置后表头效果

选择“日期”所对应的 B2 单元格，在编辑栏中输入公式“=TODAY()”，按 <Enter> 键即可返回当前日期值，如图 5-3 所示。

图 5-3　利用 TODAY 函数返回当前日期值

小提示

关于 TODAY 函数的几点说明

（1）TODAY 函数不需设置参数，输入“=TODAY()”，即可以根据计算机系统设定的日期返回当前的日期；此外，还有一个 NOW 函数也不需要设置参数，即可以根据计算机系统设定的时间返回当前的日期加上时刻。

所以，同学们在练习本例时，可能会出现返回时间和图 5-4 不一致的情况，进而使得练习结果和后续的固定资产折旧相关数据有所偏差。若想做成一样的效果，同学们可以将日期手动输入为 2023 年 12 月 12 日；当然，也可根据计算机系统返回的日期，自行验算后续结果是否计算正确。

（2）在输入日期函数相关公式时，部分同学可能会得到"45272"的一个数值，其实这是单元格格式的问题，因为 Excel 默认的起始日期为 1900 年 1 月 1 日，从这天开始到 2023 年 12 月 12 日已经过了 45272 天；此时，只需在"设置单元格格式"中选择日期格式就会返回正确的结果了，路径如图 5-4 所示。

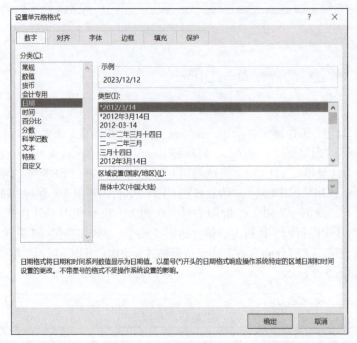

图 5-4　设置日期格式

2. 定义"固定资产台账表"名称

为方便"固定资产台账表"内数据的调用，可以通过"公式"选项卡中的"定义名称"功能事先定义较为常用的相关名称，详见项目二知识技能 2-3。

此处以"资产类别"为例，定义名称如图 5-5 所示。

此外，还可用同样的方法定义"使用部门""增加方式""减少方式""使用状况""折旧方法""折旧费用类别""基础信息"的名称，具体引用位置及范围见表 5-1。

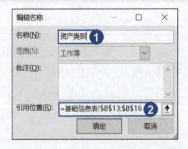

图 5-5　定义"资产类别"名称

表 5-1　"固定资产台账表"名称、引用位置及范围

名　　称	引用位置	范　　围
资产类别	=基础信息表!$B$13:$B$16	工作簿
使用部门	=基础信息表!$B$3:$B$8	工作簿

（续）

名　　称	引用位置	范　　围
增加方式	=基础信息表!$G$3:$G$8	工作簿
减少方式	=基础信息表!$H$3:$H$7	工作簿
使用状况	=基础信息表!$E$3:$E$9	工作簿
折旧方法	=基础信息表!$G$13:$G$15	工作簿
折旧费用类别	=基础信息表!$H$13:$H$16	工作簿
基础信息	=基础信息表!$B$13:$E$16	工作簿

3. 限制输入类别

限制输入类别可通过"数据"功能区"数据工具"组中的"数据验证"功能来实现。以 E 列"资产类别"为例，选中该列单元格，执行"数据验证"命令，在"允许"下拉列表中选择"序列"选项；同时，在"来源"中可以直接引用定义的名称，输入"=资产类别"，如图 5-6 所示。参考项目一相关章节信息，还可在"数据验证"的"输入信息"和"出错警告"选项卡中录入相关提醒信息。

运用同样的方法，分别限制"使用部门"（F 列）、"增加方式"（G 列）、"减少方式"（H 列）、"使用状况"（I 列）、"折旧方法"（O 列）、"折旧费用类别"（U 列）的输入类别。

当然，如果该序列未定义过名称，可以输入相关单元格区域的索引。例如，在"数据验证"对话框中"设置"选项卡的"来源"处输入"=基础信息表!$G$3:$G$8"，可以限制"增加方式"的输入类别。此外，也可以直接输入包含所有后备选项的序列，同样以"增加方式"为例，在"来源"处输入"购入,自建,投入,捐赠,内部调拨,其他"，可达到同样的效果；但需要注意的是，输入中文文本后，要及时切换逗号为英文模式下的半角状态，如图 5-7 所示。如果不想运用该"数据验证"的效果，可以单击左下角的"全部清除"按钮。

图 5-6　限制"资产类别"输入类别

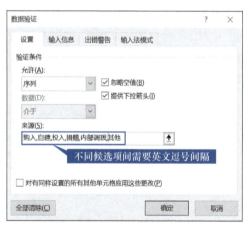

图 5-7　限制"增加方式"输入类别

4. 录入相关固定资产初始数据信息

根据图 5-8 录入固定资产初始数据信息。

5. 设置"资产编号"取数公式

初始数据录入完毕后，选择 A4 单元格，输入取数公式"=VLOOKUP($E4,基础信息,2,0)&VLOOKUP($F4,基础信息表!$B$3:$C$8,2,0)&TEXT(SUMPRODUCT(($F$4:F4=F4)*1),"00")"，并将其复制到该列的以下单元格中。

	B	C	D	E	F	G	I	J	M	O	U
3	资产名称	规格型号	计量单位	资产类别	使用部门	增加方式	使用状况	购置日期	资产原值	折旧方法	折旧费用类别
4	办公楼	10万平米	栋	房屋建筑物	行政部	自建	正常使用	2014-5-1	3600000	平均年限法	管理费用
5	厂房	100万平米	栋	房屋建筑物	生产车间	自建	正常使用	2014-6-18	1150000	平均年限法	制造费用
6	仓库	60万平米	栋	房屋建筑物	生产车间	自建	正常使用	2015-3-26	800000	平均年限法	制造费用
7	货车	10吨	辆	运输设备	采购部	购入	正常使用	2016-10-8	300000	平均年限法	销售费用
8	公务车	别克	辆	运输设备	行政部	购入	正常使用	2017-3-1	160000	平均年限法	管理费用
9	压铸机	900T	台	生产设备	生产车间	购入	正常使用	2016-10-8	400000	双倍余额递减法	制造费用
10	机床	TBY-60	台	生产设备	生产车间	购入	正常使用	2014-9-27	650000	平均年限法	制造费用
11	机床	YBM132	台	生产设备	生产车间	购入	正常使用	2015-3-6	456000	平均年限法	制造费用
12	机床	TBY-60	台	生产设备	生产车间	购入	正常使用	2015-9-27	660000	平均年限法	制造费用
13	数控液压机	ZY316	台	生产设备	生产车间	购入	正常使用	2016-10-8	400000	年数总和法	制造费用
14	复印机	佳能	台	电子设备	销售部	购入	正常使用	2017-6-15	3000	平均年限法	销售费用
15	传真机	惠普	台	电子设备	行政部	购入	正常使用	2018-12-19	6000	平均年限法	管理费用
16	打印机	佳能	台	电子设备	财务部	购入	正常使用	2019-3-21	6000	平均年限法	管理费用
17	空调	三菱	台	电子设备	行政部	购入	正常使用	2020-7-1	6000	平均年限法	管理费用
18	笔记本电脑	联想	台	电子设备	销售部	购入	正常使用	2021-3-21	9900	平均年限法	销售费用
19	笔记本电脑	联想	台	电子设备	采购部	购入	正常使用	2021-3-21	9900	平均年限法	销售费用
20	台式电脑	联想	台	电子设备	行政部	购入	正常使用	2022-6-16	8800	平均年限法	管理费用
21	台式电脑	联想	台	电子设备	财务部	购入	正常使用	2022-8-18	8800	平均年限法	管理费用

图 5-8　固定资产初始数据信息

知识技能 5-1　SUMPRODUCT 函数

从字面上可以看出，SUMPRODUCT 是由两个英文单词组成的，SUM 是求和，PRODUCT 是乘积，合起来就是乘积之和的意思。

语法格式为：SUMPRODUCT([array1],[array2],[array3],…)

其中，array 为数组。

SUMPRODUCT 函数

（1）基础用法。该函数可以在给定的几个数组中，将数组间对应的元素相乘，并返回乘积之和。需要说明的是，数组参数必须具有相同的维数，否则 SUMPRODUCT 函数将返回错误值 #VALUE!。应用示例如图 5-9 所示，选择 A5 单元格，输入公式"=SUMPRODUCT(A2:B4,C2:D4)"，或如图 5-10 所示在"插入函数"对话框中通过选择区域范围，最终均可得到结果 106，具体求解过程为：1×3+2×4+2×6+4×5+3×9+6×6=106。

图 5-9　用 SUMPRODUCT 函数返回乘积之和示例

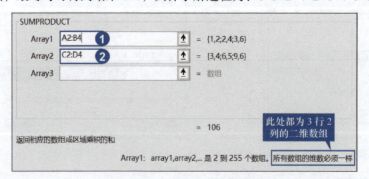

图 5-10　通过插入函数求乘积

需要说明的是，当参数不止一个时（即有多个数组参数），那么每个数组参数的维数必须相同，否则 SUMPRODUCT 函数将返回错误值 #VALUE!。例如此题中，第一个数组参数为 A2:B4（3 行 2 列二维数组），那么第二参数就不能是 C2:D5（4 行 2 列二维数组）。

（2）扩展应用。除了基础求乘积之和外，SUMPRODUCT 函数还可以进行多条件计数或者求和。相较于 SUMPRODUCT 函数基础用法，多条件计数或者求和中最关键的是确定判断条件。

1）多条件计数。图 5-11 截取了项目四“职工工资汇总表”中的部分数据，若要求解“该月部门经理有几人加班时”，可分别加入判定条件，在单元格中输入“=SUMPRODUCT((D2:D16="部门经理")*1,(H2:H16<>0)*1)”。如图 5-12 所示，第一个数组判断区域 D2:D16 中的值是否为“部门经理”，第二个数组判断区域 H2:H16 中的值是否不等于 0（也就是产生加班工资了），因为这两个是判定条件，所以判断结果是包含逻辑值的数组，为了让这两个数组可参加运算，需要将每个数组都乘以 1，将每个参数先转换成数值型数据，再求它们的乘积。

	A	B	C	D	E	F	G	H	I	J
1	序号	姓名	部门	职务	工资（含津贴）	全勤工资	病事假/旷工扣款	加班工资	通信费	应发工资
2	1	邓华超	行政部	总经理	12000	200	0	300	500	13000
3	2	叶荣飞	研发部	部门经理	9000	0	150	0	300	9150
4	3	王振光	销售部	部门经理	9000	200	0	200	300	9700
5	4	沈朝飞	财务部	部门经理	9000	200	0	0	300	9500
6	5	孔人泉	生产车间	基本生产人员	6000	0	120	0	150	6030
7	6	梁坡	销售部	销售人员	6000	200	0	0	150	6350
8	7	凌晨晨	生产车间	基本生产人员	6000	200	0	0	150	6350
9	8	陈琳	财务部	财务人员	6000	0	100	0	150	6050
10	9	刘滨晓	生产车间	部门经理	9000	200	0	300	300	9800
11	10	黄郑	生产车间	基本生产人员	6000	200	0	0	150	6350
12	11	项薇雪	行政部	财务人员	9000	0	30	0	300	9270
13	12	许子臻	研发部	研发人员	6000	200	0	0	150	6350
14	13	吴海涛	采购部	采购人员	6000	200	0	0	150	6350
15	14	李燕	财务部	财务人员	6000	200	0	200	150	6550
16	15	章明晖	研发部	研发人员	6000	0	200	0	150	5950

图 5-11　SUMPRODUCT 函数扩展应用数据表

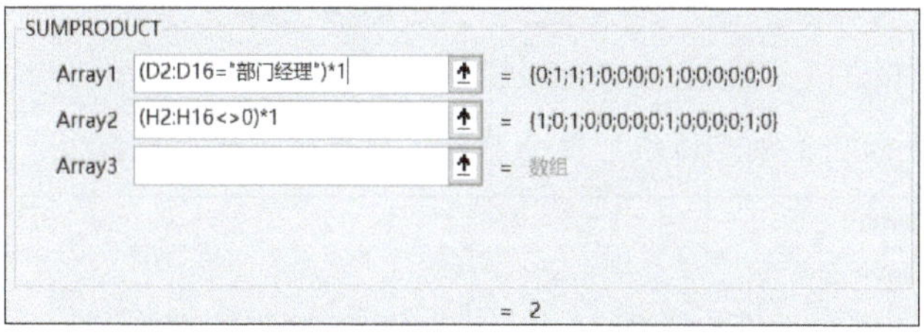

图 5-12　使用 SUMPRODUCT 函数进行多条件计数

小提示

对于 SUMPRODUCT 函数使用过程中“*1”的解释说明

SUMPRODUCT 函数语法格式中 ([array1],[array2],[array3],...) 逗号分隔的各个参数必须为数值型数据，如果判断的结果是包含 TRUE 或 FALSE 逻辑值的数组（非数值型的数据），如图 5-13 所示，SUMPRODUCT 函数的结果将按 0 来处理。因此，需要将每项逻辑判断值乘 1，转换为数值实现计数。

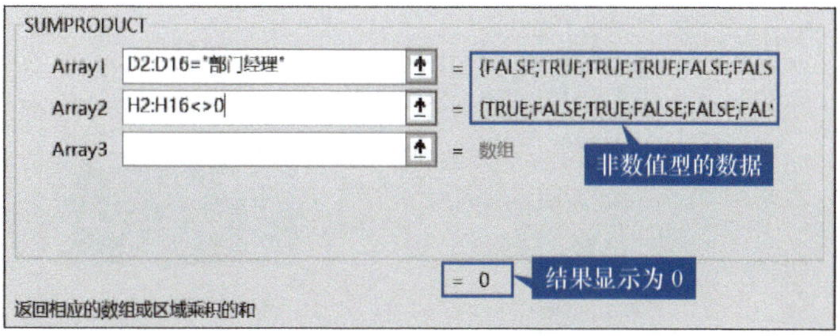

图 5-13　参数非数值型时结果为零

我们也可用函数实现数据类型的转换。在 Excel 中，有一个 N 函数，可以直接将不是数值形式的值转换成数值形式，如图 5-14 所示，能将 TRUE 转换成 1，将日期转换成序列值。此时，通过 N 函数和 SUMPRODUCT 函数共同构建的公式如图 5-15 所示。

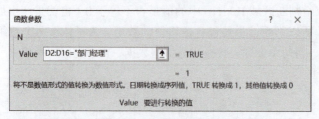

图 5-14　通过 N 函数实现数据类型的转换

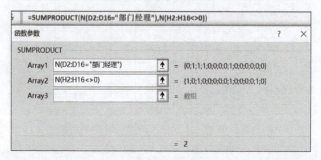

图 5-15　利用 SUMPRODUCT 函数和 N 函数实现多条件计数

此外，我们也可以在参数前面添加两个减号，将逻辑值转换成数值，如图 5-16 所示。

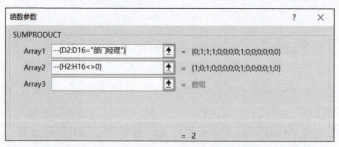

图 5-16　利用 SUMPRODUCT 和 "--" 实现多条件计数

如果不用逗号分割参数，也可以考虑直接用 "*" 号连接两个以上条件作为一个参数，相当于实现乘法运算，如图 5-17 所示。此时执行 "公式" → "公式审核" → "公式求值" 的计算步骤就与前面参数分别 "*1" 的过程不一样了，当然结果肯定是一样的。

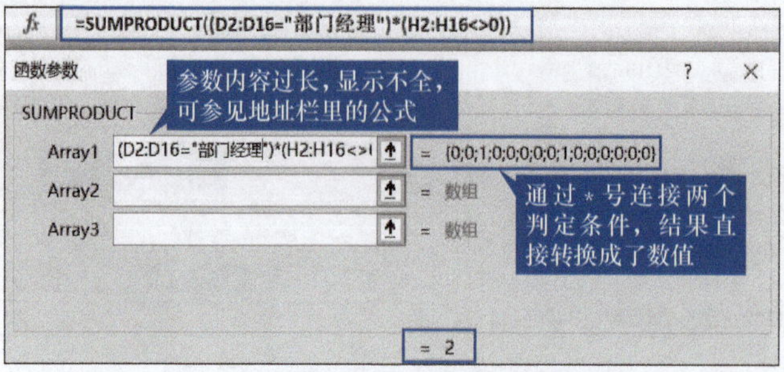

图 5-17　通过 * 号连接两个判定条件

2）多条件求和。多条件求和则是在计数公式的基础上增加求和区域，同样利用图 5-11 的资料数据，求解"该月加班的部门经理们应发工资总和数"时，只需在"部门经理""加班工资不为零"两个判定条件后面增加一个求和区域 J2:J16 即可，即"=SUMPRODUCT((D2:D16=" 部门经理 ")*(H2:H16<>0)*(J2:J16))"，如图 5-18 所示。

此外，公式还可更改为"=SUMPRODUCT((D2:D16=" 部门经理 ")*(H2:H16<>0),(J2:J16))"，如图 5-19 所示，即在判定条件为真的情况下返回求和值。

或者，也可以如图 5-20 所示，将每个条件单独视为一个参数，实现数值乘积的求和，"=SUMPRODUCT((D2:D16=" 部门经理 ")*1,(H2:H16<>0)*1,(J2:J16))"。

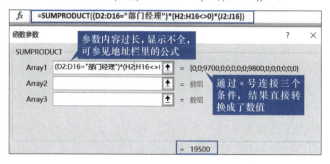

图 5-18　通过 * 号连接三个条件

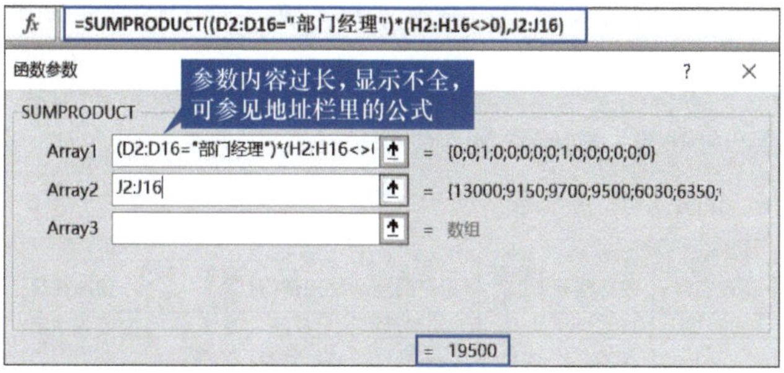

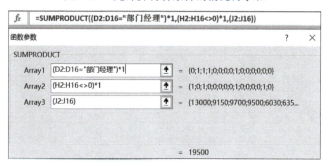

图 5-19　先计算符合条件的情况再求和

图 5-20　将每个条件单独视为一个参数

3）关于通配符的说明。SUMPRODUCT 函数还可以跨表使用，通过在数据区域前面标明工作表的名称实现。但是，SUMPRODUCT 函数无法实现包含通配符的计数。例如，若想要求解"该月经理级别有几人加班时"，在项目四中我们是通过查找"* 经理"实现的，但若执行"=SUMPRODUCT((D2:D16="* 经理 ")*(H2:H16<>0))"，单元格会返回零值，显然，部门经理就已经有两人加班了，经理级别的加班人数肯定不会是零，可见，SUMPRODUCT 函数进行条件计数或求和时，条件本身无法实现通配符的计算。所以，通常包含通配符的计数主要用到的还是项目三中的 COUNTIF(S) 函数，如此处执行"=COUNTIFS(D2:D16, "* 经理 ",H2:H16,"<>0")"，会返回 3，也就是该单位总经理也加班了。

顺带一提，COUNTIFS 函数实现计数，可以在"插入函数"对话框中输入实现，但其通过执行"公式"→"公式审核"→"公式求值"和 SUMPRODUCT 函数的步骤是完全不同的。

本例中，A10 单元格"=SUMPRODUCT(($F$4:F10=F10)*1)"，在具体执行时，先判定 F4 到 F10 的区间内是否与 F10 单元格内容一致，再对一致的单元格数量进行求和，计算步骤为：SUMPRODUCT((({" 行政部 ";" 生产车间 ";" 生产车间 ";" 采购部 ";" 行政部 ";" 生产车间 ";" 生产车间 "}=" 生产车间 ")*1)=SUMPRODUCT(({FALSE;TRUE;TRUE;FALSE;FALSE;TRUE;TRUE})*1)=SUMPRODUCT({0;1;1;0;0;1;1})=4。

> **小提示**
>
> TEXT 函数可保证结构美观
>
> TEXT 函数用于将数值转换成指定格式的文本，它的表现形式为"=TEXT(要处理的数据," 要使用的格式代码 ")。
>
> 因为 SUMPRODUCT 函数前 9 项计数结果只有个位，从第 10 项起递增为两位，所以为保证结构美观，TEXT(SUMPRODUCT(($F$4:F4=F4)*1),"00") 就是将前 9 项结果也转换成两位的形式；注意，这里控制两位数形式的"00"外面需要加英文半角模式下的双引号。当然，随着企业的不断壮大，可能部门固定资产会增加到 3 位，即 TEXT(SUMPRODUCT(($F$4:F4=F4)*1),"000")。

6. 完成"固定资产台账表"的信息录入工作

根据图 5-21 录入"固定资产台账表"相关信息。

	A	B	C	D	E	F	G	H	I	J
3	资产编号	资产名称	规格型号	计量单位	资产类别	使用部门	增加方式	减少方式	使用状况	购置日期
4	FW0101	办公楼	10万平米	栋	房屋建筑物	行政部	自建		正常使用	2014-5-1
5	FW0201	厂房	100万平米	栋	房屋建筑物	生产车间	自建		正常使用	2014-6-18
6	FW0202	仓库	60万平米	栋	房屋建筑物	生产车间	自建		正常使用	2015-3-26
7	YS0601	货车	10吨	辆	运输设备	采购部	购入		正常使用	2016-10-8
8	YS0102	公务车	别克	辆	运输设备	行政部	购入		正常使用	2017-3-1
9	SC0203	压铸机	900T	台	生产设备	生产车间	购入		正常使用	2016-10-8
10	SC0204	机床	TBY-60	台	生产设备	生产车间	购入		正常使用	2014-9-27
11	SC0205	机床	YBM132	台	生产设备	生产车间	购入		正常使用	2015-3-6
12	SC0206	机床	TBY-60	台	生产设备	生产车间	购入		正常使用	2015-9-27
13	SC0207	数控液压机	ZY316	台	生产设备	生产车间	购入		正常使用	2016-10-8
14	DZ0401	复印机	佳能	台	电子设备	销售部	购入		正常使用	2017-6-15
15	DZ0103	传真机	惠普	台	电子设备	行政部	购入		正常使用	2018-12-19
16	DZ0301	打印机	佳能	台	电子设备	财务部	购入		正常使用	2019-3-21
17	DZ0104	空调	三菱	台	电子设备	行政部	购入		正常使用	2020-7-1
18	DZ0402	笔记本电脑	联想	台	电子设备	销售部	购入		正常使用	2021-3-21
19	DZ0602	笔记本电脑	联想	台	电子设备	采购部	购入		正常使用	2021-3-21
20	DZ0105	台式电脑	联想	台	电子设备	行政部	购入		正常使用	2022-6-16
21	DZ0302	台式电脑	联想	台	电子设备	财务部	购入		正常使用	2022-8-18

图 5-21 完成"固定资产台账表"的信息录入工作

任务二　固定资产折旧的计提

企业计提固定资产折旧的方法包括两大类：一是"直线法"，包括年限平均法、工作量法；

二是"加速折旧法"，常用的有双倍余额递减法和年数总和法。企业应根据固定资产所含经济利益预期实现方式选择不同的方法。

1. 设置"折旧年限"公式

选择 K4 单元格，输入公式"=VLOOKUP($E4,基础信息 ,3,0)"，函数表示从基础信息表 $B$13:$E$16 的绝对区域中的第 3 列精确查找并返回 E 列"资产类别"对应的"折旧年限"，并将公式复制到 K 列以下的单元格中。

2. 计算固定资产"残值"

残值 = 固定资产原值 * 残值率，所以，选择 N4 单元格，输入公式"=VLOOKUP($E4,基础信息 ,4,0)*M4"，并将公式复制到 N 列以下的单元格中。

3. 计算固定资产计提折旧的"到期日期"

选择 L4 单元格，输入公式"=EOMONTH(EDATE(J4,K4*12),0)"，并将其复制到 L 列以下的单元格中。

知识技能 5-2　EDATE 函数

EDATE 函数可用于返回指定日期之前或之后几个月的具体日期。

语法格式为：EDATE(start_date, months)

其中，start_date 表示起始日的日期；months 为正数时表示 start_date 之后的月份数，负数则表示之前的月份数。所以，如果输入"=EDATE("2023-12-12",1)"，返回后一个月的日期"2024-1-12"；如果输入"=EDATE("2023-12-12",0)"，返回结果为本身"2023-12-12"；如果输入"=EDATE("2023-12-12",-1)"，返回前一个月的日期"2023-11-12"。

知识技能 5-3　EOMONTH 函数

EOMONTH 函数可以计算某一特定月份中最后一天的日期。

语法格式为：EOMONTH(start_date,months)

参数说明同 EDATE 函数。所以，执行"=EOMONTH("2023-12-12",-1)"，返回"2023-11-30"；若执行"=EOMONTH("2023-12-12",0)"，返回结果是"2023-12-31"；若执行"=EOMONTH("2023-12-12",1)"，返回结果是"2024-1-31"。

所以此处先将折旧年限乘以 12 转换成总折旧月份数，然后通过 EDATE 函数返回到期日期。又因为折旧一般是月底计提，所以外嵌 EOMONTH 函数将日期调整至到期月所在的最后一天。为了规范格式，我们选中 L 列设置单元格格式，将日期调整为只包含年月的信息。

4. 计算"已计提月份"

选择 P4 单元格，输入公式"=IF(AND(MONTH($B$2)=MONTH($J4),YEAR($B$2)=YEAR($J4)),0,IF($B$2<L4,DATEDIF(EOMONTH(J4,0)+1,EOMONTH($B$2,0),"M"),K4*12))"，即可返回截至上个月已计提折旧的月份，并将该公式复制到 P 列以下的单元格内。其中，"AND(MONTH($B$2)=MONTH($J4),YEAR($B$2)=YEAR($J4)"用于判定该固定资产是否为当年当月购进，因为当月新增的固定资产不计提折旧，所以该 IF 函数若为真，则返回 0 值；第二个 IF 函数用于判断折旧是否已经超过年限，如果超过了折旧年限，返回年限值转化成的月份数。此处，转化月份数时又嵌套了一个 IF 函数，主要是用来判断 TODAY 函数返回的日期（$B$2 单元格的绝对引用）是否小

于某项固定资产的到期日期，如果小于，就用 DATEDIF 计算已计提月份数；反之，如果超过了到期日期，直接用折旧年限乘以一年 12 个月即可。

知识技能 5-4　单参数的日期函数及扩展

1. YEAR 函数

YEAR 函数返回某个日期的年份值。

语法格式为：YEAR(serial_number)

其中，serial_number 是 Excel 进行日期及事件计算的代码。所以，"=YEAR("2023-12-12")" 返回的结果为年份 2023。

2. MONTH 函数

MONTH 函数返回月份值，是 1（一月）～ 12（十二月）之间的数字。

语法格式为：MONTH(serial_number)

"=MONTH("2023-12-12")" 返回的结果为月份 12。

3. DAY 函数

DAY 函数用于返回某个日期在一个月中的第几天，是 1 ～ 31 之间的数字。

语法格式为 DAY(serial_number)

"=DAY("2023-12-12")" 返回的结果为日期 12。

4. WEEKDAY 函数

WEEKDAY 函数用于返回某个日期在一周中的第几天。

语法格式为 WEEKDAY(serial_number,[return_type])

其中，当 return_type 为 1 或省略时，返回 1 ～ 7 范围内的数字（匹配星期日到星期一），其中数字 1 表示星期日，数字 7 表示星期六；return_type 为 2 时，仍然返回 1 ～ 7 范围内的数字，只是此时认为每周从星期一开始作为一周的第一天，所以数字 1 表示星期一，数字 7 表示星期日；此外，return_type 还可以是 3，此时返回的是 0 ～ 6 范围内的数字，匹配星期一作为一周的第一天，即数字 0 表示星期一，数字 6 表示星期日。

例如，"=WEEKDAY("2023-12-12")"，若不设 return_type，默认星期日为一周的第一天，返回的结果为 3；但其实我们有时无法准确获知数字 3 到底是星期几，于是调整"设置单元格格式"→"数字"→"日期"中的类型为"星期×"即可。此外，我们还可考虑结合 TEXT 函数实现，如输入"=TEXT(WEEKDAY("2023-12-12"),"aaaa")"同样会返回"星期二"（格式代码"aaaa"为长星期，"aaa"为短星期）。

> 💡 **小提示**
>
> **关于"已计提月份"的几点说明**
>
> （1）从固定资产计提折旧的规定可知，当月增加的固定资产当月不提折旧，所以用 EOMONTH 函数计算出的本月最后一天加一天后，就变成了次月的第一天。再用 DATEDIF 函数计算起始月份间的差额数。
>
> （2）也可以不用 DATEDIF 函数，用单纯的加减法计算已计提折旧的月份数，如将第二个 IF 函数替换成"IF($B$2<L4,(YEAR($B$2)-YEAR($J4))*12+MONTH($B$2)-MONTH($J4)-1,K4*12)"。
>
> **请思考**：你还有没有别的方法能计算"已计提月份"？

5. 选择"折旧方法""折旧费用类别"

分别从下拉选项中选择固定资产计提的"折旧方法"（O列）以及"折旧费用类别"（U列），数据来源于图5-8。

6. 计算"已计提折旧金额"

选择Q4单元格，输入公式"=IF(O4=" 年限平均法 ",SLN(M4,N4,K4)/12*P4,(IF(O4=" 年数总和法 ",SYD(M4,N4,K4,K4)*(2*K4-INT(P4/12)+1)*INT(P4/12)/2+SYD(M4,N4,K4,INT(P4/12)+1)/12*MOD(P4,12),IF(O4=" 双倍余额递减法 ",IF(P4<=(K4-2)*12,VDB(M4,N4,K4,0,INT(P4/12))+DDB(M4,N4,K4,INT(P4/12)+1)/12*MOD(P4,12),VDB(M4,N4,K4,0,K4-2,2,TRUE)+(M4-VDB(M4,N4,K4,0,K4-2,2,TRUE)-N4)/2/12*(P4-(K4-2)*12))," 请选择折旧方法 ")))))"，并将其复制到Q列以下的单元格中。

知识技能 5-5　资产折旧类函数

（1）SLN 函数。SLN 是 Straight-line 的缩写，也就是我们常说的直线法，用于返回一个期间内资产按直线法计提的折旧额。

语法格式为：SLN(cost,salvage,life)

其中，cost 为固定资产原值；salvage 为固定资产残值；life 为固定资产预计可使用年限。

计算公式为：SLN=(cost-salvage)/life

工作量法在 Excel 中也使用 SLN 函数，其中 life 表示预计总工作量。因为工作量法需要预计总工作量，所以本案例中暂不涉及。

以资产编号 YS0601 为例，提取其相关数据信息，构建该固定资产年限平均法下计提每年折旧额的表格，如图 5-22 所示。

选择 C6 单元格，插入 SLN 函数，因为"年折旧额"每年必相等，所以年限平均法下的原值、残值和预计可使用年限都是绝对引用。在弹出的对话框中输入如图 5-23 所示的内容后，拖动该公式至 C9 单元格。

图 5-22　年限平均法计提每年折旧额表格

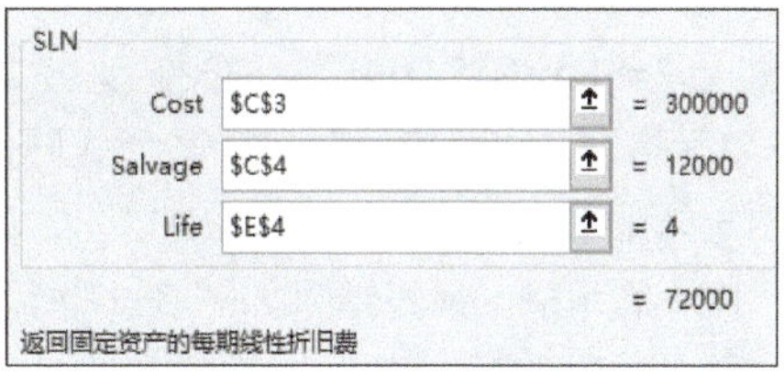

图 5-23　SLN 函数参数录入

"累计折旧"方面，除第一年 D6 单元格输入"=C6"外，D7 单元格输入"=C7+D6"，并拖动公式至 D9 单元格。如果想要一个单元格的内容拖动到该列所有单元格，可以考虑用 SUM 函数，单击 D6 单元格，输入"=SUM(C6,D5)"，并拖动至 D9 单元格。

"账面净值"方面，E6 单元格输入"=$C$3-D6"，并拖动至 E9 单元格。最终结果如图 5-24 所示。在计算"累计折旧"和"账面净值"时，因为涉及拖动，所以要注意绝对引用和相对引用的区别。

图 5-24　年限平均法计提折旧最终结果

需要说明的是，本例中，SLN(M4,N4,K4) 求出的是每年折旧，如果要按月计提，还需要除以 12 个月，再乘以已计提的折旧月份数。

SYD 函数

（2）SYD 函数。SYD 函数用于返回在指定期间内资产按年限总和法计算的折旧，即将固定资产原值减去残值后的净额，乘以逐年递减的分数，计算出折旧金额。

语法格式为：SYD(cost,salvage,life,period)

其中，原值、残值、预计可使用年限意义同 SLN 函数中的参数，参数 period 是需要计提折旧值的期间，且 period 必须使用与 life 相同的单位。

计算公式为：$SYD=\frac{(cost-salvage)\times(life-period+1)\times 2}{life\times(life+1)}$

本例中 SC0207 资产用的就是年数总和法，同样，我们以此数据构建该固定资产计提每年折旧额的表格，如图 5-25 所示。

选择 C15 单元格，插入 SYD 函数，并在弹出的对话框中输入原值、残值和预计可使用年限，且均为绝对引用；而需要计提折旧值的期间 period 每期的数据不同，因此为相对引用，参数录入如图 5-26 所示。拖动该公式至 C24 单元格。

	A	B	C	D	E
10					
11		资产编号	SC0207	折旧方法	年数总和法
12		资产原值	400000	购置日期	2016-10-8
13		残值	20000	折旧年限	10
14		年份	年折旧额	累计折旧	账面净值
15		1			
16		2			
17		3			
18		4			
19		5			
20		6			
21		7			
22		8			
23		9			
24		10			

图 5-25　年数总和法计提每年计提额表格

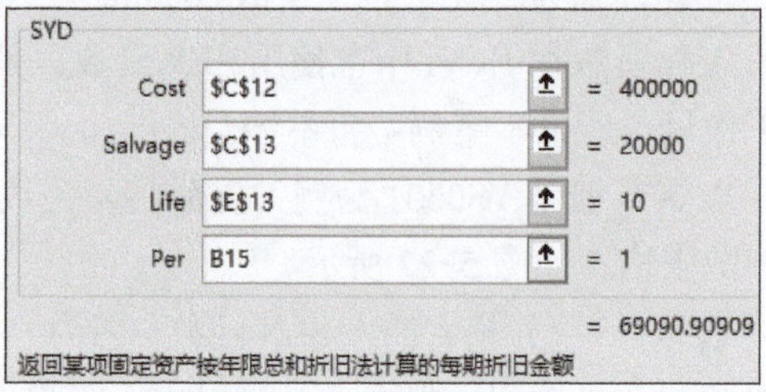

图 5-26　SYD 函数参数录入

“累计折旧”方面同前，单击 D15 单元格输入“=SUM(C15,D14)”，并拖动公式至 D24 单元格。“账面净值”列计算公式同前，在 E15 单元格中输入“=$C$12-D15”，并拖动至 E24 单元格。最终结果如图 5-27 所示。

	A	B	C	D	E
10					
11		资产编号	SC0207	折旧方法	年数总和法
12		资产原值	400000	购置日期	2016-10-8
13		残值	20000	折旧年限	10
14		年份	年折旧额	累计折旧	账面净值
15		1	¥69,090.91	¥69,090.91	¥330,909.09
16		2	¥62,181.82	¥131,272.73	¥268,727.27
17		3	¥55,272.73	¥186,545.45	¥213,454.55
18		4	¥48,363.64	¥234,909.09	¥165,090.91
19		5	¥41,454.55	¥276,363.64	¥123,636.36
20		6	¥34,545.45	¥310,909.09	¥89,090.91
21		7	¥27,636.36	¥338,545.45	¥61,454.55
22		8	¥20,727.27	¥359,272.73	¥40,727.27
23		9	¥13,818.18	¥373,090.91	¥26,909.09
24		10	¥6,909.09	¥380,000.00	¥20,000.00

图 5-27　年数总和法计提折旧最终结果

需要说明的是，因为年数总和法计算的折旧年度是从开始计提折旧月的连续 12 个月，而会计年度一般是指 1 月 1 日至当年 12 月 31 日；所以案例中 Q4 单元格中的长公式用 Excel 计算时，需将折旧对应的不同年份 INT(P4/12) 和月份 MOD(P4,12) 拆分开来。对于整数年的累计折旧运用“SYD(M4,N4,K4,K4)*(2*K4-INT(P4/12)+1)*INT(P4/12)/2”计算，也就是“（首项 + 末项）* 项数 /2”公式的转化，该例中，首项 =K4，末项 =K4-INT(P4/12)+1，项数 =INT(P4/12)；对于月份数的折旧运用“SYD(M4,N4,K4,INT(P4/12)+1)/12*MOD(P4,12)”进行计算。

用编号 SC0207 的固定资产进行试算，该资产已计提折旧 85 个月，对应 INT(85/12) 年

MOD(85,12) 个月，也就是已计提 7 年零 1 个月，所以已计提折旧金额 =SYD(原值 , 残值 , 预计可使用年限 , 预计可使用年限)*(2* 预计可使用年限 -INT(85/12)+1)*INT(85/12)/2+SYD(原值 , 残值 , 预计可使用年限 ,INT(85/12)+1)/12*MOD(85,12)=D21 单元格的值 +C22 单元格的值 /12=338545.45+20727.27/12=340272.72，即“固定资产台账表”中 Q13 单元格的值。但如果到了下个月，该固定资产已计提折旧就变成了 86 个月，对应 INT(86/12) 年 MOD(86,12) 个月，即 7 年零 2 个月，所以此时已计提折旧金额 =D21 单元格的值 +C22 单元格的值 /12*MOD(86,12)=338545.45+20727.27/12*2=342000，也就是我们看到的“固定资产台账表”中 S14 单元格的值（此处小数点因为计算精度显示问题可能存在尾差）。

（3）DDB 函数。DDB 函数用于返回指定期间内某项固定资产按双倍余额递减法计算的折旧值。

语法格式为：DDB(cost,salvage,life,period,[factor])

其中，原值、残值、预计可使用年限、需要计提折旧值的期间参数意义同前。参数 factor 是余额递减速率（折旧因子），外加方括号是因为参数 factor 可以被省略，若省略则默认为 2。

计算公式为：DDB=MIN((cost- 前期累计折旧)*(factor/life),(cost-salvage- 前期累计折旧))

本例中编号 SC0203 资产用的是双倍余额递减法，所以我们以此数据构建该固定资产计提每年折旧额的表格，如图 5-28 所示。

选择 C30 单元格，插入 DDB 函数，原值、残值和预计可使用年限，均为绝对引用；而需要计提折旧值的期间 period 每期的数据不同，因此为相对引用，在弹出的对话框中输入如图 5-29 所示内容，拖动该公式至 C39 单元格。

	A	B	C	D	E
25					
26		资产编号	SC0203	折旧方法	双倍余额递减法DDB
27		资产原值	400000	购置日期	2016-10-8
28		残值	20000	折旧年限	10
29		年份	年折旧额	累计折旧	账面净值
30		1			
31		2			
32		3			
33		4			
34		5			
35		6			
36		7			
37		8			
38		9			
39		10			

图 5-28 DDB 函数计提每年折旧额表格

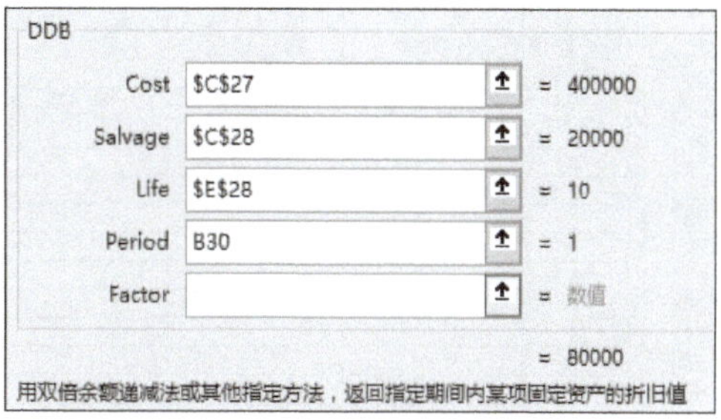

图 5-29 DDB 函数参数录入

“累计折旧”方面同前，单击 D30 单元格，输入“=SUM(C30,D29)”，并拖动公式至 D39 单元格。“账面净值”列计算公式同前，E30 单元格输入“=$C$27-D30”，并拖动至“E39”单元格。最终结果如图 5-30 所示。

	A	B	C	D	E
25					
26		资产编号	SC0203	折旧方法	双倍余额递减法DDB
27		资产原值	400000	购置日期	2016-10-8
28		残值	20000	折旧年限	10
29		年份	年折旧额	累计折旧	账面净值
30		1	¥80,000.00	¥80,000.00	¥320,000.00
31		2	¥64,000.00	¥144,000.00	¥256,000.00
32		3	¥51,200.00	¥195,200.00	¥204,800.00
33		4	¥40,960.00	¥236,160.00	¥163,840.00
34		5	¥32,768.00	¥268,928.00	¥131,072.00
35		6	¥26,214.40	¥295,142.40	¥104,857.60
36		7	¥20,971.52	¥316,113.92	¥83,886.08
37		8	¥16,777.22	¥332,891.14	¥67,108.86
38		9	¥13,421.77	¥346,312.91	¥53,687.09
39		10	¥10,737.42	¥357,050.33	¥42,949.67

图 5-30 DDB 函数计提折旧最终结果

需要说明的是，按照我国会计准则对双倍余额递减法的定义可知，在固定资产使用年限最后两年的前面各年，用年限平均法折旧率的两倍作为固定的折旧率，以其乘以逐年递减的固定资产期初净值，得出各年应提折旧额；而在固定资产使用年限的最后两年，改用年限平均法，将倒数第二年年初的固定资产账面净值扣除预计净残值后的余额在这两年平均分摊。虽然 DDB 函数能实现双倍余额递减法，但根据 Excel 设定的公式，无法实现最后两年折旧金额采用年限平均法计算（参见图 5-30 中 C38 单元格和 C39 单元格），需要手工调整最后两年的折旧金额。

（4）VDB 函数。VDB 函数用于按余额递减法或其他指定方法计算给定期间内的折旧值；通常 VDB 函数用于可变余额递减法。

语法格式为：VDB(cost,salvage,life,start_period,end_period,[factor],[no_switch])

相较于前面的函数，新增参数 start_period 用于计算折旧的起始时期；end_period 用于计算折旧的终止时期，且不管是 start_period 还是 end_period，都必须使用与 life 相同的单位。同样，可选参数 factor 若省略则默认为 2。此外，还增加了一个可选参数 no_switch，用于指定折旧值大于余额递减计算值时，是否转用直线折旧法。若 no_switch 为 TRUE，即使折旧值大于余额递减计算值，也不转用直线折旧法；若为 FALSE 或被忽略，则将转用直线折旧法。

沿用编号 SC0203 资产的数据新建该固定资产运用 VDB 函数计算每年折旧额的表格，如图 5-31 所示，用于和 DDB 函数计算的结果进行数据对比。

选择 H30 单元格，插入 VDB 函数，同 DDB 函数参数设置的思路一样，原值、残值和预计可使用年限，均为绝对引用；第一个年度“start_period”为 0，“end_period”为 1，但是这样的公式拖动会使得后面的每期数据都是从第 0 个年度开始，结束于第 1 个年度。所以，我们需要设置成一个可以拖动的动态变量。从表格设置可知，“end_period”一定为该年所对应的年份数，即 G30 单元格，而年份数是递增一年，因此，“start_period”可动态调整为“G30-1”，如图 5-32 所示，并将该公式拖动至 H39 单元格。

	F	G	H	I	J
25					
26		资产编号	SC0203	折旧方法	双倍余额递减法VDB
27		资产原值	400000	购置日期	2016-10-8
28		残值	20000	折旧年限	10
29		年份	年折旧额	累计折旧	账面净值
30		1			
31		2			
32		3			
33		4			
34		5			
35		6			
36		7			
37		8			
38		9			
39		10			

图 5-31　VDB 函数计提每年折旧额表格

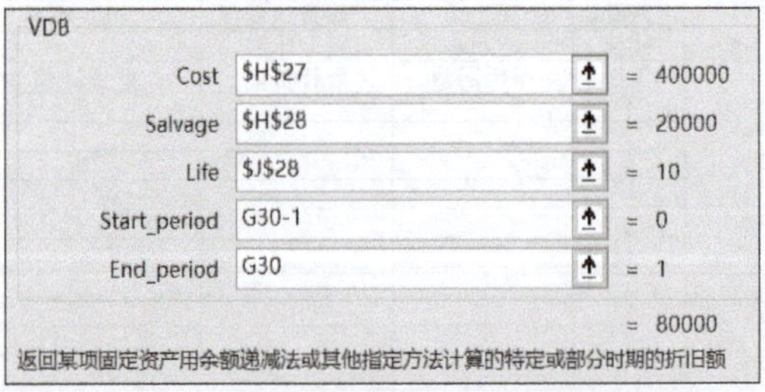

图 5-32　VDB 函数参数录入

“累计折旧”方面，除了可以按照前面的方法进行计算，还能用 VDB 函数实现。选择 I30 单元格，插入 VDB 函数，原值、残值、使用年限不变，“start_period”的值录入为 0，“end_period”的值录入为 G30 单元格，即表示返回至 G30 单元格年度为止的累计折旧值；并拖动公式至 I39 单元格。“账面净值”列计算公式同前，J30 单元格输入“=$H$27-I30”，并拖动至 J39 单元格。最终结果如图 5-33 所示。

	F	G	H	I	J
25					
26		资产编号	SC0203	折旧方法	双倍余额递减法VDB
27		资产原值	400000	购置日期	2016-10-8
28		残值	20000	折旧年限	10
29		年份	年折旧额	累计折旧	账面净值
30		1	¥80,000.00	¥80,000.00	¥320,000.00
31		2	¥64,000.00	¥144,000.00	¥256,000.00
32		3	¥51,200.00	¥195,200.00	¥204,800.00
33		4	¥40,960.00	¥236,160.00	¥163,840.00
34		5	¥32,768.00	¥268,928.00	¥131,072.00
35		6	¥26,214.40	¥295,142.40	¥104,857.60
36		7	¥21,214.40	¥316,356.80	¥83,643.20
37		8	¥21,214.40	¥337,571.20	¥62,428.80
38		9	¥21,214.40	¥358,785.60	¥41,214.40
39		10	¥21,214.40	¥380,000.00	¥20,000.00

图 5-33　VDB 函数计提折旧最终结果

在图 5-33 中，我们发现最后 4 年的折旧额相等，均为 21214.40。这是因为当用直线法计算剩余年限的折旧额大于加速折旧法计算的折旧额时，VDB 函数将其转换成了直线法进行运算。由图 5-30 和图 5-33 的数据可知，变化拐点就在第 7 个年度。我们来试着计算一下，首先来看第 6 个年度，按照 DDB 函数（图 5-30 中 C35 单元格的值）和 VDB 函数（图 5-33 中 H35 单元格的值）计算的折旧额均为 26214.4，而按年限平均法计算的折旧额 =（400000-20000- 前期累计折旧 268928）/ 预计剩余 5 年 =22214.4；此时，双倍余额递减法计算的值还大于年限平均法计算的值，所以第 6 年折旧取了两者计算结果较大值 26214.4。但是，到了第 7 个年度，按照 DDB 函数计算的折旧额为 20971.52（图 5-30 中 C36 单元格的值），而按年限平均法计算的折旧额 =（400000-20000-前期累计折旧 295142.4）/ 预计剩余 4 年 =21214.4（图 5-33 中 H36 单元格的值）。可见，从第 7 个年度起，双倍余额递减法计算的值小于年限平均法计算的值，所以从加速折旧的角度考虑，应采用折旧额较大的值，于是第 7 个年度出现了拐点，VDB 函数开始采用直线法进行折旧计算。

如果想要用 VDB 函数实现和图 5-30 一样的效果，只需修改公式中的相关参数。选择 H30 单元格，插入 VDB 函数，下拉弹出的 VDB 函数参数右侧滚动条，将 no_switch 参数设置成 1，如图 5-34 所示，并重新拖动该公式至 H39 单元格即可。

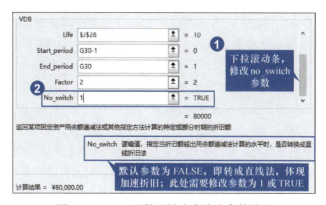

图 5-34 VDB 函数不转为直线法参数设置

同理，累计折旧所在的单元格，也要调整 no_switch，此处我们尝试通过地址栏添加参数。单击 I30 单元格，继续输入第 6 个参数，匹配 [factor] 的双倍余额递减因子，输入逗号后，如图 5-35 所示，地址栏下面自动给出了中文提示：TRUE 表示不转换成直线折旧法，FALSE 表示转换成直线折旧法。双击 TRUE 或者输入 1 后，按 < 回车 > 键，I30 单元格中的内容就可以拖动到 I39 的单元格区域范围内了。

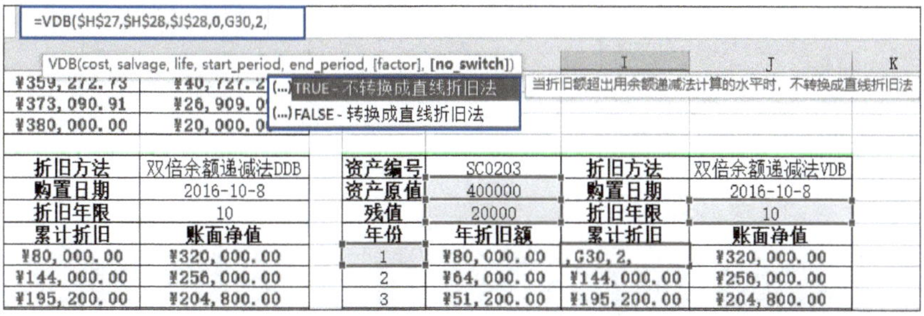

图 5-35 通过地址栏调整 VDB 函数参数

因为双倍余额递减法计算的折旧年度不同于会计年度，是从开始计提折旧月的连续 12 个月；所以，Q4 单元格中的长公式需要将已计提折旧月份分成可取整年份数 INT(P4/12) 和不可取整的月份数 MOD(P4,12) 分别计算折旧额，其中"VDB(M4,N4,K4,0,INT(P4/12))"用于计算截止到 INT(P4/12) 年的累计折旧，"DDB(M4,N4,K4,INT(P4/12)+1)/12*MOD(P4,12)"用于计算"INT(P4/12)+1"年对应的月份折旧数。

本案例中，编号 SC0203 的资产已计提折旧 85 个月，对应 INT(85/12) 年 MOD(85,12) 个月，即 7 年零 1 个月，所以，已计提折旧金额 =VDB(原值,残值,预计可使用年限,0,INT(85/12))+DDB 原值,残值,预计可使用年限,INT(85/12)+1)/12*MOD(85,12)=I36 单元格的值 +H37 单元格的值 /12 *MOD(85,12)=316356.8+16777.22/12*1=317754.90，即"固定资产台账表"中 Q9 单元格的值。但如果到了下个月，该固定资产已计提折旧就变成了 86 个月，对应 INT(86/12) 年 MOD(86,12) 个月，即 7 年零 2 个月，所以此时已计提折旧金额 =I36 单元格的值 +H37 单元格的值 /12*MOD(86,12)=316356.8+16777.22/12*2=319153，也就是我们看到的"固定资产台账表"中 S9 单元格的值。

> **💡 小提示**
>
> **关于"双倍余额递减法"的说明**
>
> Excel 中预设的 DDB 函数和 VDB 函数计算的双倍余额递减法折旧额和我国的会计准则并不完全匹配，按照我国会计准则对双倍余额递减法的定义，固定资产使用的最后两年，应改用年限平均法，即将倒数第二年初的固定资产账面净值扣除预计净残值后的余额在这两年内平均摊销。所以，用双倍余额递减法计提固定资产折旧时，需用 IF 函数判定是否为最后两年，若为最后两年则应采用直线法计提折旧。
>
> 已知该编号为 SC0203 的固定资产折旧年限为 10 年，现假定已计提折旧月份数为 100 个月，那么此时就应先计算出截止到倒数第二年的累计折旧，即"VDB(原值,残值,预计可使用年限,0,预计可使用年限 -2,2,TRUE)"；然后，已计提折旧金额 = 截止到倒数第二年的累计折旧 +(原值 - 截止到倒数第二年的累计折旧 - 残值)/2 年 /12 月 *(已计提折旧月份数 -(预计可使用年限 -2)*12)=332891.14+(400000-332891.14-20000)/2/12*(100-(10-2)*12)=332891.14+7851.48=340742.62。

再来看 Q4 单元格"已计提折旧金额"的公式，该公式分解步骤如图 5-36 所示。

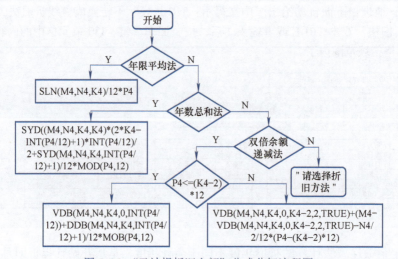

图 5-36 "已计提折旧金额"公式分解流程图

如果折旧方法为"年限平均法",则运用 SLN 函数计算年折旧额"SLN(M4,N4,K4)",再除以 12 个月,并乘以已计提折旧月份数 P4。如果为"年数总和法",则需要将已计提折旧月份数分拆成整数年度 INT(P4/12) 和不足整数年度的月份数 MOD(P4,12),分别计算"SYD(M4,N4,K4,K4)*(2*K4-INT(P4/12)+1)*INT(P4/12)/2"和"SYD(M4,N4,K4,INT(P4/12)+1)/12*MOD(P4,12)",并将两者的结果相加。如果是"双倍余额递减法",首先要判断是否为最后两年,如果不是最后两年,那就分别计算整数年度 INT(P4/12) 的累计折旧"VDB(M4,N4,K4,0,INT(P4/12))"和不足整数年度的月份数 MOD(P4,12) 对应的折旧金额"DDB(M4,N4,K4,INT(P4/12)+1)/12*MOD(P4,12)",并将两者相加;如果是最后两年,则应将其截止到倒数第二年的累计折旧值"VDB(M4,N4,K4,0,K4-2,2,TRUE)"计算出来,再据此计算最后两年直线法下每月折旧额"(M4-VDB(M4,N4,K4,0,K4-2,2,TRUE)-N4)/2/12",并乘以对应的月份数"(P4-(K4-2)*12)",最后将两者结果相加。

7. 计算"本月应提折旧"

选择 R4 单元格,输入公式"=IF(OR(P4=K4*12,AND(MONTH($B$2)=MONTH($J4),YEAR($B$2)=YEAR($J4))),0,IF(O4=" 年 限 平 均 法 ",SLN(M4,N4,K4)/12,(IF(O4=" 年 数 总 和 法 ",SYD(M4,N4,K4,INT(P4/12)+1)/12,IF(O4=" 双 倍 余 额 递 减 法 ",(IF(P4<(K4-2)*12,DDB(M4,N4,K4,INT(P4/12)+1)/12,(M4-VDB(M4,N4,K4,0,K4-2,2,TRUE)-N4)/2/12))," 请选择折旧方法 ")))))"。该公式分解步骤如图 5-37 所示。

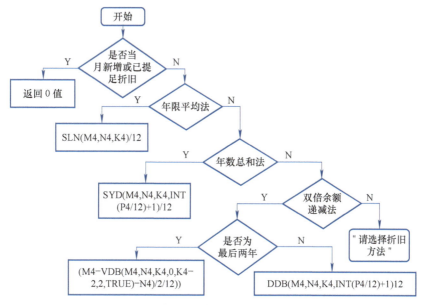

图 5-37 "本月应提折旧"公式分解流程图

8. 生成固定资产计提折旧的记账凭证

新建"记账凭证"工作表,设置相关格式后,录入总账科目"管理费用""销售费用""制造费用""累计折旧"(随着企业日后租赁业务的展开,可在"累计折旧"后增设"其他业务成本"),如图 5-38 所示。

选择 G6 单元格,输入公式"=SUMIF(固定资产台账表 !$U:$U,C6,固定资产台账表 !$R:$R)",并将此公式复制到"销售费用"和"制造费用"的借方金额中;选择 G12 单元格,完成借方金额的汇总计算，输入公式"=IFERROR(SUM(G6:H8),0)"。

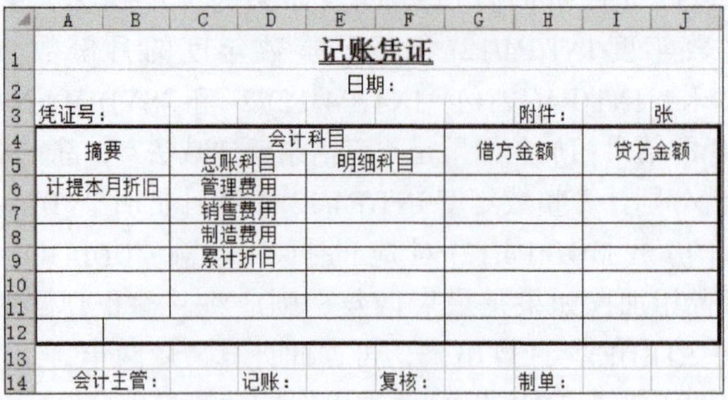

图 5-38　记账凭证格式设置

选择 I9 单元格，计算本月"累计折旧"，输入公式"=SUM(固定资产台账表 !R:R)"，也就是返回固定资产台账表中本月应提折旧总金额。选择 I12 单元格，输入公式"=IFERROR(I9,0)"，并检查该值是否与 G12 单元格相等。

选择 B12 单元格，输入公式"=" 合计: "&SUBSTITUTE(SUBSTITUTE(TEXT(INT(I12),"[dbnum2]")&" 元 "&SUBSTITUTE(SUBSTITUTE(SUBSTITUTE(TEXT(RIGHT(TEXT(I12,".00"),2),"[dbnum2]0 角 0 分 ")," 零角 "," 零 ")," 零分 "," 整 ")," 零整 "," 整 ")," 零元零 ",)," 零元 ",)"。

知识技能 5-6　替换函数

（1）SUBSTITUTE 函数。SUBSTITUTE 函数用于将文本字符串中的旧文本替换成新文本。

语法格式为：SUBSTITUTE(text,old_text,new_text,[instance_num])

其中，text 为需要替换其中字符的文本或对含有文本的单元格的引用；instance_num 为一数值，用来指定以 new_text 替换第几次出现的 old_text，如果缺省则将用 new_text 替换 text 中出现的所有 old_text。

截取本例中的一段公式"SUBSTITUTE(TEXT(RIGHT(TEXT(I12,".00"),2),"[dbnum2]0 角 0 分 ")," 零角 "," 零 ")"，按从内往外的执行顺序，首先将 I12 单元格的内容通过 TEXT 函数将数字调整为两位小数；再用 RIGHT 函数从右往左取两位，也就是取这两位小数；再用 TEXT 函数将其转换成中文"几角几分"的格式；最后用 SUBSTITUTE 函数将所有的"零角"替换成更符合会计读数方法的"零"，即当"角"位数值为零值时，可省略单位"角"。这串公式看起来很长，其实就是将所有不同读法下的位数读法修正成更符合中文的读数法。按照同样的思路，请试着分析其余的几段 SUBSTITUTE 函数。

（2）REPLACE 函数。REPLACE 函数也可以实现替换，它可以将一个字符串中的部分字符串替换成另一个字符串。

语法格式为：REPLACE(old_text,start_num,num_chars,new_text)

其中，old_text 是需要进行字符替换的文本，start_num 是从第几位开始替换，num_chars 是替换的字符个数，new_text 则是用来替换的新字符串。

生活中最常见的例子就是将身份证号码或者手机号码中的部分内容进行隐藏。现在以手机号中间四位替换为星号为例，单击 B3 单元格，输入 REPLACE 函数，如图 5-39 所示，单击确认后，手机号码就实现了保密。

项目五　Excel 在固定资产管理中的应用　　157

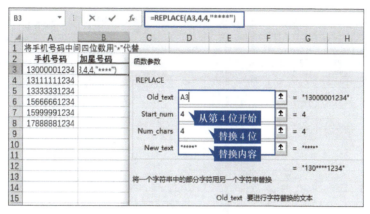

图 5-39　用 REPLACE 函数实现替换

知识技能 5-7　[dbnum2] 格式函数

[dbnum2] 是格式函数，表示将数字转换成中文大写的格式。同样，[dbnum1] 也是格式函数，表示将数字转换成中文小写的格式；[dbnum3] 表示转换成全角数字。

此外，将阿拉伯数字转换成中文大写金额也可以不用 SUBSTITUTE 替换函数，例如输入公式"=" 合计："&TEXT(INT(I12),"[dbnum2]G/ 通用格式元 ;;;")&IF(AND((INT(I12)<>0),(RIGHT(INT(I12*10),1)="0"),(RIGHT(INT(I12*100),1)<>"0"))," 零 ,)&TEXT(RIGHT(INT(I12*10),1),"[dbnum2]# 角 ;;;")&TEXT(RIGHT(INT(ROUND(I12,2)*100),1),"[dbnum2]# 分 ;; 整 ;")"，可以实现一样的功能。

需要说明的是，"G/ 通用格式"后的三个分号"；；；"其实是"正数；负数；零；"的格式说明，如果均空白，则表示不加任何修改。此处，"TEXT(INT(I12),"[dbnum2]G/ 通用格式元 ;;;")"是指将 I12 单元格的内容取整，且当该数为正数时，将其转换成中文大写形式，并在后方增加"元"字，而当该值为负数或零值时不需做任何修改。

三个连接符"&"分别连接元角分的会计读法，又因为折旧的记账凭证金额不会出现负数，所以第二个分号（负数）前面的格式定义均为空；连接的最后一段 TEXT 函数中可能存在零值需要加"整"字的读法。有兴趣的同学也可以试着编写其他的公式。

最终生成当月的累计折旧记账凭证如图 5-40 所示，其他部分请自行补充。

图 5-40　当月累计折旧记账凭证

9. 计算"累计折旧"和"账面净值"

选择 S4 单元格，输入公式"=Q4+R4"，并将公式复制到 S 列以下的单元格中，得到累计折旧的总金额；选择 T4 单元格，输入公式"=IF(AND(R4=0,S4<>0)," 残值 "&(M4-S4),M4-S4)"，即如果本月应提折旧为零且累计折旧金额不为零，则表示该固定资产已提足折旧，账面净值为残值；将公式复制到 T 列以下的单元格中。完成后台账的折旧部分如图 5-41 所示。

158 ■ Excel 在财务中的应用

折旧年限	到期日期	资产原值	残值	折旧方法	已计提月份	已计提折旧金额	本月应提折旧	累计折旧	账面净值	折旧费用类别
20	2034年5月	3600000	180000.00	平均年限法	114	1624500.00	14250.00	1638750.00	1961250.00	管理费用
20	2034年6月	1150000	57500.00	平均年限法	113	514385.42	4552.08	518937.50	631062.50	制造费用
20	2035年3月	800000	40000.00	平均年限法	104	329333.33	3166.67	332500.00	467500.00	制造费用
4	2020年10月	300000	12000.00	平均年限法	48	288000.00	0.00	288000.00	残值12000	销售费用
4	2021年3月	160000	6400.00	平均年限法	48	153600.00	0.00	153600.00	残值6400	管理费用
10	2026年10月	400000	20000.00	双倍余额递减法	85	317754.90	1398.10	319153.00	80847.00	制造费用
10	2024年9月	650000	32500.00	平均年限法	110	566041.67	5145.83	571187.50	78812.50	制造费用
10	2025年3月	456000	22800.00	平均年限法	104	375440.00	3610.00	379050.00	76950.00	制造费用
10	2025年9月	660000	33000.00	平均年限法	98	512050.00	5225.00	517275.00	142725.00	制造费用
10	2026年10月	400000	20000.00	年数总和法	85	340272.73	1727.27	342000.00	58000.00	制造费用
3	2020年6月	3000	90.00	平均年限法	36	2910.00	0.00	2910.00	残值90	销售费用
3	2021年12月	6000	180.00	平均年限法	36	5820.00	0.00	5820.00	残值180	管理费用
3	2022年6月	6000	180.00	平均年限法	36	5820.00	0.00	5820.00	残值180	管理费用
3	2023年7月	6000	180.00	平均年限法	36	5820.00	0.00	5820.00	残值180	管理费用
3	2024年3月	9900	297.00	平均年限法	32	8536.00	266.75	8802.75	1097.25	销售费用
3	2024年3月	9900	297.00	平均年限法	32	8536.00	266.75	8802.75	1097.25	销售费用
3	2025年6月	8800	264.00	平均年限法	17	4030.89	237.11	4268.00	4532.00	管理费用
3	2025年8月	8800	264.00	平均年限法	15	3556.67	237.11	3793.78	5006.22	管理费用

图 5-41 完成折旧计提后的固定资产台账表

对于账面净值显示有"残值"的固定资产,将其使用状况调整为"已提足折旧",此处由于篇幅原因未截图,请自行修改。

> 💡 **小提示**
>
> 保护此工作表!
>
> 为防止有关数据项目及不需要直接输入数据的单元格公式被变动,防止产生不必要的错误,记得为本工作表添加保护!选择允许直接输入数据的单元格区域,把单元格"锁定"属性取消,然后保护工作表。

任务三 固定资产卡片的编制

固定资产卡片是按照每一独立的固定资产项目设置的,对于新增每一项固定资产,企业都应根据有关凭证为其建立一张卡片,详细列明固定资产名称、规格型号、原值、残值等情况,在固定资产使用过程中所发生的改扩建或技术改造以及内部转移、停止使用等情况都应在固定资产卡片中做相应的记录,固定资产投资转出、出售或报废清理时,应根据有关凭证将卡片注销,另行保管。

一、设置固定资产卡片样式

打开"固定资产管理"工作簿,新建工作表并将其命名为"固定资产卡片"。根据固定资产台账表中的各项基本信息设置固定资产卡片内容,如图 5-42 所示。

A	B	C	D	E	F
固定资产管理卡片					
卡片编号				登记日期	
资产编号		资产名称		规格型号	
计量单位		资产类别		使用部门	
增加方式		使用状况		折旧费用类别	
购置日期		折旧年限		到期日期	
资产原值		残值		折旧方法	

图 5-42 固定资产卡片样式

二、设置固定资产卡片取数公式

选择 D3 单元格，输入公式"=INDEX(固定资产台账表!$B:$B,MATCH($B$3,固定资产台账表!$A:$A,0))"，完成通过"资产编号"查找并返回对应"资产名称"的功能；并根据"固定资产台账表"中的相关列信息完善该卡片。

知识技能 5-8　INDEX 函数

INDEX 函数可以返回表格或区域中的值或值的引用，具体又可分为两种形式。

1. 数组形式

语法格式为：INDEX(array,row_num,[column_num])

其中：array 表示单元格区域或数组常量；row_num 表示选择数组中的某行，函数从该行返回数值；column_num 表示选择数组中的某列，函数从该列返回数值。如果省略 row_num，则必须有 column_num；如果同时使用参数 row_num 和 column_num，函数返回两者交叉处的单元格中的值；如果将 row_num 或 column_num 设置为零，函数则分别返回整个列或行的数组数值。

2. 引用形式

语法格式为：INDEX(reference,row_num,[column_num],[area_num])

其中：reference 是对一个或多个单元格区域的引用；如果引用一个不连续的区域，必须将其用括号括起来。row_num 表示引用中某行的行号，函数从该行返回一个引用；column_num 表示引用中某列的列标，函数从该列返回一个引用；area_num 用于选择引用中的一个区域，从中返回 row_num 和 column_num 的交叉区域。

了解函数的意思后，我们可以看出"INDEX(固定资产台账表!$B:$B,MATCH($B$3,固定资产台账表!$A:$A,0))"中，INDEX 函数是在"固定资产台账表"的 B 列中查找 MATCH 函数返回的值。而 MATCH 函数匹配的是 B3 单元格对应的固定资产在"固定资产台账表"A 列中对应的行号。据此，INDEX 函数即可返回"固定资产台账表"B 列中该行对应的值。因为，MATCH 函数可以根据 B3 单元格录入值的变动自动返回其对应的行号，所以在编制固定资产卡片时，只需修改每项固定资产的列信息即可。例如，"规格型号"信息在"固定资产台账表"中对应的是 C 列，那么 F3 单元格的公式为"=INDEX(固定资产台账表!$C:$C,MATCH($B$3,固定资产台账表!$A:$A,0))"。

此外，若用之前学过的 VLOOKUP 函数也能实现同样的功能，例如对于单元格 D3 来说，输入公式"=VLOOKUP($B3,固定资产台账表!$A:$U,2,0)"即可。对于其他数据公式而言，VLOOKUP 函数要查找的值 lookup_value 都是"$B3"；查找的范围 table_array 都是"固定资产台账表!$A:$U"；查找的方式 range_lookup 都是精确匹配（零值或 FALSE）。唯一不同的是 col_index_num，即每项要返回的信息在"固定资产台账表"中，相对于 A 列"资产编号"的匹配列序号不同。例如："规格型号"信息在"固定资产台账表"中对应的是 C 列，是从 A 列算起的第 3 列，所以 col_index_num 列数为 3；"计量单位"信息在固定资产台账表中对应的是 D 列，是从 A 列算起的第 4 列，所以 col_index_num 列数为 4；以此类推。

固定资产卡片取数公式对比见表 5-2。

表 5-2 固定资产卡片取数公式对比表

单元格	INDEX+MATCH 取数公式	VLOOKUP 取数公式
D3	=INDEX(固定资产台账表!$B:$B,MATCH($B$3,固定资产台账表!$A:$A,0))	=VLOOKUP($B$3,固定资产台账表!$A:$U,2,0)
F3	=INDEX(固定资产台账表!$C:$C,MATCH($B$3,固定资产台账表!$A:$A,0))	=VLOOKUP($B$3,固定资产台账表!$A:$U,3,0)
B4	=INDEX(固定资产台账表!$D:$D,MATCH($B$3,固定资产台账表!$A:$A,0))	=VLOOKUP($B$3,固定资产台账表!$A:$U,4,0)
D4	=INDEX(固定资产台账表!$E:$E,MATCH($B$3,固定资产台账表!$A:$A,0))	=VLOOKUP($B$3,固定资产台账表!$A:$U,5,0)
F4	=INDEX(固定资产台账表!$F:$F,MATCH($B$3,固定资产台账表!$A:$A,0))	=VLOOKUP($B$3,固定资产台账表!$A:$U,6,0)
B5	=INDEX(固定资产台账表!$G:$G,MATCH($B$3,固定资产台账表!$A:$A,0))	=VLOOKUP($B$3,固定资产台账表!$A:$U,7,0)
D5	=INDEX(固定资产台账表!$I:$I,MATCH($B$3,固定资产台账表!$A:$A,0))	=VLOOKUP($B$3,固定资产台账表!$A:$U,9,0)
F5	=INDEX(固定资产台账表!$U:$U,MATCH($B$3,固定资产台账表!$A:$A,0))	=VLOOKUP($B$3,固定资产台账表!$A:$U,21,0)
B6	=INDEX(固定资产台账表!$J:$J,MATCH($B$3,固定资产台账表!$A:$A,0))	=VLOOKUP($B$3,固定资产台账表!$A:$U,10,0)
D6	=INDEX(固定资产台账表!$K:$K,MATCH($B$3,固定资产台账表!$A:$A,0))	=VLOOKUP($B$3,固定资产台账表!$A:$U,11,0)
F6	=INDEX(固定资产台账表!$L:$L,MATCH($B$3,固定资产台账表!$A:$A,0))	=VLOOKUP($B$3,固定资产台账表!$A:$U,12,0)
B7	=INDEX(固定资产台账表!$M:$M,MATCH($B$3,固定资产台账表!$A:$A,0))	=VLOOKUP($B$3,固定资产台账表!$A:$U,13,0)
D7	=INDEX(固定资产台账表!$N:$N,MATCH($B$3,固定资产台账表!$A:$A,0))	=VLOOKUP($B$3,固定资产台账表!$A:$U,14,0)
F7	=INDEX(固定资产台账表!$O:$O,MATCH($B$3,固定资产台账表!$A:$A,0))	=VLOOKUP($B$3,固定资产台账表!$A:$U,15,0)

> **小提示**
>
> **OFFSET+MATCH 函数取数**
>
> 在该例中，运用 INDEX+MATCH 函数或 VLOOKUP 函数实现查找功能，都需要修改对应的参数。若觉得每项数据均需要手工匹配列数并修改相关参数的做法过于复杂，便可考虑运用项目二中学过 OFFSET+MATCH 函数的取数方法。
>
> 选择 D3 单元格，输入公式"=OFFSET(固定资产台账表!$A$3,MATCH($B$3,固定资产台账表!$A:$A,0)-3,MATCH(C3,固定资产台账表!$3:$3,0)-1)"；并复制该公式到所有需要填列的单元格中，即 B4:B7、D4:D7、F3:F7。

三、输入固定资产卡片数据

当 B3 单元格输入固定资产编号"FW0101"后,固定资产卡片数据读取结果如图 5-43 所示。当然,随着实际情况的变化,也可调整固定资产管理卡片信息以及取数公式的相关参数。

	A	B	C	D	E	F
1	固定资产管理卡片					
2	卡片编号				登记日期	
3	资产编号	FW0101	资产名称	办公楼	规格型号	10万平米
4	计量单位	栋	资产类别	房屋建筑物	使用部门	行政部
5	增加方式	自建	使用状况	正常使用	折旧费用类别	管理费用
6	购置日期	2014-5-1	折旧年限	20	到期日期	2034-5-1
7	资产原值	3600000	残值	180000	折旧方法	平均年限法

图 5-43　固定资产卡片数据读取结果

任务四　固定资产的调整管理

企业在实际运作中,通常会根据市场形势与企业发展,调整固定资产的状态(如新增、减少、调拨等)。

一、固定资产的新增

固定资产的新增是指企业通过自建、新增投资、接受捐赠、直接购买或部门调拨等途径增加固定资产存量。对于新增加的固定资产,可以直接输入到"固定资产台账表"中,当然也可通过"记录单"进行录入。例如,万隆灯具有限公司 2023 年 12 月 12 日为财务部购入了一台价值 9000 元的联想笔记本电脑,采用直线法计提折旧。

1. 添加"记录单"命令按钮

执行"文件"→"选项"命令,在弹出的"Excel 选项"对话框左边选择"快速访问工具栏";或者也可以直接从顶部的快速访问工具栏下拉菜单中选择"其他命令"(如图 5-44 所示),也会弹出"快速访问工具栏"对话框。

接着,在"从下列位置选择命令"的下拉列表框中选择"不在功能区中的命令"选项,按拼音顺序找到"记录单"选项,单击中间的"添加"按钮,"记录单"将会被添加到右侧的列表框中(如图 5-45 所示),单击"确定"按钮,即将"记录单"添加到顶部的快速访问工具栏中。

2. 新增固定资产

选中 A3:U21 区域单元格,单击顶部快速访问工具栏中新增的"记录单"按钮,在弹出的"记录单"

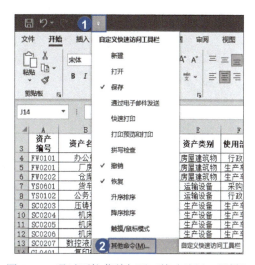

图 5-44　通过下拉菜单打开"快速访问工具栏"

对话框中,单击"新建"按钮,如图 5-46 所示;依次输入相关已知信息,单击"关闭"按钮后便可完成固定资产的新增业务,如图 5-47 所示;固定资产台账表中新增的信息内容如图 5-48 所示。

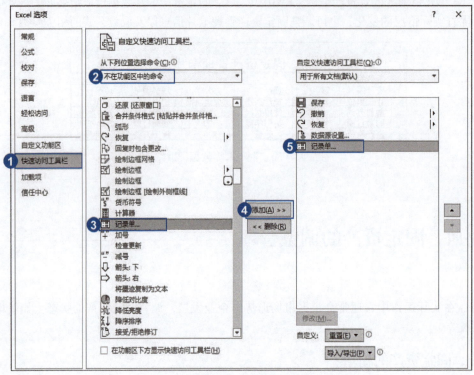

图 5-45 添加"记录单"的步骤

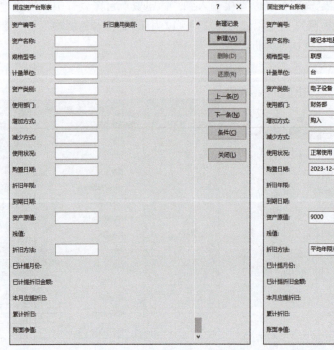

图 5-46 新建记录单

图 5-47 增加笔记本电脑相关信息

资产编号	资产名称	规格型号	计量单位	资产类别	使用部门	增加方式	减少方式	使用状况	购置日期	折旧年限	到期日期	资产原值	残值	折旧方法	已计提月份	已计提折旧金额	本月应提折旧	累计折旧	账面净值	折旧费用类别
DZ0303	笔记本电脑	联想	台	电子设备	财务部	购入		正常使用	2023-12-12	3	2026年12月	9000	270	平均年限法	0	0.00	0.00	0.00	9000.00	管理费用

图 5-48　固定资产台账表中新增的信息内容

二、固定资产的减少

在企业的运作过程中，当某项固定资产因非正常使用原因导致提前报废或出售等情况时，需要变更其"使用状态"信息，并制定固定资产减损单。例如，公司为财务部购置新电脑的原因是该部门于 2022 年 8 月 18 日购置的一台编号为 DZ0302 的台式电脑因主板烧毁而无法使用了，公司于当月将其作为二手电脑出售清理。

1. 通过筛选查找特定的固定资产

打开"固定资产台账表"，选择第三行表头数据，执行"数据"→"排序和筛选"→"筛选"命令；单击"资产编号"下拉按钮，在搜索处直接录入要减少的固定资产编号。因为固定资产折旧当月减少，当月仍要折旧，所以查找到固定资产后，变更其"减少方式"和"使用状况"即可，如图 5-49 所示。

资产编号	资产名称	规格型号	计量单位	资产类别	使用部门	增加方式	减少方式	使用状况	购置日期	折旧年限	到期日期	资产原值	残值	折旧方法	已计提月份	已计提折旧金额	本月应提折旧	累计折旧	账面净值	折旧费用类别
DZ0302	台式电脑	联想	台	电子设备	财务部	购入	出售	报废	2022-8-18	3	2025年8月	8800	264	平均年限法	15	3556.67	237.11	3793.78	5006.22	管理费用

图 5-49　减少固定资产 DZ0302

2. 编制"固定资产减损单"

新建工作表，并将其重命名为"固定资产减损单"，设置表头和表体样式如图 5-50 所示。

图 5-50　固定资产减损单

选择 B2 单元格，输入报废固定资产的编号"DZ0302"，采用"固定资产卡片"查找"固定资产台账表"的方式返回相关信息。例如，"资产名称"对应的 B3 单元格可以输入公式"=INDEX(固定资产台账表!$B:$B,MATCH($B$2,固定资产台账表!$A:$A,0))"，当然也可采用 VLOOKUP 函数或 OFFSET+MATCH 函数返回相应的查找结果。同理完成 B4:B5、D3:D5、F3:F5、F10 单元格公式的录入。

此外，"估计废品价值""处理费用""其他应收款"应根据实际情况输入；而"实际损失额"

是固定资产清理科目结转而来的，此处默认正数为净损失，即"营业外支出"，所以红字时表示"营业外收入"。F9 单元格相关计算公式为"=B5-D5+F7-F6-F8"。返回部分信息后的效果如图 5-51 所示。

	A	B	C	D	E	F
1	固定资产减损单					
2	资产编号：	DZ0302			日期：	2023年12月12日
3	资产名称	台式电脑	购置日期	2022-8-18	使用年限	3
4	规格型号	联想	数量	1	计提折旧月份数	15
5	购入价格	¥ 8,800.00	累计折旧	¥ 3,793.78	账面残值	264
6	减损原因	主板烧毁，报废			估计废品价值	¥100.00
7					处理费用	¥10.00
8	处理办法	出售，减损该项固定资产			其他应收款	¥0.00
9					实际损失额	¥4,916.22
10	总经理		财务核准		设备管理部	财务部
11	财务部负责人		使用部门负责人		设备使用人	

图 5-51　返回部分信息后的效果

需要说明的是，次月月初需按上月固定资产减损单删除"固定资产台账表"中的原值、折旧等相关信息。

三、固定资产的变动

企业发展、内部调动都可能造成固定资产的变动，因此这一过程也是固定资产管理中很重要的一个方面。而且，该过程至少涉及两个部门，财务记录上会有一定的复杂性，所以为方便管理可制作"固定资产变动单"以作备查。例如：公司决定自 2023 年 12 月 12 日起，将资产编号 DZ0105 的台式电脑从行政部调拨给销售部使用。

1. 通过筛选查找特定的固定资产

打开"固定资产台账表"，通过"筛选"方式查找到资产编号为 DZ0105 的固定资产，在 2023 年 12 月的固定资产记录中，将该固定资产的"减少方式"改为"内部调拨"，如图 5-52 所示。

	资产编号	资产名称	规格型号	计量单位	资产类别	使用部门	增加方式	减少方式	使用状况	购置日期	折旧年限	到期日期	资产原值	残值	折旧方法	已计提月份	已计提折旧金额	本月应提折旧	累计折旧	账面净值	折旧费用类别
3																					
20	DZ0105	台式电脑	联想	台	电子设备	行政部	购入	内部调拨	正常使用	2022-6-16	3	2025年6月	8800	264	平均年限法	17	4030.89	237.11	4268.00	4532.00	管理费用

图 5-52　内部调拨减少固定资产

而在 2024 年 1 月时，复制该行固定资产数据，粘贴成新固定资产，并将"使用部门"调整成"销售部"，此时，"资产编号"自动变更成"DZ0403"。将该新增的固定资产的"增加方式"设为"内部调拨"，调整"折旧费用类别"为"销售费用"。此外，因该固定资产 12 月时已调离原部门，所以原数据所在行相关数据内容全部删除，如图 5-53 所示。

									固定资产台账表												
1																					
2	日期	2024-1-31																		单位：人民币元	
3	资产编号	资产名称	规格型号	计量单位	资产类别	使用部门	增加方式	减少方式	使用状况	购置日期	折旧年限	到期日期	资产原值	残值	折旧方法	已计提月份	已计提折旧金额	本月应提折旧	累计折旧	账面净值	折旧费用类别
20	DZ0105	台式电脑	联想	台	电子设备	行政部	购入	内部调拨													
23	DZ0403	台式电脑	联想	台	电子设备	销售部	内部调拨		正常使用	2022-6-16	3	2025年6月	8800	264	平均年限法	18	4268.00	237.11	4505.11	4294.89	管理费用

图 5-53　内部调拨增加固定资产

2. 建立“固定资产变动单”工作表

固定资产内部调拨通常至少涉及两个部门，而且在处理台账时需要跨月甚至跨年处理，为了能更显著地体现该项变动，公司还应考虑制作“固定资产变动单”以备后查。

新增工作表，并将其重命名为“固定资产变动单”，设置表头、表体样式如图 5-54 所示；具体数据除手工输入外，查找返回功能可参考“固定资产卡片”以及“固定资产减损单”的 VLOOKUP 函数、INDEX+MATCH 函数或 OFFSET+MATCH 函数进行完善，此处不再赘述。

固定资产变动单						
资产编号：					日期：	
资产名称			规格型号		资产类别	
资产原值			残　值		折旧方法	
购置日期			已折旧金额		本月应提折旧	
使用年限			已使用月份		尚可使用月份	
使用部门	移出		备　注			
	移入					
附属设备						
备　注						
移入部门负责人				移出部门负责人		
财产管理部负责人				使用部门负责人		

图 5-54　固定资产变动单

任务五　固定资产分析

通过前面所述的操作处理，万隆灯具有限公司已建立了基本的固定资产数据库，并能按月对固定资产进行折旧处理。然而，对于财务人员李燕来说，除了要按指定条件查找固定资产外，还需要利用图表对各部门固定资产的情况进行分析，以进一步了解各项固定资产的使用情况与折旧费用。

一、折旧数据指标分析

复制“基础信息表”中相关数据，构建相关汇总表样式如图 5-55 所示。

按折旧科目汇总		
折旧科目	本月折旧额	本月末账面净值
制造费用		
管理费用		
销售费用		
其他业务成本		

按使用部门汇总	
使用部门	本月折旧额
行政部	
生产车间	
财务部	
销售部	
研发部	
采购部	

图 5-55　相关汇总表样式

二、计算折旧数据

选择 C3 单元格，输入公式“=SUMIF(固定资产台账表!$U:$U,B3,固定资产台账表!$R:$R)”，并将其拖动到 C 列以下的单元格中；选择 D3 单元格，输入公式“=SUMIF(固定资产

台账表 !$U:$U,B3,固定资产台账表 !$M:$M)-SUMIF(固定资产台账表 !$U:$U,B3,固定资产台账表 !$S:$S)"，同样拖动到 D 列以下的单元格中。

> **小提示**
>
> **字符串不参与加减运算**
>
> D 列计算本月末账面净值时，使用了"= 原值－累计折旧"的公式。因为前文设置"账面净值"时，已提足折旧的会在账面净值的数值前面显示"残值"两个字，方便了解固定资产的使用状态。若 D3 单元格使用公式"=SUMIF(固定资产台账表 !$U:$U,B3,固定资产台账表 !$T:$T)，含有"残值"的单元格因为是包含字符串的数据，并不会参与值的加减计算，用 SUMIF 函数进行单条件求和会得出错误的结果，所以需要用做差的方式求账面净值。

选择 G3 单元格，输入公式"=SUMIF(固定资产台账表 !$F:$F,F3,固定资产台账表 !$R:$R)"，并将其拖动到 G 列以下单元格中。取数后效果如图 5-56 所示。

	B	C	D	E	F	G
1	按折旧科目汇总				按使用部门汇总	
2	折旧科目	本月折旧额	本月末账面净值		使用部门	本月折旧额
3	制造费用	24824.96	1511072.04		行政部	14250.00
4	管理费用	14966.72	1971761.50		生产车间	24824.96
5	销售费用	533.50	13751.00		财务部	479.61
6	其他业务成本	0.00	0.00		销售部	503.86
7					研发部	0.00
8					采购部	266.75

图 5-56 汇总表输入数据后效果图

三、数据可视化

1. 生成"分析折旧费用"组合图

选择 B2:D6 区域单元格，执行"插入"→"图表"→"组合图"→"簇状柱形图－折线图"命令，路径如图 5-57 所示。如果不太明确想要的图表类型，可以选择"插入"→"图表"→"推荐的图表"，根据右侧的显示效果图以及相关说明选择合适的图表。

数据可视化

修改图表标题为"分析折旧费用"，并将字号加粗。接着，选中图表区内的"图例"和"水平（类别）轴"，调整字号大小为 11 号加粗；将图例移动到右上角后，底部留有空隙，故纵向拉伸绘图区，以扩大绘图区面积。选中"垂直（值）轴主要网格线"，将其删除。为了能了解每项折旧的具体金额，单击绘图区，在"图表设计"中"添加图表元素"→"数据标签"，根据喜好添加到适当位置后，调整字号大小、颜色等样式，初步效果如图 5-58 所示。

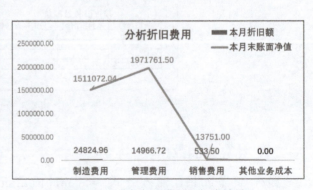

图 5-57 插入组合图路径　　图 5-58 "分析折旧费用"初步效果

本例中，本月折旧额相较于本月末账面净值数据差别巨大，以至于蓝色柱形几乎与水平坐标轴重合。因此，选中绘图区，执行"图表设计"→"更改图表类型"，在弹出的对话框中，将蓝色"本月折旧额"系列后方的"次坐标轴"打钩，如图 5-59 所示。

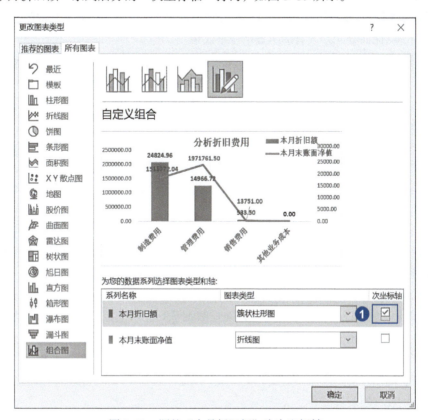

图 5-59　调整"本月折旧额"为次坐标轴

根据个人偏好调整垂直（值）轴、次坐标轴垂直（值）轴数据后，最终效果如图 5-60 所示。

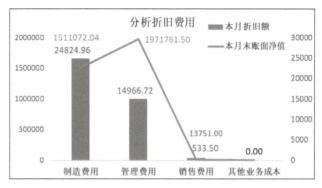

图 5-60　"分析折旧费用"最终效果

知识技能 5-9　认识图表元素

图表是数据视觉化的呈现效果。一个完整的图表通常由多个部分组成，这些部分又被称为图表元素，通常由图表区、绘图区、图表标题等几大部分组成，其中绘图区必须和图表区同时存在，并且绘图区中至少包含一个数据系列。各部分图表元素简要说明如下：

（1）图表区与绘图区。所有元素都包含在图表区内，没有图表区，就没有图表的存在。

绘图区主要用于存放数据系列、坐标轴、网格线等图表元素。如果是三维图表，还会显示基底、背景墙、侧面墙等元素，有助于显示三维效果。

（2）图表标题。图表标题通常是与当前图表表现的数据相关的纲要或说明。Excel 早期版本生成图表时是没有标题的，这对于读者理解图表信息不是很方便，Excel 2013 后的版本"图表标题"会随图表自动生成，默认为顶部居中显示。如果需要修改，单击图表标题后，可在右侧"设置图表标题格式"中设置。

（3）坐标轴及坐标轴标题。在"图表设计"→"添加图表元素"中可根据内容需要添加对应的坐标轴及坐标轴标题。其中，坐标轴用于界定图表绘图区的线条度量参照标准。竖向的坐标轴又被称为垂直轴或数值轴，以数值为刻度单位；横向的坐标轴又被称为水平轴或类别轴，以数据类别作为刻度单位。有些图表可进一步区分主坐标轴和次坐标轴；散点图的坐标轴又被称为 X 轴和 Y 轴；三维坐标中可以有三个坐标轴；当然也可视工作需要一个坐标轴都没有。坐标轴标题则用于显示坐标轴的说明，根据坐标轴性质的不同，每项坐标轴都能生成其对应的标题。

（4）数据标签。数据标签用于显示数据系列的值，每个标签对应一个系列点；当修改数据时，标签会相应变化。

（5）模拟运算表。在某些图表中，可以对应数据系列显示模拟运算表，从而方便查看。在"图表设计"→"添加图表元素"中，该元素又被简称为数据表。

（6）误差线。误差线主要用于统计数据的误差值或显示与每一个数据点相关的不确定性的范围。不是所有的图表都能添加误差线，支持误差线的图表类别包括柱形图、条形图、面积图、折线图、散点图和气泡图。

（7）网格线。网格线是指为界定数据系列的数值边界，方便对比各数据点大小而设的参考线，调整坐标轴的刻度可以改变网格线的疏密程度。因此，网格线也和坐标轴一样，有主次之分，也有横纵之分。其中，饼图和圆环图因为没有坐标轴也就没有网格线。最简单的删除网格线的方法是选中网格线，右击选择"删除"命令或按 <Delete> 键；需要时可通过"图表设计"→"添加图表元素"对应添加。

（8）图例。图例用于补充说明数据系列与该系列所对应的标题间的关系。一个图表可以包含一个或多个数据系列，每个数据系列都有唯一颜色或标记，并能在图例中显示；但当只有一个数据系列时，图例通常可以忽略。

（9）线条。线条主要包括两种形式。其中：垂直线，是连接水平轴与数据系列之间的线条，可以在面积图或折线图中显示；高低点连线，是连接不同数据系列的对应数据点之间的折线，可以在包含二个及以上数据系列的二维折线图中显示。

（10）趋势线。趋势线的作用是显示数据的变化趋势，Excel 提供了六种不同类型的趋势线。

1）线性趋势线，用于描述两个变量之间的线性相关性或一个变量随另一个变量的变化而出现的变化趋势。

2）指数趋势线，用于展示一组以一个递增的比率上涨或下降的数据的变化趋势，其 Y 值的增加速度将随着 X 值的增大而增大。

3）对数趋势线，与指数趋势线正好相反，数值快速增长或减小后将逐渐趋于平缓，主要用于描述对数曲线的数据。

4）幂趋势线，与指数趋势线的变化趋势接近，其数值增量由慢到快，主要用于描述一组以固定比率增加或减少的数据的变化趋势。

5）多项式趋势线，是以一条曲线的形式来描述数据的变化趋势，用于描述按有序模式波动的一组数据的变化趋势。在为数据添加多项式趋势线时，可以同时指定多项式的阶数，取值范围为 2～6。

6）移动平均趋势线，以图表中指定的数据点的平均值来描述数据的变化趋势，在添加移动平均趋势线时，需要指定其周期，也就是指定用于求平均值的数据点的数量。

默认情况下，趋势线只能预测一个周期的数值。如果需要预测多个周期的数值，可以在"趋势预测"选项组的"向前"文本框中输入对应的数值。

（11）涨/跌柱线。涨/跌柱线把每天的开盘价格和收盘价格连接起来。如果收盘价格高于开盘价格，柱线是浅色的，表示涨柱线。否则，该柱线是深色的，表示跌柱线。

图表的有些元素之间相互冲突，例如：柱形图无法显示"线条"中的"垂直线"；三维图表中无法显示"涨/跌柱线"和"误差线"等。所以，当某个特殊选项无法被添加时，"图表设计"→"添加图表元素"中的该选项会显示为灰色。为更直观地了解图表元素，我们可将图 5-60 中的元素尽可能多地进行扩充，如图 5-61 所示，实际工作中并不需要按此方式作图。

图 5-61 常见的图表元素

知识技能 5-10　认识图表类型

不同的数据组适合不同的图表类型。在"插入"→"图表"中，我们可以看到的图表类型有柱形图、折线图、饼图、条形图、面积图、XY 散点图、地图、股价图、曲面图、雷达图、树状图、旭日图、直方图、箱形图、瀑布图、漏斗图，本例中则是运用了包含柱形图和折线图的组合型图表。

（1）柱形图和条形图。

柱形图是一种以长方形长度为变量的统计图表，用于比较两个或以上数据类型的区别。一一般来说，X 轴代表类别，Y 轴代表数值刻度。

条形图是柱形图的倒置效果（通常 X 轴代表数值刻度、Y 轴代表类别），通常在类别轴的描述性文字过长时使用，方便阅读和比较。此外，在制图时，可将数据进行降序排列，使得条形图呈现出数据的阶梯变化趋势。

按功能一般可将柱（条）形图分成簇状柱（条）形图、堆积柱（条）形图和百分比堆积柱（条）形图等。此外，还可按维度将柱（条）形图分成二维柱（条）形图和三维柱（条）形图。二维柱（条）形图说明见表 5-3。

表 5-3 二维柱（条）形图说明

二维柱形图	簇状柱形图 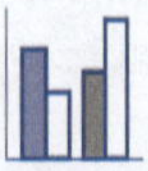	堆积柱形图 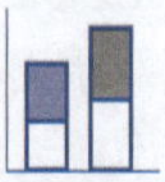	百分比堆积柱形图 
二维条形图	簇状条形图 	堆积条形图 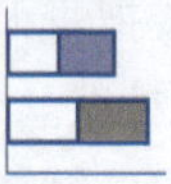	百分比堆积条形图 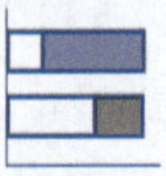
说明	其数据系列由一组或多组不同颜色的柱（条）形图组成，可实现同一组数据的比较或多组数据间单个值的比较	将多组数据用重叠的柱（条）形图表现出来，适合比较整体的各个部分或多组同类数据的比较	总计为 100%，可实现同一点上多值的百分比的比较或多组数据间各值占总计百分比的比较

（2）折线图和面积图。

折线图用于展示随时间变化的一组或多组数据的趋势。当数据差距较小，折线图的趋势变化不明显时，可修改纵坐标轴起点刻度值使图表趋势变化更加明显。

面积图是一种用面积展示数值大小的图表，可以用曲线的上升或下降来表示统计数量的增减变化情况，以此展示数据变化的趋势。对比折线图，面积图可采用大面积的颜色差异增强数据的易读性。

按功能可将二维折线（面积）图分成折线（面积）图、堆积折线（面积）图、百分比堆积折线（面积）图，其说明见表 5-4。此外，还能对数据点添加标记或将二维扩展成三维效果。

表 5-4 二维折线（面积）图说明

二维折线图	折线图 	堆积折线图 	百分比堆积折线图 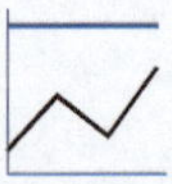
二维面积图	面积图 	堆积面积图 	百分比堆积面积图 
说明	适用于展示或者比较随着时间连续变化的趋势。需要注意的是，类别顺序很重要 折线图适用于存在许多数据点的情况；面积图更多强调随时间的变化幅度	适用于可视化部分同整体的关系，有助于展现各分类及总体的发展趋势和相互之间的关系 与标准图不同，某一分类的值并非与纵坐标完全对应，而是通过折线之间的相对高度来表达	适用于展现每个类别与整体的关系。垂直轴总计为 100%，通过相对高度展现不同类别在不同时间与整体的关系

（3）饼图。饼图用于显示不同类别或组别的相对比例关系。按功能一般可以将饼图分成饼图（分离形饼图）、复合饼图（子母饼图和复合条饼图）。Excel 将圆环图也纳入了饼图的范畴，与饼图一样，常用于展现数据的组成和占比情况。相比饼图，环形图的可读性更高，可以将重要数据放在圆环中间显示，其说明见表 5-5。此外，饼图还可按维度分成二维饼图和三维饼图。

表 5-5　二维饼图差异比较

二维饼图	饼图（分离形饼图） 	子母饼图 复合条饼图 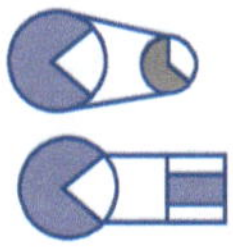	圆环图 
说明	饼图是用多个不同颜色的扇形来比较数据大小及占总量的百分比；当需要强调某一部分时，只需将该部分拖离圆心，即可得到分离形饼图	复合饼图可以对某个数据添加补充说明，利用一个新的副图详细展示该数据的内部结构。子母饼图和复合条饼图的不同仅是副图的显示效果不同	圆环图的典型适用场景与饼形图相似。除了中心部分留有空白外，圆环图还可以比较一组或多组数据中每个值占总数量的比重

（4）散点图和气泡图。散点图是指在回归分析中，数据点在直角坐标系平面上的分布图。散点图表示因变量随自变量变化的大致趋势，据此可以选择合适的函数将数据点进行拟合。利用两组数据构成多个坐标点，考察坐标点的分布情况，判断两个变量之间是否存在某种关联，或者总结坐标点的分布模式。此外，在"矩阵分析"模型中散点图是比较常用的图表类型，通过改变坐标轴的位置，对数据进行矩阵分析。

气泡图和散点图非常相似，不同的是，散点图在数据维度上只有横、纵坐标两个维度，并且所有点的大小都是一样的。而气泡图除了默认的 X 轴和 Y 轴两个维度，还多了一个新的维度，即气泡大小。此外，如果想体现第四维度，还可以通过不同的颜色（或透明度）来展现气泡。

> **小提示**
>
> **散点图和折线图**
>
> 散点图和折线图在某种程度上很像，因为 Excel 的散点图可以用线穿起来，看起来像折线图，而折线图又可以添加数据点，看起来像散点图。但其实散点图和折线图有本质上的区别：散点图的横坐标轴是数值坐标轴，而折线图的横坐标轴为分类坐标轴。数值坐标轴和分类坐标轴的区别是：数值坐标轴有刻度的概念，刻度是按照某个方向递增的，而且数值坐标轴上有 0（原点）；分类坐标轴上虽然也有刻度，但此刻度只有顺序概念，没有大小的区分。

（5）地图。当企业的经营数据中含有地理区域（如国家/地区、省/自治区/直辖市、市/县或邮政编码）时，使用地图展现数据能更直观地获得跨地理区域的对比结果。

（6）股价图。顾名思义，股价图有"成交量""开盘""盘高""盘低""收盘"五个系列，可以通过不同的系列搭配展示股票随时间的表现趋势，如图 5-62 所示，多用于金融行业。不过这种图表也可以显示其他数据（如日降雨量和每年温度）的波动，但必须确保是按正确顺序组织的。

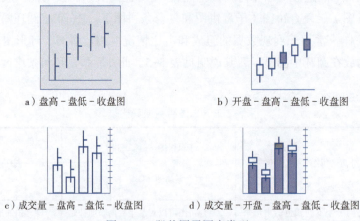

a）盘高－盘低－收盘图　　　　　b）开盘－盘高－盘低－收盘图

c）成交量－盘高－盘低－收盘图　　d）成交量－开盘－盘高－盘低－收盘图

图 5-62　股价图子图表类型

（7）曲面图。当类别和系列均为数字时，可以用曲面图找到两组数据之间的最佳组合。在曲面图中，可以利用颜色和图案来表现处于相同数值范围内的区域。曲面图具体又包括三维曲面图、三维曲面图（框架图）、曲面图（俯视图）和曲面图（俯视框架图）四种子图表类型，如图 5-63 所示。

a）三维曲面图　　　b）三维曲面图（框架图）　　　c）曲面图（俯视图）　　　d）曲面图（俯视框架图）

图 5-63　曲面图子图表类型

曲面图在经济学和金融学中有广泛的应用。例如：曲面图可以用来展示投资回报率与股票价格、利率等变量之间的关系；在宏观经济分析中，曲面图可以用来展示 GDP、通货膨胀率和失业率之间的关系。

（8）雷达图。雷达图又被称为戴布拉图、蜘蛛网图，是一种显示多变量数据的图形方法。通常从同一中心点开始等角度间隔地射出三个以上的轴，每个轴代表一个定量变量，各轴上的点依次连接成线或几何图形。每个变量都具有自己的轴，彼此间的距离相等，所有轴都有相同的刻度。在将数据映射到这些轴上时，需要注意预先对数值进行标准化处理，保证各个轴之间的数值比例能够做同级别的比较。常见的有雷达图、带数据标记的雷达图和填充雷达图三种子图表类型，如图 5-64 所示。

a）雷达图　　　　b）带数据标记的雷达图　　　c）填充雷达图

图 5-64　雷达图子图表类型

（9）树状图。树状图是数据树图形的表现形式，适合比较层次内的结构，其中，每个分支表示为一个大矩形，每个子分支显示为更小的矩形。树状图可按颜色和距离显示类别，具有其他图表难以比拟的易读性和直观性。

不过树状图整体的布局基本上是固定的，可供编辑的图表元素仅包含图表标题、数据标签和图例三项。此外，虽然树状图是根据比例来显示它的面积大小，但是它并不能直接显示数据所占百分比。

（10）旭日图。旭日图与树状图相似，非常适合显示分层数据，对比如图5-65所示。层次结构的每个级别均通过一个环或圆形表示，最内层的圆表示层次结构的顶级，因此，旭日图比树状图更能展示上一级类别与下一级类别数据之间的层级结构。当只有一个级别时，旭日图则与圆环图类似。

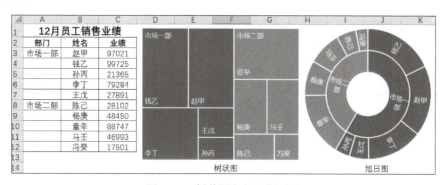

图5-65　树状图与旭日图对比

（11）直方图。直方图又被称为质量分布图，是一种统计报告图，由一系列高度不等的纵向条纹或线段表示数据分布的情况。一般用横轴表示数据类型，纵轴表示分布情况。

排列图是经过排序的直方图，其中同时包含降序排序的列和用于表示累积总百分比的线条。

（12）箱形图。箱形图又称为盒须图、盒式图或箱线图，是一种用作显示一组数据分散情况资料的统计图，因其形状如箱子而得名。通常，箱形图能显示出一组数据的最大值、最小值、中位数及上下四分位数。箱形可能具有可垂直延长的名为"须线"的线条，指示超出四分位点上限和下限的变化程度，处于这些线条（须线）之外的任何点都被视为离群值。箱形图相关计算参考图5-66。

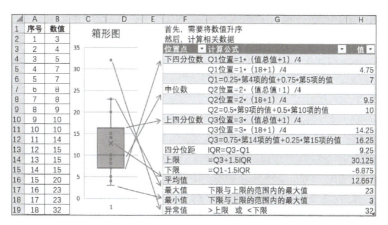

图5-66　箱形图相关计算

（13）瀑布图。瀑布图是由麦肯锡咨询公司独创的图表类型，因为形似瀑布流水而得名。此种图表采用绝对值与相对值相结合的方式，表达数个特定数值之间的数量变化关系。图表每个柱子的起始位置为上一根柱子的顶端，若数值增加（正数），柱子向上延伸，若数值减少（负数），柱子向下延伸。每个柱子的顶端即为当前变化情况下的最终数量，即小计，最后的柱子即为最终数据的最终数量，即总计。延用项目三利润表中的数据，制作瀑布图如图 5-67 所示。

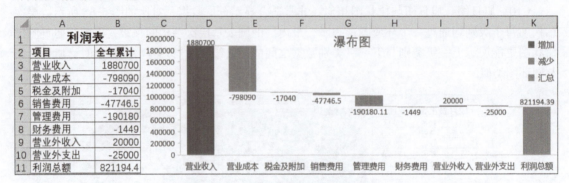

图 5-67　利用利润表数据制作瀑布图

（14）漏斗图。漏斗图适用于业务流程比较规范、周期长、环节多的单流程单向分析。漏斗图的起始总是 100%，并在各个环节依次减少，漏斗图用梯形面积表示某个环节业务量与上一个环节之间的差异。漏斗图从上到下，有逻辑上的顺序关系，表现了随着业务流程的推进业务目标完成的情况（如用户的转化情况、订单的处理情况、招聘的录用情况等）。一般来说，所有梯形的高度应是一致的，这会有助人们辨别数值间的差异。通过漏斗各环节业务数据的比较能够直观地发现和说明问题所在的环节，进而做出决策。

需要说明的是，漏斗图不适合没有逻辑关系的数据，换句话说，如果数据不构成"流程"，那么就不能使用漏斗图。

（15）组合图。如果上述的图表类型还是不能满足需要，用户可以进行自定义组合图。本案例中"分析折旧费用"使用的就是柱形—折线组合图。

2. 生成"分析部门折旧额"饼图

选择 F2:G8 区域单元格，执行"插入"→"图表"→"二维饼图"命令。修改生成图表中的标题为"分析部门折旧额"，并将字号加粗；为使数据效果更加直观，执行"图表设计"→"添加图表元素"→"数据标签"→"最佳匹配"命令；执行"图表设计"→"添加图表元素"→"图例"，将其位置修改为"左侧"。

接着，我们尝试美化饼图。首先，饼图更多关注的是"百分比"，而此时的数据是"值"，需要调整数据格式；其次，数据对照图例显示部门有一定困难，因此可以在数据标签中增加对应的部门。所以，我们单击新添加的"数据标签"，鼠标右击后选择"设置数据标签格式"（如图 5-68 所示），右侧便会弹出"设置数据标签格式"对话框。将标签选项修改为包括"类别名称""百分比""显示引导线"（如图 5-69 所示），但此时财务部、销售部、采购部的数据结果均显示为 1%，缺乏可比性，进而选择"数字"下的"类别"为"百分比"，"小数位数"为

"2"（如图 5-70 所示），数据就更精确化了。

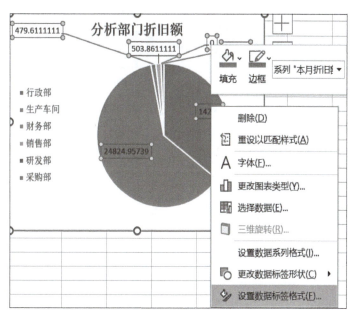

图 5-68　右击执行"设置数据标签格式"

图 5-69　调整标签包括内容

图 5-70　调整数字类别

图例与饼图间空隙过大，可单击图例，在右侧的"设置图例格式"对话框中，取消勾选"显示图例，但不与图表重叠"（如图 5-71 所示）。为避免文字头部过重的现象，单击饼图，在右侧"设置数据系列格式"对话框中调整"第一扇区起始角度"，当然也可以根据个人喜好调整"饼图分离"百分比（如图 5-72 所示）。根据个人偏好修改后，参考效果如图 5-73 所示。

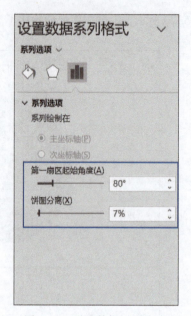

图 5-71　调整图例选项　　　　图 5-72　设置数据系列格式

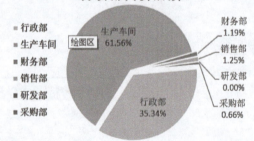

图 5-73　"分析部门折旧额"效果图

> **小提示**
>
> 饼图中的数据类型个数不宜太多（通常以小于 10 个为宜），因为数据类型越多越难准确判断每种类型占圆形图的比重。

一、实训目的

1. 了解固定资产折旧的计算。
2. 学会使用 Excel 设计固定资产核算系统。

3. 学会运用筛选及数据分析工具进行固定资产数据的汇总和查询。

二、实训资料

RY 公司是一家生产型企业，企业规模虽然不大，但固定资产较多，而且价值较高，因此固定资产管理对该企业来说相当重要。RY 公司主要有五个部门——办公室、财务部、采购部、销售部、生产车间。固定资产的所属部门使用固定资产并负责其日常维护。固定资产的集中管理在财务部，每个固定资产都有一张自己的卡片，记录着其增加方式、减少方式、购置日期、所属部门、原值、累计折旧、净值、折旧方法等信息。公司日常固定资产管理业务有固定资产增加、减少、部门间调拨、月折旧额的计提、折旧数据的汇总分析等。RY 公司的固定资产分为四类，分别为房屋建筑物、生产设备、运输工具、电子设备，它们的编码分别为 02、03、05、06，净残值率分别为 5%、5%、4%、3%。货车的折旧采用工作量法，总工作量均为 400000 公里，本月工作量均为 2000 公里。

该公司从 2023 年 12 月起用 Excel 核算固定资产。固定资产详细情况见表 5-6。

表 5-6　固定资产详细情况

固定资产名称	资产类别	增加方式	使用部门	使用状态	购置日期	预计使用年份	原值/元	折旧方法
办公楼	02	自建	办公室	在用	2021.12.1	20	1000000	直线法
生产车间	02	自建	生产车间	在用	2021.12.1	20	500000	直线法
仓库	02	自建	生产车间	在用	2022.12.1	20	200000	直线法
货车	05	外购	采购部	在用	2021.12.1	10	100000	工作量法
货车	05	外购	采购部	在用	2022.12.1	10	120000	工作量法
计算机	06	外购	办公室	在用	2023.6.1	5	8000	直线法
生产设备	03	投资者投入	生产车间	在用	2021.12.1	10	150000	双倍余额递减法
计算机	06	外购	采购部	在用	2022.6.1	5	8000	直线法
计算机	06	外购	销售部	在用	2023.6.1	5	8000	直线法
打印复印一体机	06	外购	财务部	在用	2023.11.1	5	4000	直线法
计算机	06	外购	财务部	在用	2023.8.1	5	8000	直线法

三、实训要求

完成下列操作：

（1）制作固定资产台账表，进行固定资产折旧计算，并划分费用类别的归属。

（2）设计固定资产卡片样式，提取固定资产卡片的相关数据。

（3）练习固定资产增加。假定 2023 年 12 月 16 日购入计算机一台供办公室使用，原值 8000 元，预计可使用 5 年，采用直线法计提折旧。

（4）练习固定资产减少。假定 2023 年 12 月 1 日办公室报废计算机一台。

（5）练习固定资产部门间调拨。假定 2023 年 12 月 30 日采购部将其中一辆原值 10 万元的货车划拨给销售部使用。

（6）按部门对固定资产折旧数据进行汇总分析。

项目六

Excel在存货管理中的应用

知识目标

➢ 掌握存货管理的业务处理流程。
➢ 了解存货管理中数据之间的关系。

能力目标

➢ 能够使用Excel设计存货管理系统。
➢ 掌握工作表数据之间的操作。

案例导入

2014年10月，獐子岛集团股份有限公司公告称，由于水温波动幅度高于历年平均水平、北黄海冷水团强度减弱等原因，公司100多万亩虾夷扇贝绝收，前三季度业绩由预报盈利转为亏损8亿元，从而使獐子岛在2014年巨亏11.89亿元。2017年，獐子岛公告称，经海洋牧场研究中心分析判断，降水减少导致扇贝的饵料生物数量下降，养殖规模的大幅扩张更加剧了饵料短缺，诱发长时间处于饥饿状态的扇贝死亡，全年业绩由预计盈利变为巨亏7.23亿元。2019年4月，獐子岛称一季度亏损4314万元，理由依然是"底播虾夷扇贝受灾"。2019年11月，獐子岛公告称，扇贝出现"大规模自然死亡"，预计损失2.78亿元，对当年业绩构成重大影响。

为了了解獐子岛实际情况，证监会借助了北斗卫星导航系统，委托专业机构通过獐子岛采捕船只卫星定位数据，还原了采捕船只的真实航行轨迹，进而复原了公司真实的采捕海域，最终揭示了獐子岛存货疑云。我国"北斗+"广泛应用于交通、通信、农业、气象、电力等领域，助力各行各业加快数字化智能化转型，形成了深度应用、规模化发展的良好局面。

存货作为企业会计核算和管理中的一个重要环节，其管理的好坏和信息准确与否会直接影响采购、生产和销售环节的有效展开。因此，存货管理要注重协调各方利益关系，既不能过度积压也不能长久缺货，科学规范地管理存货，需要企业坚持责任担当，进而促进社会效益与经济效益相统一。

学习情境

李燕设计的Excel固定资产核算系统深得领导赏识。该系统不仅简化了固定资产的各项管理工作，还能利用Excel对不同部门、不同类别的折旧数额进行分析比较，并据此提出具有针对性的建议和措施。

李燕备受鼓舞，打算再用Excel设计一套进销存管理系统。由项目三相关业务可知万隆灯具有限公司主要供应商有佳成材料销售公司、骏腾图文有限公司、海心公司、易达公司；主要客户有龙华公司、华东科技信息公司、华成工程建筑公司。其原材料和库存商品资料见表6-1、表6-2。

表6-1 原材料资料

明细账户		单 位	类 别	规格型号	数 量	金额（元）
原材料	甲材料	万支	电阻	15Ω	593	64898.72
	乙材料	万支	电阻	25Ω	505	25748.38
	丙材料	件	集成块	Eu616	2358	47163.77

表6-2 库存商品资料

明细账户	单 位	类 别	规格型号	数 量	金额（元）
A产品	件	吸顶式	IP65	6407	2562738.05
B产品	件	悬挂式	CIe72	2475	1473766.43

沿用2023年12月万隆灯具有限公司进销存业务。

（1）6日，向易达公司购入甲材料1000千克，每千克买价100元，支付增值税13000元，购入乙材料2000千克，每千克买价50元，支付增值税13000元，购入甲、乙两种材料运杂费为3000元，上述材料成本费用均以银行存款支付，材料尚未到达。假设运杂费按采购材料的重量进行分配。（增值税税率13%，下同）

（2）上述甲、乙两材料已如数验收入库。

（3）8日，从海心公司购入甲材料5000千克，每千克100元，取得海心公司开具增值税专用发票上注明价款500000元，增值税65000元，材料还在采购途中尚未入库，款项尚未支付。

（4）上述甲材料到达，验收无误，已办妥入库手续。

（5）8日，根据仓库转来的领料凭证，编制本月材料耗用汇总表见表6-3。

表6-3 材料耗用汇总表

用 途	甲 材 料		乙 材 料		丙 材 料		金额合计（元）
	数量（件）	金额（元）	数量（件）	金额（元）	数量（件）	金额（元）	
A产品耗用	1000	101000	200	10200			111200
B产品耗用	2000	202000	400	20400			222400
制造车间一般耗用			400	20400	200	4000	24400
合计	3000	303000	1000	51000	200	4000	358000

（6）16日，公司销售给华东科技信息公司A产品1000件，每件售价1000元，开出增值税专用发票，价款1000000元，增值税130000元。价款及增值税已收到并存入银行。公司销售给华成工程建筑公司B产品500件，每件售价1000元，开出增值税专用发票，其中价款500000元，增值税65000元。货已发出，货款及增值税尚未收到。

（7）本月生产的A产品全部尚未完工，累计发生生产成本总额为199716.34元；B产品全部完工410件，实际生产成本252922.88元，产品成本计算单见表6-4。

表 6-4 产品成本计算单

2023 年 12 月

产品名称：B 产品　　　完工产品量：410 件　　　期末在产品量：0 件　　　单位：元

摘　要	成本项目			合　计
	直接材料	直接人工	制造费用	
本月生产成本	222400	13645	16877.88	252922.88
完工产品成本	222400	13645	16877.88	252922.88
产品单位成本	542.44	33.28	41.17	616.89
期末在产品成本	0	0	0	0

（8）结转本月产品的生产成本共计 708000 元。其中 A 产品 1000 件，每件生产成本 400 元，计 400000 元；B 产品 500 件，每件生产成本 616 元，共计 308000 元。

（9）23 日，公司出售多余丙材料 10000 元给龙华公司，收取增值税款 1300 元，材料已发出，货款存入银行。结转丙材料成本 5000 元。

万隆灯具有限公司的进销存业务相对比较简单，其进销存业务流程简单概述如下：

（1）进货流程：采购员接到缺货信息后，分析缺货信息是否合理，再将订单下达给供应商；材料送达后，实物入库，根据入库单登记库存账。

（2）销售流程：接收客户订单，签订销售合同，向客户发货并收款；每笔销售业务发生时都要及时更新库存。

（3）库存管理流程：材料采购入库、产品完工入库、领料退货等均是涉及库存变化的业务，均需在发生时及时记录并处理。

利用 Excel 进行存货管理可以提高工作效率，具体来看可以分解成以下任务来实现进销存管理：采购与成品入库业务处理→销售与车间领料业务处理→库存管理→编制存货明细账。

任务一　采购与成品入库业务处理

为了保证企业正常生产的顺利进行、实现企业经济利益最大化，企业需要制订科学采购方案。因此，需要全面掌握企业存货购入与成品入库的相关有效信息，并据此创建数据图表、分析执行情况。

一、建立"基础信息表"

为了方便对进销存管理的日常处理，首先需要根据公司往来客户以及存货的相关信息设置一些初始化的项目，如供应商名称、客户名称、原材料明细、库存商品明细等，这样当企业发展壮大时，只需在基础信息表中增减相关信息，就能自动更新进销存管理的其他工作表，大大提高了处理的效率和准确性。

新建一个空白工作簿，将其命名为"进销存管理"，将空白工作表 Sheet1 更名为"基础信息表"。根据相关基础信息完善该表内容，结果如图 6-1 所示。

	A	B	C	D	E	F	G	H	I	J	K	L
1	供应商名称	客户名称		原材料明细	单位	类别	规格型号		库存商品明细	单位	类别	规格型号
2	佳成材料销售公司	龙华公司		甲材料	万支	电阻	15Ω		A产品	件	吸顶式	IP65
3	骏腾图文有限公司	华东科技信息公		乙材料	万支	电阻	25Ω		B产品	件	悬挂式	CIe72
4	海心公司	华成工程建筑公		丙材料	件	集成块	Eu616					
5	宏达公司											
6	易达公司											

图 6-1　基础信息表内容

运用"公式"选项卡中"定义的名称"功能，定义"供应商名称""客户名称""原材料"和"库存商品"的名称；也可使用快捷键 <Ctrl+F3> 操作，在"名称管理器"中新建名称，具体引用位置及范围参见表 6-5。

表 6-5　固定资产台账表名称、引用位置及范围

名　　称	引 用 位 置	范　围
供应商名称	=OFFSET(基础信息表!$A$2,0,0,COUNTA(基础信息表!$A:$A)-1)	工作簿
客户名称	=OFFSET(基础信息表!$B$2,0,0,COUNTA(基础信息表!$B:$B)-1)	工作簿
原材料	=OFFSET(基础信息表!$D$2,0,0,COUNTA(基础信息表!$D:$D)-1)	工作簿
库存商品	=OFFSET(基础信息表!$I$2,0,0,COUNTA(基础信息表!$I:$I)-1)	工作簿

> **小提示**
>
> 本例中，"COUNTA(基础信息表!$A:$A)-1"，统计的是 A 列文本的个数减 1 后的值，因为表头"供应商名称"并不是某一个具体往来单位的名称。
>
> 嵌套函数"OFFSET(基础信息表!$A$2,0,0,COUNTA(基础信息表!$A:$A)-1)"，是以 A2 单元格的绝对引用为参照点，向下向右分别偏移 0 行 0 列（参数 2、3 均为 0），返回 COUNTA 函数统计的个数（参数 5 省略，表示宽度不变，即只返回 A 列）。所以，当基础信息表中有新的合作单位或者新的存货输入时，均可动态扩展后续表中的引用，不用费力修改每张表格数据。

二、编制"采购业务表"

（1）打开"进销存管理"工作簿，新建空白工作表 Sheet2 并将其更名为"采购业务表"，输入各项目名称：月（A 列）、日（B 列）、凭证号（C 列）、存货名称（D 列）、单位（E 列）、类别（F 列）、规格型号（G 列）、供应商名称（H 列）、进货数量（I 列）、进货单价（J 列）、可计入成本的费用（K 列）、存货成本（L 列）、税额（M 列）、应付总额（N 列），如图 6-2 所示。根据个人喜好设置表格样式。

	A	B	C	D	E	F	G	H	I	J	K	L	M	N
1	采购业务表													
2	年份：	2023											单位：	人民币元
3	月	日	凭证号	存货名称	单位	类别	规格型号	供应商名称	进货数量	进货单价	可计入成本的费用	存货成本	税额	应付总额

图 6-2　采购业务表

（2）为了方便输入并防止输入错误，可以进行"数据验证"设置。以"供应商名称"为例，因为供应商名称已经定义，所以"来源"处可以直接输入"=供应商名称"，如图 6-3 所示。此外，虽然万隆灯具有限公司与供应商间的往来业务比较稳定，但考虑到供应商还是会在企业的

发展中存在变数，所以在"数据验证"的"出错警告"选项卡中做出相应的说明"名称输入错误；如果供应商有变动，请在基础信息表中修改"，如图 6-4 所示。一旦输入的供应商名称没有被定义或者输入错误，都会弹出警告窗口。

同理，数据验证"来源"处输入"= 原材料"可以设置"存货名称"列有效性，并同样设置相关出错警告。

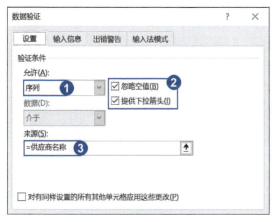

图 6-3　供应商名称来源设置

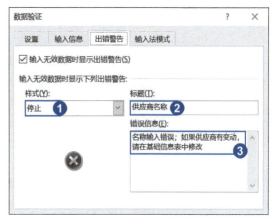

图 6-4　供应商名称出错警告

（3）编辑相关单元格公式。E 列至 G 列的数据均来自基础信息表中原材料的相关初始数据，因此可用 VLOOKUP 函数实现跨工作表查找。

选择 E4 单元格，输入公式"=VLOOKUP(D4, 基础信息表 !$D:$G,2,FALSE)"，并将其复制到该列以下的单元格中，则 E 列将返回存货对应的单位。

选择 F4 单元格，输入公式"=VLOOKUP(D4, 基础信息表 !$D:$G,3,FALSE)"，并将其复制到该列以下的单元格中，则 F 列将返回存货对应的类别。

选择 G4 单元格，输入公式"=VLOOKUP(D4, 基础信息表 !$D:$G,4,FALSE)"，并将其复制到该列以下的单元格中，则 G 列将返回存货对应的规格型号。

> 💡 小提示
>
> （1）VLOOKUP 函数逻辑值为 FALSE 时，函数将只查找精确匹配值，参见项目三中运用科目代码查找科目名称的案例；若逻辑值为 TRUE 或省略时，函数将进行模糊查找，参见项目四中计算个人所得税的案例。
>
> （2）如果觉得查找列表输入烦琐，可考虑定义名称。例如，此处可定义名称"原材料源数据 = 基础信息表 !$D:$G"。那么选择 E4 单元格则，输入"=VLOOKUP(D4, 原材料源数据 ,2, FALSE)"可达到同样的查找效果。

计算"存货成本"，选择 L4 单元格，输入公式"=I4*J4+K4"，即"存货成本 = 进货数量 × 进货单价 + 可计入成本的费用"，并将其复制到需要计算的该列以下单元格中。

计算"应付总额"，选择 N4 单元格，输入公式"=L4+M4"，即"采购该业务需要支付的总价款 = 该存货成本 + 相关税额"，同样将其复制到需要计算的该列以下单元格中。

> **小提示**
>
> **关于税额为什么不设置计算公式的说明**
>
> M列"税额"需要根据业务实际手工录入,因为税额有些情况下可以抵扣,有些情况下不能抵扣,而且还可能存在税率差异。

(4)根据当月发生的采购业务,完成信息录入工作,录入后结果如图6-5所示。

	A	B	C	D	E	F	G	H	I	J	K	L	M	N
1							采购业务表							
2	年份:	2023										单位:	人民币元	
3	月	日	凭证号	存货名称	单位	类别	规格型号	供应商名称	进货数量	进货单价	可计入成本的	存货成本	税额	应付总额
4	12	6	231206	甲材料	万支	电阻	15Ω	易达公司	1000	100	1000	101000	13000	114000
5	12	6	231206	乙材料	万支	电阻	25Ω	易达公司	2000	50	2000	102000	13000	115000
6	12	8	231208	甲材料	万支	电阻	15Ω	海心公司	5000	100	0	500000	65000	565000

图6-5 录入信息后的"采购业务表"

(5)分析采购数据。逐笔输入完采购数据后,为了能详细查看当月每个供货商送货的数量与金额,可对采购数据进行筛选、分类汇总与图表分析。

按供货商查看:在实际工作中,采购业务通常是按时间先后顺次发生的,若想查看某月特定供货商的交易记录,就会略显麻烦。利用分类汇总功能则可快速将相同的供货商名称归类,并返回汇总值,使数据内容得到更直观的呈现。

选择包含商品信息的所有单元格,执行"数据"的"分级显示"中的"分类汇总"命令,具体路径如图6-6所示。

图6-6 "分类汇总"在数据卡的选择路径

在弹出的"分类汇总"对话框中,将"分类字段"设置为"供货商名称",将"汇总方式"设置为"求和",并在"选定汇总项"中勾选"应付总额",如图6-7所示;最后单击"确定"按钮,即可在工作表中显示对应的汇总信息,结果如图6-8所示。

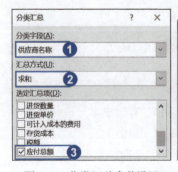

图6-7 分类汇总参数设置

		A	B	C	D	E	F	G	H	I	J	K	L	M	N
	1								采购业务表						
	2	年份:	2023											单位:	人民币元
	3	月	日	凭证号	存货名称	单位	类别	规格型号	供应商名称	进货数量	进货单价	可计入成本的	存货成本	税额	应付总额
	4	12	6	231206	甲材料	万支	电阻	15Ω	易达公司	1000	100	1000	101000	13000	114000
	5	12	6	231206	乙材料	万支	电阻	25Ω	易达公司	2000	50	2000	102000	13000	115000
	6								易达公司 汇总						229000
	7	12	8	231208	甲材料	万支	电阻	15Ω	海心公司	5000	100	0	500000	65000	565000
	8								海心公司 汇总						565000
	9								总计						794000

图6-8 按供货商名称分类汇总后的数据

知识技能 6-1　数据的分类汇总

分类汇总

1. 显示或隐藏明细数据

显示或隐藏明细数据一般有两种方法：

（1）运用任务窗格的加减号和级别号。例如在图 6-8 中，除了插入了第 6、8、9 行汇总数据外，左上角还多了数字 1、2、3 以及一些直线和减号。其实这是分类汇总的三个级别，单击级别数可显示不同级别的汇总结果，其中：级别 3 显示所有明细数据和汇总数据（如图 6-8 所示），级别 2 显示各类别的汇总数据和总汇总数据（如图 6-9 所示），级别 1 仅显示总汇总数据。

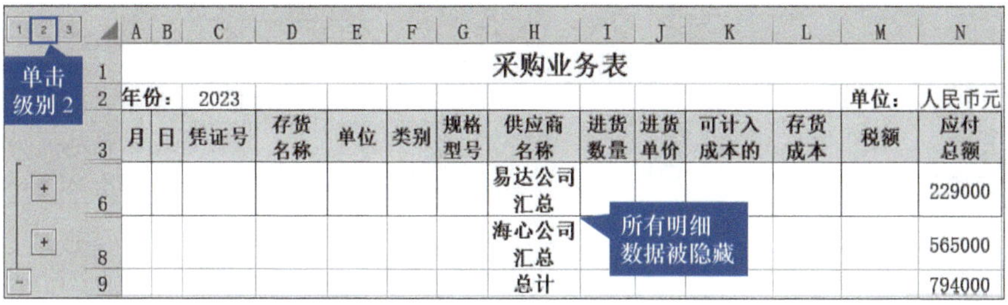

图 6-9　通过级别按钮显示或隐藏分类汇总数据

此外，还可运用加减号显示或隐藏明细数据。例如单击图 6-8 左侧的减号，可将该层级收起，只显示汇总结果，减号也相应变成了加号，如图 6-10 所示；再次单击加号又能将该层级展开。

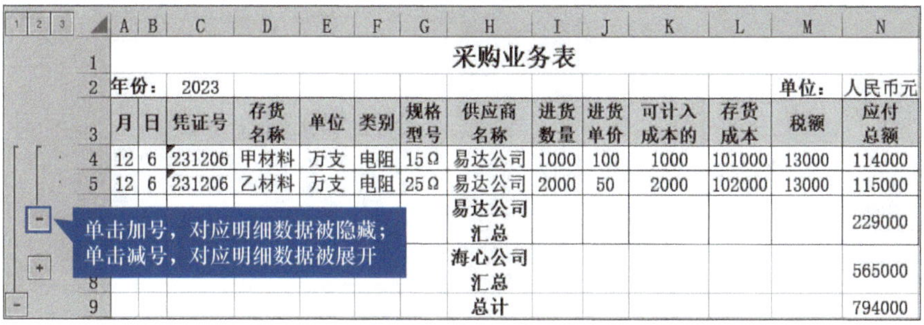

图 6-10　通过加减按钮显示或隐藏分类汇总数据

（2）运用功能区选项卡中的按钮。如图 6-11 所示，在"数据"功能区"分级显示"组中单击"显示明细数据"或"隐藏明细数据"按钮可实现同样的效果。

2. 编辑或清除分类汇总

一个分类汇总虽然可以对多列进行计算，但同时只能按一个字段汇总并执行一种计算，如果当前需要的汇总方式不是用户所需要的汇总方式，则可以对分类汇总进行编辑。

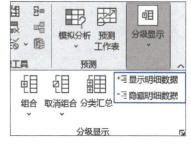

图 6-11　通过功能区选项卡中的按钮显示或隐藏分类汇总数据

例如，选中图 6-8 的数据，单击"分类汇总"，保持"分类字段"和"汇总方式"不变，"选定汇总项"中勾选"进货数量""存货成本""税额"和"应付总额"（如图 6-12 所示），则会得到新的多列汇总结果，如图 6-13 所示。

当然，编辑时也可更改"分类字段"或"汇总方式"，需要指出的是，分类汇总并不一定是求和的汇总，在"汇总方式"下除了常规求和外，还可以求平均值、最大/最小值、计数等。以"计数"为例（如图 6-14 所示），"分类字段"仍为"供应商名称"，"选定汇总项"变更为"凭证号"，同时取消勾选下方"替换当前分类汇总"（"汇总结果显示在数据下方"的选项会自动灰显，不再供选择）。这样，表中就同时显示了该月万隆灯具有限公司和每个供应商的业务笔数，以及图 6-13 中各项值的"求和"汇总；左侧的级别也因此多加了一级，如图 6-15 所示。

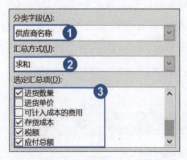

图 6-12　增加汇总项

供应商名称	进货数量	进货单价	可计入成本的费用	存货成本	税额	应付总额
易达公司	1000	100	1000	101000	13000	114000
易达公司	2000	50		102000	13000	115000
易达公司汇总	3000			203000	26000	229000
海心公司	5000	100	0	500000	65000	565000
海心公司汇总	5000			500000	65000	565000
总计	8000			703000	91000	794000

图 6-13　多列计算的分类汇总图

图 6-14　编辑汇总方式

图 6-15　同时实现计数和求和的分类汇总图

当然，如果不再需要此分类汇总，可将其删除。同样选中数据区域，在弹出的"分类汇总"对话框中，单击左下角"全部删除"按钮即可，如图 6-16 所示。需要说明的是，分类汇总一旦执行全部删除，Excel 无法执行"撤销键入"操作，也就意味着无法回到分类汇总前的某项操作，实际工作中请注意数据的保存和备份。

图 6-16　删除分类汇总

知识技能 6-2　SUBTOTAL 函数

在图 6-8 中，当单击 N6 单元格时，编辑栏中显示"=SUBTOTAL(9,N4:N5)"，可见，SUBTOTAL 函数可实现数据列或垂直区域的汇总。

通常，使用"数据"选项卡上的"分类汇总"命令能创建带有分类汇总的列表。创建后的分类汇总列表，可以通过编辑 SUBTOTAL 函数来对该列表进行修改。当然，也可直接使用 SUBTOTAL

SUBTOTAL 函数

函数完成相关数据的汇总。

语法格式为：SUBTOTAL(function_num,ref1,[ref2],…)

其中，function_num 可以指定 1 ～ 11（包含隐藏值）或 101 ～ 111（忽略隐藏值）之间的数字，用于指定使用何种函数在列表中进行分类汇总计算。具体数值含义见表 6-6。

表 6-6 function_num 不同数值含义

function_num（包含隐藏值）	function_num（忽略隐藏值）	对应函数
1	101	AVERAGE（算数平均值）
2	102	COUNT（计算包含数字的单元格个数）
3	103	COUNTA（计算不为空单元格的个数）
4	104	MAX（一组值中的最大值）
5	105	MIN（一组值中的最小值）
6	106	PRODUCT（乘积）
7	107	STDEV（估计基于样本的标准偏差）
8	108	STDEVP（整个样本总体的标准偏差）
9	109	SUM（求和）
10	110	VAR（基于给定样本的方差）
11	111	VARP（基于整个样本总体的方差）

ref 是要对其进行分类汇总计算的指定区域或引用。函数中至少需要一个 ref。

可见，当输入“=SUBTOTAL(9, 指定区域)”即可得到该区域的汇总数据。

小提示

关于隐藏值的说明

有时为了方便数据的查看，会将不需要查看的部分隐藏起来，等需要查看的时候再将其显示出来。尤其在分类汇总中，级别和加减按钮更是方便了数据的显示与隐藏。然而，不同的函数和参数对于隐藏的判定是不同的，在表 6-6 中我们可以看到不同的 function_num 可以指定不同的函数进行计算，而且每种函数又对应“包含隐藏值”和“忽略隐藏值”两种参数设置。

选取项目四“职工工资汇总表”的相关数据。该公司实际共有 15 人，销售部门因为会有销售提成，所以发放工资的时间和其他部门不一样，因此序号为 3 号和 6 号的员工信息被隐藏了，如图 6-17 所示。

	A	B	C	E	F	G	H	I	K	L	M	N	O	P
1	序号	姓名	部门	工资（含津贴）	全勤工资	病事假/旷工扣款	加班工资	通信费	养老保险	医疗保险	失业保险	公积金	个税	实发工资
2	1	邓华超	行政部	12000	200	0	300	500	1000	250	62.5	1250.00	283.75	10153.75
3	2	叶荣飞	研发部	9000	0	150	0	300	708	177	44.25	885.00	61.07	7274.68
5	4	沈朝飞	财务部	9000	200	0	0	300	736	184	46	920.00	69.42	7544.58
6	5	孔人泉	生产车间	6000	0	120	0	150	470.4	117.6	29.4	588.00	0.00	4824.60
8	7	凌晨晨	生产车间	6000	200	0	0	150	496	124	31	620.00	0.00	5079.00
9	8	陈琳	财务部	6000	0	100	0	150	472	118	29.5	590.00	0.00	4840.50
10	9	刘滨晓	生产车间	9000	200	0	300	300	760	190	47.5	950.00	76.58	7775.92
11	10	黄郑	生产车间	6000	200	0	0	150	496	124	31	620.00	0.00	5079.00
12	11	项薇雪	行政部	9000	0	30	0	300	717.6	179.4	44.85	897.00	63.93	7367.22
13	12	许子臻	研发部	6000	200	0	0	150	496	124	31	620.00	0.00	5079.00
14	13	吴海涛	采购部	6000	200	0	0	150	496	124	31	620.00	0.00	5079.00
15	14	李燕	财务部	6000	200	0	200	150	512	128	32	640.00	0.00	5238.00
16	15	章明晖	研发部	6000	0	200	0	150	464	116	29	580.00	0.00	4761.00
17														
18		SUBTOTAL(9,P2:P16)				SUM(P2:P16)					SUBTOTAL(109,P2:P16)			
19		92874.06				92874.06					80096.25			
20														
21		SUBTOTAL(1,P2:P16)				AVERAGE(P2:P16)					SUBTOTAL(101,P2:P16)			
22		6191.60				6191.60					6161.25			

图 6-17 关于隐藏值的说明

当 SUBTOTAL 函数的第一个参数为个位数时，会返回包含隐藏值的所有项计算结果；即如前文所述，当参数为 9 时，A19 单元格将返回 P2:P16 范围内所有值的求和值 92874.06，函数实现效果同 SUM 函数（参见 G18 单元格公式及 G19 单元格的计算结果）。但是，当 SUBTOTAL 函数的第一个参数在原个位数参数前加 "10" 构成百位数后，返回的结果是忽略隐藏值的求和值 80096.25。由此可见，SUM 函数进行加权时，是对所有项的求和，无法单独实现对可见部分的求和；如果求和范围内有隐藏值，需要格外小心。

同理，当 SUBTOTAL 函数的第一个参数为 "1" 时返回的功能类似于 AVERAGE 函数。其他参数的功能请自行测试对比。

实际运用 SUBTOTAL 函数时，并不需要死记硬背每个数字具体对应什么函数，当单元格输入 "=SUBTOTAL(" 后，Excel 会给出参数供选择，如图 6-18 所示。

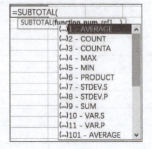

图 6-18 SUBTOTAL 函数备选参数

按存货名称查看：在按供应商名称进行数据分析时，因为供应商名称已按序排列，故可直接进行分类汇总；而此处若直接按存货名称进行分类汇总，Excel 会判定 6 日的甲材料入库和 8 日的甲材料入库为不同的分类，所以必须先手动将主分类字段进行排序，Excel 才会按此分类执行汇总。

选择包含商品信息的所有单元格，执行"数据"→"排序和筛选"→"排序"命令，具体路径如图 6-19 所示。

在弹出的"排序"对话框中，将"列"设置为"存货名称"，"排序依据"为"单元格值"，"次序"为"升序"，如图 6-20 所示，单击"确定"按钮后即可得到按"存货名称"升序排列的新表。

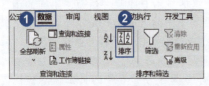

图 6-19 "排序"功能路径

图 6-20 对采购数据进行排序

再利用"分类汇总"命令，按照前面类似的方式将"分类字段"设置为"存货名称"，"汇总方式"设置为"求和"，"选定汇总项"中勾选"存货成本"，单击"确定"按钮后即可得到按存货名称查看的分类汇总信息，如图 6-21 所示。

		A	B	C	D	E	F	G	H	I	J	K	L	M	N
	1	采购业务表													
	2	年份：	2023											单位：	人民币元
	3	月	日	凭证号	存货名称	单位	类别	规格型号	供应商名称	进货数量	进货单价	可计入成本的	存货成本	税额	应付总额
	4	12	6	231206	甲材料	万支	电阻	15Ω	易达公司	1000	100	1000	101000	13000	114000
	5	12	8	231208	甲材料	万支	电阻	15Ω	海心公司	5000	100	0	500000	65000	565000
	6				甲材料汇总								601000		
	7	12	6	231206	乙材料	万支	电阻	25Ω	易达公司	2000	50	2000	102000	13000	115000
	8				乙材料汇总								102000		
	9				总计								703000		

图 6-21 按存货名称分类汇总后的数据

知识技能 6-3 排序

排序是指按照指定的顺序将数据重新排列组织,是数据整理的一种重要手段。通常,数据排序要求每列中的数据类型相同,而且不允许有空行或空列,也不能有合并的单元格。

1. 排序操作

(1)单列排序与多列排序。常见的排序是指定的某一列的数据值(如图 6-20 所示),但有时如果仅根据一列数据进行排序,可能会遇到在这一列中存在大量重复数据的情况,这时就需要使数据在具有相同值的记录中按另一个或多个其他列的内容进行组织(如图 6-22 所示)。

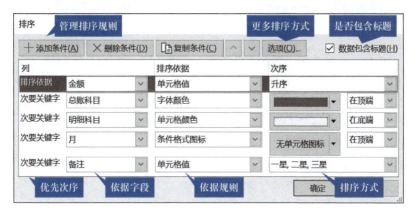

图 6-22 多列排序

(2)按颜色排序。在排序依据中,除了能按单元格值进行排序外,还能按"单元格颜色""字体颜色"或"条件格式图标"排序,例如将重要或紧急的事情集中排列在一起,可以方便进行常规业务处理。

(3)自定义排序。在进行字段排序时,除了能进行常规的升序或降序外,还能进行自定义排序。需要说明的是,这种方式依托的排序方式需要先运用知识技能 1-1 "自定义序列"的方式添加至系统。

2. SORT 函数

SORT 函数可对某个区域范围或数组的内容进行排序。

语法格式为:SORT(array, [sort_index], [sort_order], [by_col])

其中,array 是要排序的区域或数组;sort_index 表示排序字段在所在 array 中的数字;sort_order 表示所需排序顺序的数字,默认 1 表示升序,-1 表示降序;by_col 表示所需排序方向的逻辑值,默认 FALSE 是按行排序,TRUE 是按列排序。

3. SORTBY 函数

如果想要对网格中的数据排序,最好用 SORTBY 函数。SORTBY 函数是基于某范围或数组中的值对一些列范围或数组的内容进行排序。

语法格式为:SORTBY(array, by_array1, [sort_order1]…)

其中,array 是要排序的区域或数组;by_array1 是要进行排序的范围或数组的依据;sort_order 表示所需排序顺序的数字,默认 1 表示升序,-1 表示降序。因为可以实现多字段排序,所以可根据需求添加 by_array2 和其对应的 sort_order2。

三、编制"成品入库表"

（1）新建空白工作表并将其更名为"成品入库表"，输入各项目名称：月（A列）、日（B列）、凭证号（C列）、存货名称（D列）、单位（E列）、类别（F列）、规格型号（G列）、结转数量（H列）、结转单价（I列）和结转金额（J列），如图6-23所示。根据个人喜好设置表格样式。

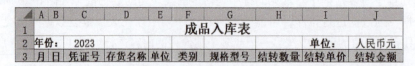

图 6-23 成品入库表

（2）为了方便输入并防止输入错误，可以对"存货名称"列进行"数据验证"设置，在"数据验证"对话框的"来源"处输入"=库存商品"即可。

（3）编辑相关单元格公式。

选择 E4 单元格，输入公式"=VLOOKUP(D4,基础信息表!$I:$L,2,FALSE)"，并将其复制到该列以下的单元格中，则 E 列将返回存货对应的单位。

选择 F4 单元格，输入公式"=VLOOKUP(D4,基础信息表!$I:$L,3,FALSE)"，并将其复制到该列以下的单元格中，则 F 列将返回存货对应的类别。

选择 G4 单元格，输入公式"=VLOOKUP(D4,基础信息表!$I:$L,4,FALSE)"，并将其复制到该列以下的单元格中，则 G 列将返回存货对应的规格型号。

E 列至 G 列的数据查找思路与"采购业务表"中的相同，只是修改了查找的区域。同样，为了方便，有兴趣的同学也可定义名称"库存商品源数据=基础信息表!$I:$L"。

选择 I4 单元格，输入公式"=round(J4/H4,2)"，即"结转单价=结转金额÷结转数量"。

（4）根据当月发生的成品入库业务，完成信息录入工作，录入后结果如图 6-24 所示。

图 6-24 录入信息后的成品入库表

任务二 销售与车间领料业务处理

销售是企业生产经营活动的一个重要环节，是取得营业收入的必要手段，也是企业蓬勃发展的源泉。因此，每笔销售业务发生时都要及时减少相应的库存，以免影响企业的后续销售业务。此外，车间领料业务也会减少企业相应的存货。

一、编制“销售业务表”

（1）新建空白工作表并将其更名为“销售业务表”，输入各项目名称：月（A 列）、日（B 列）、凭证号（C 列）、摘要（D 列）、存货名称（E 列）、单位（F 列）、类别（G 列）、规格型号（H 列）、客户名称（I 列）、销货数量（J 列）、销货单价（K 列）、成本单价（L 列）、成本总额（M 列）和应收总额（N 列），如图 6-25 所示。根据个人喜好设置表格样式。

	A	B	C	D	E	F	G	H	I	J	K	L	M	N
1	销售业务表													
2	年份：		2023										单位：	人民币元
3	月	日	凭证号	摘要	存货名称	单位	类别	规格型号	客户名称	销货数量	销货单价	成本单价	成本总额	应收总额

图 6-25 销售业务表

（2）为了方便输入并防止输入错误，可以参照前面数据验证设置的方法，对“摘要”和“客户名称”列进行设置。其中，“摘要”项数据验证的“来源”处输入“材料，商品”，“客户名称”项数据验证的“来源”处输入“= 客户名称”即可。

（3）编辑相关单元格公式。

选择 F4 单元格，输入公式“=IF(D4=" 材料 ",VLOOKUP(E4, 基础信息表 !$D:$G,2,FALSE), IF(D4=" 商品 ",VLOOKUP(E4, 基础信息表 !$I:$L,2,FALSE), " 请检查存货名称输入是否正确 "))”，并将其复制到该列以下的单元格中，则 F 列将返回存货对应的单位。

选择 G4 单元格，输入公式“=IF(D4=" 材料 ",VLOOKUP(E4, 基础信息表 !$D:$G,3,FALSE), IF(D4=" 商品 ",VLOOKUP(E4, 基础信息表 !$I:$L,3,FALSE), " 请检查存货名称输入是否正确 "))”，并将其复制到该列以下的单元格中，则 G 列将返回存货对应的类别。

选择 H4 单元格，输入公式“=IF(D4=" 材料 ",VLOOKUP(E4, 基础信息表 !$D:$G,4,FALSE), IF(D4=" 商品 ",VLOOKUP(E4, 基础信息表 !$I:$L,4,FALSE), " 请检查存货名称输入是否正确 "))”，并将其复制到该列以下的单元格中，则 H 列将返回存货对应的规格型号。

小提示

用 IF 函数区分不同的销售业务

不同于前一节的工作表架构，采购业务增加的一定是原材料，成品入库增加的一定是库存商品；此处的销售业务，若实现主营业务收入，减少的是库存商品，若实现其他业务收入，减少的是原材料，故要增加“摘要”来区分不同的属性。而材料和商品运用 VLOOKUP 函数查找的范围不同，故需要增加 IF 函数用于判定。

选择 M4 单元格，输入公式“=J4*L4”，即“成本总额 = 销货数量 × 成本单价”；选择 N4 单元格，输入公式“=J4*K4*(1+13%)”，即“应收总额 = 销货数量 × 销货单价 ×（1+ 税率）”，并将其复制到需要计算的以下单元格中。

（4）根据当月发生的销售业务，完成信息录入工作，录入后结果如图 6-26 所示。

（5）按照“采购业务表”中分类汇总的方法对“客户名称”或“存货名称”等字段的销售数据进行分析，此处不再赘述。

192 ■ Excel 在财务中的应用

	A	B	C	D	E	F	G	H	I	J	K	L	M	N
1							销售业务表							
2	年份：	2023										单位：		人民币元
3	月	日	凭证号	摘要	存货名称	单位	类别	规格型号	客户名称	销货数量	销货单价	成本单价	成本总额	应收总额
4	12	16	231216 231219	商品	A产品	件	吸顶式	IP65	华东科技信息公司	1000	1000	400	400000	1130000
5	12	16	231217 231219	商品	B产品	件	悬挂式	CIe72	华成工程建筑公司	500	1000	616	308000	565000
6	12	23	231223	材料	丙材料	件	集成块	Eu616	龙华公司	250	40	20	5000	11300

图 6-26　录入信息后的销售业务表

二、编制"车间领料表"

（1）新建空白工作表并将其更名为"车间领料表"，输入各项目名称：月（A 列）、日（B 列）、凭证号（C 列）、存货名称（D 列）、单位（E 列）、类别（F 列）、规格型号（G 列）、领用数量（H 列）、领用单价（I 列）和领用金额（J 列），如图 6-27 所示。根据个人喜好设置表格样式。

	A	B	C	D	E	F	G	H	I	J
1						车间领料表				
2	年份：	2023							单位：	人民币元
3	月	日	凭证号	存货名称	单位	类别	规格型号	领用数量	领用单价	领用金额

图 6-27　车间领料表

（2）同样，对"存货名称"列进行数据验证设置，因为车间领料为原材料，故在 D 列数据验证的"来源"中输入"=原材料"即可。

（3）同"采购业务表"，设置 E 列、F 列和 G 列相关公式，以确保正确返回存货对应的单位、类别和规格型号。选择 J4 单元格，输入"=H4*I4"，并将其复制到需要计算的以下单元格中。

（4）根据当月发生的领料业务，完成信息录入工作，录入后结果如图 6-28 所示。

	A	B	C	D	E	F	G	H	I	J
1						车间领料表				
2	年份：	2023							单位：	人民币元
3	月	日	凭证号	存货名称	单位	类别	规格型号	领用数量	领用单价	领用金额
4	12	8	231208	甲材料	万支	电阻	15Ω	3000	101	303000
5	12	8	231208	乙材料	万支	电阻	25Ω	1000	51	51000
6	12	8	231208	丙材料	件	集成块	Eu616	200	20	4000

图 6-28　录入信息后的车间领料表

知识技能 6-4　多条件求和间的区别

多条件求和

随着公司的扩大，可能会有多个车间，届时可增设"领用部门"列，方便各部门费用的归集和计算。现假定公司有三个车间，某月相关车间领用数据如图 6-29 所示。

若月底要求统计"一车间该月共领用了多少甲材料"，当然可以用前文详述的分类汇总进行归集，也可使用前几个项目介绍的 SUMPRODUCT 函数、SUM 函数或 SUMIFS 函数（公式与结果参见图 6-29），这边我们来比较下三个函数间的区别。

项目六 Excel 在存货管理中的应用 193

	A	B	C	D	E	F	G	H	I
1	月	日	存货名称	领用车间	领用数量	领用单价	领用金额		
2	11	1	甲材料	一	3000	101	303000		一车间共领用了多少甲材料?
3	11	1	乙材料	二	1000	51	51000		SUMPRODUCT((C2:C22="甲材料")*(D2:D22="一")*(E2:E22))
4	11	1	丙材料	一	200	20	4000		
5	11	2	甲材料	二	1000	100	100000		5690
6	11	4	乙材料	三	800	48	38400		
7	11	6	甲材料	二	2000	20	40000		SUMPRODUCT((C2:C22="甲材料")*(D2:D22="一"),(E2:E22))
8	11	6	乙材料	一	300	98	29400		
9	11	6	丙材料	二	2000	50	100000		5690
10	11	8	丙材料	一	500	21	10500		
11	11	10	甲材料	二	500	99	49500		SUMPRODUCT((C2:C22="甲材料")*1,(D2:D22="一")*1,(E2:E22))
12	11	10	乙材料	二	1000	49	49000		
13	11	11	丙材料	一	200	19	3800		5690
14	11	13	甲材料	一	800	95	76000		
15	11	14	甲材料	三	1000	53	53000		{=SUM((C2:C22="甲材料")*(D2:D22="一")*(E2:E22))}
16	11	15	乙材料	二	650	19	12350		
17	11	21	甲材料	一	890	105	93450		5690
18	11	23	乙材料	二	1000	51	51000		
19	11	23	乙材料	三	450	20	9000		SUMIFS(E2:E22,C2:C22,"甲材料",D2:D22,"一")
20	11	24	甲材料	一	1800	96	172800		
21	11	28	乙材料	二	2100	51	107100		5690
22	11	30	丙材料	三	600	18	10800		

图 6-29 某月相关车间领用数据

（1）项目五中介绍了 SUMPRODUCT 函数的基础用法和扩展用法，此处就是多条件求和的扩展用法。I3 单元格 "=SUMPRODUCT((C2:C22=" 甲材料 ")*(D2:D22=" 一 ")*(E2:E22))"，I7 单元格 "=SUMPRODUCT((C2:C22==" 甲材料 ")*(D2:D22=" 一 "),(E2:E22))"、I11 单元格 "=SUMPRODUCT((C2:C22=" 甲材料 ")*1,(D2:D22=" 一 ")*1,(E2:E22))" 都能用于求解 "一车间该月共领用了多少甲材料"。但是，三者在计算时的过程还是略有差异的，详见 "公式" 中 "公式审核" 的 "公式求值"。需要说明的是，SUMPRODUCT 函数在进行多条件求和时，一样无法使用通配符进行计算。

（2）SUM 函数同样可以实现多条件求和，即采用 SUMPRODUCT 函数中 "*" 乘积的思想，只是需要构建数组，所以可以看到 SUM 函数外层有花括号，这是按 <Ctrl+Shift+Enter> 组合键实现的，详见项目四中数组的相关概念。同样，SUM 函数在进行多条件求和时，一样无法使用通配符进行计算；此外，若所需求和区域中存在文本，SUM 函数也无法进行有效计算。

（3）SUMIFS 函数是实现多条件求和最便捷的函数，并且支持条件中使用通配符进行模糊定义。此外，SUMIFS(sum_range,criteria_range1,criteria1,[criteria_range2,criteria2],…) 第二组条件及对应条件区域外加方括号，说明参数是可选项；所以，只输入一组条件及对应条件时，可以实现 SUMIF 函数的求和功能。只是用 SUMIFS 函数进行单条件求和时要注意参数的顺序，因为求和区域 sum_range 在 SUMIFS 函数中是第一个参数，而在 SUMIF(range,criteria,[sum_range]) 中，求和区域 sum_range 却是第三个参数；所以，当使用这些相似函数时，请确保参数位置摆放的正确性。

任务三 库存管理

库存管理是企业进销存管理中不可缺少的环节，无论是采购的原材料、成品入库，还是销售存货，都会影响库存变动；此外，企业还需要根据期初的结余确定期末的结余，以实现对库存量的全面控制。

一、创建"库存管理表"

新建空白工作表并将其更名为"库存管理表",输入各项目名称:存货名称(A列)、单位(B列)、类别(C列)、规格型号(D列)、期初数量(E列)、期初金额(F列)、入库数量(G列)、入库金额(H列)、出库数量(I列)、出库金额(J列)、期末数量(K列)、期末金额(L列)、最低安全库存量(M列)、预警(N列)和安全(O列),如图6-30所示。根据个人喜好设置表格样式。

A	B	C	D	E	F	G	H	I	J	K	L	M	N	O
库存管理表														
日期:		2023年12月								单位:		人民币元		
存货名称	单位	类别	规格型号	期初数量	期初金额	入库数量	入库金额	出库数量	出库金额	期末数量	期末金额	最低安全库存量	预警	安全

图6-30 库存管理表

二、编辑相关单元格公式

将"基础信息表"中的全部存货及其相关信息复制到"库存管理表"中,并录入相关期初数据、最低安全库存量数据,如图6-31所示。

A	B	C	D	E	F	G	H	I	J	K	L	M	N	O
库存管理表														
日期:		2023年12月								单位:		人民币元		
存货名称	单位	类别	规格型号	期初数量	期初金额	入库数量	入库金额	出库数量	出库金额	期末数量	期末金额	最低安全库存量	预警	安全
甲材料	万支	电阻	15Ω	593	64898.72									
乙材料	万支	电阻	25Ω	505	25748.38									
丙材料	件	集成块	Eu616	2358	47163.77									
A产品	件	吸顶式	IP65	6407	2562738.05									
B产品	件	悬挂式	CIe72	2460	1473766.43									

图6-31 库存管理表预处理

根据不同的存货类目,编辑相关单元格公式。

1. 原材料的"入库数量"和"入库金额"

因为材料都是采购入库的,所以数据来源为"采购业务表"。

选择G4单元格,输入公式"=SUMIF(采购业务表!$D:$D,A4,采购业务表!$I:$I)",返回本期因为采购而增加的原材料数量。

选择H4单元格,输入公式"=SUMIF(采购业务表!$D:$D,A4,采购业务表!$L:$L)",返回本期因为采购而增加的原材料金额。

将公式复制到乙材料和丙材料入库的相应单元格内。

2. 产成品的"入库数量"和"入库金额"

因为产成品都是车间生产完工后结转入库的,所以数据来源为"成品入库表"。

选择G7单元格,输入公式"=SUMIF(成品入库表!$D:$D,A7,成品入库表!$H:$H)",返回本期因为完工入库而增加的产成品数量。

选择H7单元格,输入公式"=SUMIF(成品入库表!$D:$D,A7,成品入库表!$J:$J)",返回本期因为完工入库而增加的产成品金额。

将公式复制到B产品入库的相应单元格内。

3. 原材料的"出库数量"和"出库金额"

因为本期减少的原材料可能是车间领料造成的，也可能是出售多余材料造成的，所以数据来源中应该包含"销售业务表"和"车间领料表"两部分的相关数据。

选择 I4 单元格，输入公式"=SUMIF(车间领料表 !$D:$D,A4, 车间领料表 !$H:$H)+SUMIF(销售业务表 !$E:$E,A4, 销售业务表 !$J:$J)"，返回本期减少的原材料数量。

选择 J4 单元格，输入公式"=SUMIF(车间领料表 !$D:$D,A4, 车间领料表 !$J:$J)+SUMIF(销售业务表 !$E:$E,A4, 销售业务表 !$M:$M)"，返回本期减少的原材料金额。

将公式复制到乙材料和丙材料出库的相应单元格内。

4. 产成品的"出库数量"和"出库金额"

产成品的减少一般来说是因为销售实现了主营业务收入，所以数据来源为"销售业务表"。

选择 I7 单元格，输入公式"=SUMIF(销售业务表 !$E:$E,A7, 销售业务表 !$J:$J)"，返回本期因为销售而减少的产成品数量。

选择 J7 单元格，输入公式"=SUMIF(销售业务表 !$E:$E,A7, 销售业务表 !$M:$M)"，返回本期因为销售而减少的产成品成本金额。

将公式复制到 B 产品出库的相应单元格内。

5. 计算"期末数量"和"期末金额"

由试算平衡等式可知"期末结存 = 期初结存 + 本期增加 – 本期减少"，故选择 K4 单元格，输入公式"=E4+G4–I4"，返回期末结存数量；选择 L4 单元格，输入公式"=F4+H4–J4"，返回期末结存金额。将公式复制到该两列以下的单元格内。

选择 N4 单元格，输入公式"=IF(K4<=M4,"*"," ")"，并将其复制到该列以下单元格内。

三、录入业务，美化单元格格式

根据当月发生的相关业务完成信息录入工作，并按个人喜好及查看方便原则，美化相关单元格格式。例如，对于"预警"列来说，首先选中 N 列，执行"开始"→"样式"→"条件格式"→"突出显示单元格规则"→"等于"命令，路径如图 6-32 所示。

在弹出的对话框中，"为等于以下值的单元格设置格式"输入"*"，"设置为"选择"自定义格式"，如图 6-33 所示；在弹出的"设置单元格格式"中，将"字体"颜色设置为白色，"填充"背景色设置为红色。

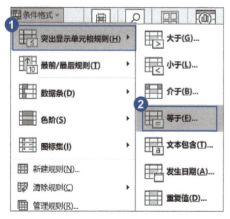

图 6-32 条件格式执行路径

图 6-33 设置突出显示单元格规则

> **小提示**
>
> **关于双引号的说明**
>
> 在设置预警时，IF 函数返回的是字符串，需要加双引号；而此处，"为等于以下值的单元格设置格式"针对的是单元格对应的值，所以直接输入"*"即可。

单击"确定"按钮后效果如图 6-34 所示，其中"甲材料"显示预警信息，需要通知相关部门及时制订采购计划进行补足，以免耽误企业正常的生产经营。

	A	B	C	D	E	F	G	H	I	J	K	L	M	N	O
1	库存管理表														
2	日期：	2023年12月										单位：	人民币元		
3	存货名称	单位	类别	规格型号	期初数量	期初金额	入库数量	入库金额	出库数量	出库金额	期末数量	期末金额	最低安全库存量	预警	安全
4	甲材料	万支	电阻	15Ω	593	64898.72	6000	601000	3000	303000	3593	362898.72	3600	*	
5	乙材料	万支	电阻	25Ω	505	25748.38	2000	102000	1000	51000	1505	76748.38	1500		
6	丙材料	件	集成块	Eu616	2358	47163.77	0	0	450	9000	1908	38163.77	1800		
7	A产品	件	吸顶式	IP65	6407	2562738.05	0	0	1000	400000	5407	2162738.1	3000		
8	B产品	件	悬挂式	CIe72	2460	1473766.43	410	252923	500	308000	2370	1418689.3	2000		

图 6-34　录完信息后的库存管理表

知识技能 6-5　条件格式

条件格式可以根据特定条件对数据进行格式标识，以更加直观地获取特定问题的视觉提示，常被应用在单元格、表格和数据透视表中。如图 6-32 所示，"条件格式"的菜单栏由三块内容构成。

（1）仅对部分单元格设置格式。第一块内容比较好理解，主要包括"突出显示单元格规则"和"最前/最后规则"两部分内容，用于设置部分单元格格式。

"突出显示单元格规则"能实现"大于""小于""介于""等于""文本包含""发生日期""重复值"等多项功能。本例中设置预警就运用了"突出显示单元格规则"中的"等于"命令。然而该菜单栏只显示了部分常用的规则，例如如果想要获取某次考试中"优秀"同学的信息，菜单栏中无法筛选出"大于等于 90"的选项信息。此时，我们就需要单击最下方的"其他规则"，弹出窗口如图 6-35 所示，在"只为包含以下内容的单元格设置格式"下，就多了"大于或等于"的选项，输入相关规则，调整下方"格式"后，就能突出显示"优秀"同学的信息了。

"最前/最后规则"下的"前 10 项""前 10%""最后 10 项""最后 10%"刚好对应图 6-35 的第三行"仅对排名靠前或靠后的数值设置格式"，同样，这里的最前/最后数据都是可以修改的，可以根据需要修改成"前 3 项"或"最后

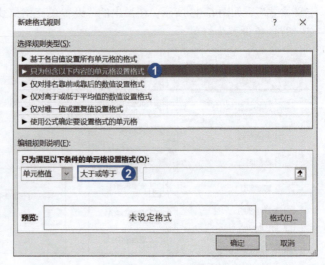

图 6-35　新建格式规则

5%"；"高于平均值"和"低于平均值"则对应第四行"仅对高于或低于平均值的数值设置格式"。

（2）使用数据条/色阶/图标集设置所有单元格格式。第二块数据条/色阶/图标集的内容均属于"新建格式规则"中的第一行"基于各自值设置所有单元格的格式"，只是"格式样式"中的选项不同，所以呈现出来的效果不同。

"数据条"格式是根据同一列单元格数值的大小，增加不同长短的数据条。通过辨认数据条的长短，可以快速判断数据的大小，提高数据分析的直观性。

"色阶"格式是通过不同的颜色来显示数据的大小。颜色越浅表示数据越小，颜色越深表示数据越大。通过颜色的深浅可直观对比数据的大小，以及找出较大或较小的数据。

"图标集"格式是为数据增加图标，以区分数据类型。向上的箭头表示数据趋势是上升的，向下的箭头表示数据趋势是下降的。需要注意的是，设置图标集格式，要选择"其他规则"选项，为不同的图标进行定义。

假定该公司随着业务的壮大，扩充销售团队为10人，现对其销售额进行条件格式分析，我们可以按之前所述执行"开始"→"样式"→"条件格式"，按数据条/色阶/图标集进行格式设置；也可以选择所有数据，单击右下方的"快速分析"按钮，如图6-36所示，分别单击"数据条""色阶""图标集"，便能实现数据条、色阶、图标集的格式设置。但若想实现叠加效果，则需要再次全选所有数据进行快速分析，效果如图6-37所示。需要说明的是，用快速分析的缺点是不能进行样式更改，只能采用默认的样式；如需更改，参见下文"管理规则"的描述。

图6-36　快速分析

图6-37　数据条与图标集叠加效果图

（3）新建/清除/管理规则。"新建规则"除了能实现前两块所述的内容，还能实现"使用公式确定要设置格式的单元格"，因为内置格式规则常常会出现不足以满足用户需要的情况。例如图6-34中的预警信息是通过"突出显示单元格规则"实现的，我们也可以用公式增设"安全"列的格式。

选择O列，执行"条件格式"→"新建规则"，选中"使用公式确定要设置格式的单元格"，在"为符合此公式的值设置格式"中输入"=$K1>$M1"，并单击下方"格式"按钮，在新弹出的对话框中调整"填充"为绿色，效果如图6-38所示。需要说明的是，条件格式更改的只是单元格的格式，若想像"预警"列一样出现"*"或文字提醒，则需要在单元格中输入所需的内容。

	A	B	C	D	E	F	G	H	I	J	K	L	M	N	O
1						库存管理表									
2	日期:	2023年12月									单位:		人民币元		
3	存货名称	单位	类别	规格型号	期初数量	期初金额	入库数量	入库金额	出库数量	出库金额	期末数量	期末金额	最低安全库存量	预警	安全
4	甲材料	万支	电阻	15Ω	593	64898.72	6000	601000	3000	303000	3593	362898.72	3600		
5	乙材料	万支	电阻	25Ω	505	25748.38	2000	102000	1000	51000	1505	76748.38	1500		
6	丙材料	件	集成块	Eu616	2358	47163.77	0	0	450	9000	1908	38163.77	1800		
7	A产品	件	吸顶式	IP65	6407	2562738.05	0	0	1000	400000	5407	2162738.1	3000		
8	B产品	件	悬挂式	CIe72	2460	1473766.43	410	252923	500	308000	2370	1418689.3	2000		

图 6-38　新增"安全"列的条件格式

"清除规则"顾名思义，且选项较为简单，此处不多展开。

下面着重强调一下"管理规则"。例如想调整图 6-37 中数据条的颜色和图标集，选中 B 列，执行"条件格式"→"管理规则"，弹出"条件格式规则管理器"对话框如图 6-39 所示。

图 6-39　条件格式规则管理器

首先来了解一下条件格式规则的优先级。一般来说，列表中较高处规则的优先级高于较低处的规则；因为默认情况下，新规则总是添加到列表的顶部，所以具有较高的优先级。例如图 6-39 中，图标集规则的优先级就高于数据条规则的优先级，如果对优先级不满意，可以使用"重复规则"右侧的"上移"和"下移"箭头更改优先级顺序。需要强调的是，当某个单元格同时存在多个条件时，可能会发生冲突，如果规则不冲突（如此处的图标集规则和数据条规则），两条规则都能得到应用；但如果规则冲突，例如，一条规则希望字体变为红色，另一条规则希望字体变为绿色，单元格会应用优先级较高的规则。

然后，双击图 6-39 中第一条图标集规则，打开"编辑格式规则"窗口。在下方的"编辑规则说明"中，我们可以更改所有的选项以适应需要，例如可将"类型"改成"数字"等（如图 6-40 所示）；单击"确认"再"确认"后，就能看到规则修改后的效果了。

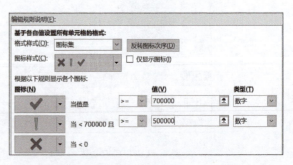

图 6-40　基于各自值设置所有单元格格式

四、利用数据透视表进行分析

库存管理除了需要建立预警机制，还需要对期初、期末的数据进行分析。

执行"插入"→"表格"→"数据透视表"命令，如图 6-41 所示，并选择将其放在新的工作表中，将该表更名为"数据透视"。设置数据透视表字段，如图 6-42 所示，得到的数据透视表如图 6-43 所示。

执行"插入"→"图表"→"数据透视图"命令，在弹出的对话框中选择"柱形图"，调整样式后如图 6-44 所示。

项目六　Excel 在存货管理中的应用　■　199

图 6-41　创建数据透视表

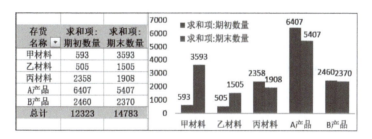

图 6-42　设置数据透视表字段　　图 6-43　库存管理数据透视表

图 6-44　库存管理数据透视表和数据透视图

通过图 6-44 可以看出当月库存的变动情况，也可对比上月数据适当调整生产计划，对采购和销售具有一定的指导作用，这样就不会造成某种原材料存货太少影响生产，或者存在某种商品积压的情况。

任务四　编制存货明细账

为了方便计算，结转材料、商品的成本，及时发现库存情况，需要按存货的名称、类别、规格型号分别设置活页式明细账。一般情况下，存货的明细账通常采用数量金额式账页。

一、编制"进销总记录表"

新建空白工作表并将其更名为"进销总记录表"，按照前几张表格的相关项目设置表头：月（A 列）、日（B 列）、凭证号（C 列）、存货名称（D 列）、单位（E 列）、类别（F 列）、规格型号（G 列）、渠道（H 列）、入库数量（I 列）、入库单价（J 列）、入库成本（K 列）、出库数量（L列）、出库单价（M列）和出库成本（N列），如图6-45所示。根据个人喜好设置表格样式。

	A	B	C	D	E	F	G	H	I	J	K	L	M	N
1							进销总记录表							
2	年份：	2023										单位：	人民币元	
3	月	日	凭证号	存货名称	单位	类别	规格型号	渠道	入库数量	入库单价	入库成本	出库数量	出库单价	出库成本

图6-45 进销总记录表

分别从"采购业务表""成品入库表""销售业务表""车间领料表""库存管理表"中复制相关信息。

> **小提示**
>
> **关于"选择性粘贴"的说明**
>
> 复制其他表相关信息时，可以使用快捷键 <Ctrl+C>，但粘贴数据时不能使用快捷键 <Ctrl+V>，而应该右击选择"选择性粘贴"→"粘贴数值"→"值"，这样粘贴的数据是计算结果，而不会因为公式中单元格的变化产生不必要的错误。

因为"进销总记录表"表头设置数据时，只保留了数量、单价、金额三个大项，而入库成本中可能包含其他可计入成本的费用，所以入库单价（J列）应采用公式计算，如J4单元格"=ROUND(K4/I4,2)"。

录完相关数据后，选择A3:N18区域，执行"开始"→"编辑"→"排序和筛选"→"自定义排序"命令，在弹出的对话框中设置"主要关键字"为"日"，"排序依据"为"数值"，"次序"为"升序"，完成后的进销总记录表如图6-46所示。

	A	B	C	D	E	F	G	H	I	J	K	L	M	N
1							进销总记录表							
2	年份：	2023										单位：	人民币元	
3	月	日	凭证号	存货名称	单位	类别	规格型号	渠道	入库数量	入库单价	入库成本	出库数量	出库单价	出库成本
4	12	1	231201	甲材料	万支	电阻	15Ω	上期结转	593	109.44	64898.72			
5	12	1	231201	乙材料	万支	电阻	25Ω	上期结转	505	50.99	25748.38			
6	12	1	231201	丙材料	件	集成块	Eu616	上期结转	2358	20	47163.77			
7	12	1	231201	A产品	件	吸顶式	IP65	上期结转	6407	399.99	2562738			
8	12	1	231201	B产品	件	悬挂式	CIe72	上期结转	2460	599.09	1473766			
9	12	6	231206	甲材料	万支	电阻	15Ω	易达公司	1000	101	101000			
10	12	6	231206	乙材料	万支	电阻	25Ω	易达公司	2000	51	102000			
11	12	8	231208	甲材料	万支	电阻	15Ω	海心公司	5000	100	500000			
12	12	8	231208	甲材料	万支	电阻	15Ω	车间领料				3000	101	303000
13	12	8	231208	乙材料	万支	电阻	25Ω	车间领料				1000	51	51000
14	12	8	231208	丙材料	件	集成块	Eu616	车间领料				200	20	4000
15	12	16	231216 231219	A产品	件	吸顶式	IP65	华东科技信息公司				1000	400	400000
16	12	16	231217 231219	B产品	件	悬挂式	CIe72	华成工程建筑公司				500	616	308000
17	12	23	231223	丙材料	件	集成块	Eu616	龙华公司				250	20	5000
18	12	30	231215	B产品	件	悬挂式	CIe72	成品入库	410	616.89	252922.9			

图6-46 按日期升序后的进销总记录表

知识技能 6-6　数据的舍入

四舍五入、取整等问题在任何行业的表格运算中都极其常见。在 Excel 中，舍入问题不仅可以达成工作中对精确位数的要求，还可以避免浮点运算带来的误差。在前面的项目中已经介绍了 ROUND 系列函数，此处将数据的舍入问题进行对比区分。

（1）ROUND 函数 /ROUNDUP 函数 /ROUNDDOWN 函数。ROUND 函数用于对数值进行四舍五入；ROUNDUP 函数用于向上舍入（远离零）；ROUNDDOWN 函数用于向下舍入（朝向零）。

三者的语法格式为：ROUND/ROUNDUP/ROUNDDOWN (number,num_digits)

其中，number 是要四舍五入的数字，num_digits 表示四舍五入的位数，即计算精度。如果 num_digits 大于零，则将数字四舍五入到指定的小数位数；等于零，则将数字四舍五入到最接近的整数；小于零，则将数字四舍五入到小数点左边的相应位数。

（2）INT 函数 /TRUNC 函数。

INT 函数的语法格式为：INT(number)

INT 函数只有一位参数 number，表示将数字向下舍入到最接近的整数。当 number 是负数时只会朝着远离零的方向将数字舍入。

TRUNC 函数表示将数字的小数部分截去，以返回整数。

语法格式为：TRUNC(number, [num_digits])

不同于 ROUND 系列函数，num_digits 是一个可选项，参数省略时，默认值为零。

图 6-47 列举部分数据以比较各函数的差别，其中第一列 num_digits 为 −1，第二列为 0，第三列为 1。从图 6-47 返回的数字来看，ROUNDDOWN 函数和 TRUNC 函数的结果是一样的，唯一的区别是公式中参数的写法格式存在细微差别，因为 TRUNC 函数的 num_digits 是可选项，而在 ROUNDDOWN 函数中为必选项，也就是说 ROUNDDOWN 函数即便省略参数，也要保留参数间的逗号。例如，仍以"1.19"的舍入举例，TRUNC 函数和 ROUNDDOWN 函数的公式输入可以罗列如下：TRUNC(1.19)=TRUNC(1.19,)=TRUNC(1.19,0)=ROUNDDOWN(1.19,0)=ROUNDDOWN(1.19,)，请注意逗号和省略的运用。

	1.19			1.12			−1.12			−1.19		
round	0	1	1.2	0	1	1.1	0	−1	−1.1	0	−1	−1.2
roundup	10	2	1.2	10	2	1.2	−10	−2	−1.2	−10	−2	−1.2
rounddown	0	1	1.1	0	1	1.1	0	−1	−1.1	0	−1	−1.1
int		1			1			−2			−2	
trunc	0	1	1.1	0	1	1.1	0	−1	−1.1	0	−1	−1.1

图 6-47　数据舍入函数对比

（3）CEILING 函数 /FLOOR 函数。CEILING 函数用于向上舍入（远离零的方向）最接近指定参数的倍数；FLOOR 函数用于（朝向零的方向）向下舍入最接近指定参数的倍数。

语法格式为：CEILING/FLOOR(number,significance)

其中，number 是待舍入的数字，significance 是基数。如果 number 正好是 significance 的倍数，则不进行舍入。例如，CEILING(2.5,2) 返回 2.5 向上舍入最接近 2 的倍数的值，故为 4；FLOOR(2.5,2) 返回 2.5 向下舍入最接近 2 的倍数的值，故为 2；CEILING(4,2) 或 FLOOR(4,2) 的结果仍为 4，因为 4 是 2 的倍数。

负数方面，如果 number 和 significance 都为负，CEILING 函数返回值按远离零的方向向下舍入；如果 number 为负，significance 为正，则按朝向零的方向向上舍入；FLOOR 函数与之相反。CEILING(-2.5,-2) 返回远离零的方向最接近 -2 的倍数的值，故为 -4；CEILING(-2.5,2) 返回 -2；反之，FLOOR(-2.5, -2) 返回朝向零的方向最接近 -2 的倍数的值，故为 -2；FLOOR(-2.5,2) 则返回 -4。在这里需要指出的是，向上向下舍入是针对零值来定义的，所以，正数时远离零的方向是向上舍入，而负数时远离零的方向就变成了向下舍入，坐标轴参考图 6-48。此外，如果 number 为正值，significance 为负值，Excel 会返回错误值"#NUM!"。

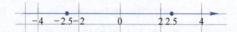

图 6-48　CEILING 函数 /FLOOR 函数远离 / 朝向零方向示意图

此外，Excel 2013 扩充了 CEILING 函数和 FLOOR 函数的功能，新升级的函数分别为 CEILING.MATH 函数和 FLOOR.MATH 函数，增加了模式参数。

语法格式调整为：CEILING.MATH/FLOOR.MATH(number,[significance],[mode])

其中，可选项 [mode] 用于控制 number 是朝向零的方向还是远离零的方向，有兴趣的同学可以自行练习。

（4）ODD 函数 /EVEN 函数。ODD 函数用于将正数向上舍入到最接近的奇数，将负数向下舍入到最接近的奇数；EVEN 函数用于将正数向上舍入到最接近的偶数，将负数向下舍入到最接近的偶数。两者的语法格式同 INT 函数，都只有一个参数 number。

（5）设置单元格格式。通常，当单元格中有浮点数出现时，为保证该列数据的美观，我们会通过"设置单元格格式"来对数值进行取舍，如将小数位数控制为 2 位等。然而，这种方式的取舍不同于前四类函数的取舍，数值只是在单元格中显示为指定的位数，而本身并没有发生变化（编辑栏中显示的仍为原值），所以当该单元格发生运算时，仍按原值进行计算。

以"1.15"取一位小数为例，在 A1 单元格中输入"= ROUND(1.15,1)"，而在 A2 单元格中输入"=1.15"，并通过"设置单元格格式"的方法将其格式调整为一位小数。选择 B1 单元格输入"=A1+1.16"，Excel 的计算过程是"=1.2+1.16=2.36"，单元格若只显示一位小数，结果为"2.4"；将公式复制到 B2 单元格进行"A2+1.16"运算时，因为"设置单元格格式"只改变单元格格式，不影响数据本身，所以，虽然"1.15"在单元格中显示为"1.2"，但在实际计算中仍为"1.15+1.16=2.31"，若只显示一位小数，结果为"2.3"。A1 单元格和 A2 单元格同样保留一位小数，但执行"A1+1.16"和"A2+1.16"的结果是不一样的；所以，在实际工作中需要注意两者的差别，以免带来不必要的麻烦。

二、筛选存货明细表

万隆灯具有限公司有甲材料、乙材料、丙材料三种原材料，以及 A 产品、B 产品两种库存商品，应分别按材料和商品的类别设置明细账。此处以"甲材料"为例设置其明细账。

打开"进销总记录表"，选择 A3:N3 区域，执行"开始"→"编辑"→"排序和筛选"→"筛选"命令，A3:N3 每项单元格后方均出现了"▼"式样的下拉列表。单击"存货名称"后方的下拉列表，在弹出的对话框中勾选“甲材料”，单击“确定”按钮后得到只包含“甲材料”的进销总记录表，如图 6-49 所示。

	A	B	C	D	E	F	G	H	I	J	K	L	M	N
1							进销总记录表							
2	年份：		2023									单位：	人民币元	
3	月	日	凭证号	存货名称	单位	类别	规格型号	渠道	入库数量	入库单价	入库成本	出库数量	出库单价	出库成本
4	12	1	231201	甲材料	万支	电阻	15Ω	上期结转	593	109.44	64898.72			
9	12	6	231206	甲材料	万支	电阻	15Ω	易达公司	1000	101	101000			
11	12	8	231208	甲材料	万支	电阻	15Ω	海心公司	5000	100	500000			
12	12	8	231208	甲材料	万支	电阻	15Ω	车间领料				3000	101	303000

图 6-49 只包含“甲材料”的进销总记录表

新建空白工作表，将其更名为“甲材料明细账”，将筛选后的只包含“甲材料”的进销总记录表复制粘贴到新工作表中，删除原“存货名称”列，新增并计算“结存数量”（N 列）和“结存金额”（O 列）。

其中，第 4 行用于结转期初数据，因此 N4 单元格输入“=H4”，O4 单元格输入“=J4”。再者，左侧数据都是按时间顺序依次发生的，因此每行结存数量（金额）= 上一行结存数量（金额）+ 本行入库数量（金额）- 本行出库数量（金额），所以 N5 单元格中输入“=N4+H5-K5”，O5 单元格输入“=O4+J5-M5”，并将公式复制到以下的单元格中，最终甲材料明细账如图 6-50 所示。

	A	B	C	D	E	F	G	H	I	J	K	L	M	N	O
1							进销总记录表								
2	年份：		2023										单位：		人民币元
3	月	日	凭证号	单位	类别	规格型号	渠道	入库数量	入库单价	入库成本	出库数量	出库单价	出库成本	结存数量	结存金额
4	12	1	231201	万支	电阻	15Ω	上期结转	593	109.44	64898.72				593	64898.72
5	12	6	231206	万支	电阻	15Ω	易达公司	1000	101	101000				1593	165898.72
6	12	8	231208	万支	电阻	15Ω	海心公司	5000	100	500000				6593	665898.72
7	12	8	231208	万支	电阻	15Ω	车间领料				3000	101	303000	3593	362898.72

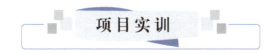

图 6-50 甲材料明细账

同理，选择其他的筛选条件可分别生成相关商品和材料的明细账，此处不再赘述。

项目实训

一、实训目的

1. 通过案例学习，了解存货管理的重要性。
2. 学会使用 Excel 设计进销存管理系统。
3. 学会运用筛选及数据分析工具进行进销存管理系统数据的汇总和查询。

二、实训资料

RG 公司是一家服装百货代销企业，长期为 A、B、C、D、E 品牌做代理。该公司 2023 年 12 月的期初库存、采购、销售业务信息见表 6-7 ～表 6-9。

表 6-7 期初库存表

存货编码	存货名称	供应商	单位	期初数量	单价（元）	期初余额（元）
S101	男西装	D	套	8	30500	244000
S102	女西装	B	套	5	27000	135000
S201	男鞋	D	双	10	11650	116500
S202	女鞋	C	双	20	13250	265000
S203	女鞋	E	双	15	18450	276750
B101	单肩包	A	只	10	15150	151500
B102	单肩包	E	只	7	23850	166950
B201	手拿包	D	只	6	26650	159900
B202	手拿包	B	只	8	14350	114800
B203	手拿包	C	只	12	11000	132000

表 6-8 采购业务信息

业务日期	存货编码	单位	进货数量	进货单价（元）
12月1日	S102	套	4	12500
12月2日	S201	双	3	20650
12月3日	B203	只	5	10600
12月4日	S203	双	5	20500
12月8日	S202	双	6	8550
12月9日	B101	只	10	12900
12月10日	B102	只	5	18000
12月10日	B201	只	5	28800
12月14日	B102	只	4	19900
12月14日	S101	套	3	29870
12月18日	B101	只	6	18760
12月23日	B202	只	10	9680

表 6-9 销售业务信息

销售日期	客户	商品编码	销售数量	销售单价（元）
12月2日	淘宝	S202	4	18000
12月6日	淘宝	B101	5	18600
12月10日	京东	B202	5	16000
12月11日	淘宝	S102	3	32100
12月11日	淘宝	B102	5	25600
12月11日	淘宝	S203	8	12300
12月11日	京东	B201	2	25600
12月11日	京东	B101	6	16500
12月11日	京东	B202	7	16800
12月16日	京东	S101	1	35100
12月20日	淘宝	S203	4	26000
12月22日	京东	B101	3	17600
12月23日	淘宝	B203	10	11100

三、实训要求

RG 公司的主管会计想随时了解公司库存、销售情况,以此来决定公司下一步的经营活动,请帮助完成以下操作:

（1）建立供应商名称、客户名称、商品明细的初始信息表。
（2）建立采购业务明细表,包含商品名称、供应商名称、应付金额等。
（3）建立销售业务明细表,包含商品名称、客户名称、应收总额等。
（4）建立库存管理信息表,包含期初数、本期采购数、本期销售数、期末结存数等。
（5）对库存量进行控制,对库存量小于等于 10 的商品和大于等于 20 的商品分别进行条件格式定义,起到提醒的作用。
（6）计算销售成本和毛利。
（7）用 SUMIF 函数对应收、应付金额按供货商、客户名称进行汇总。
（8）生成进销总记录表。
（9）生成商品明细账。
（10）分析相关进销存数据。

参 考 文 献

[1] 丁昌萍，王楚楚. Excel 财务应用教程 [M]. 3 版. 北京：人民邮电出版社，2019.
[2] 何万能. Excel 在会计和财务中的应用 [M]. 南京：南京大学出版社，2012.
[3] 李云龙，张健，张丽，等. 绝了！Excel 可以这样用 [M]. 北京：清华大学出版社，2015.
[4] 韩小良，任殿梅. Excel 数据分析之道：职场报表应该这么做 [M]. 北京：中国铁道出版社，2012.
[5] 黄新荣. Excel 在财务中的应用 [M]. 北京：人民邮电出版社，2011.
[6] 肖月华. Excel 在会计及财务中的应用 [M]. 2 版. 北京：电子工业出版社，2022.
[7] 罗刚君. Excel 函数、图表与透视表从入门到精通 [M]. 2 版. 北京：中国铁道出版社，2014.
[8] 高志清. Excel 2010 财务管理与会计应用 [M]. 北京：中国铁道出版社，2012.